熊市啟示錄

投資人必看的金融史經典,解構百年市場循環周期,
建立超越漲跌的穩健獲利策略

羅素‧納皮爾 Russell Napier

呂佩憶——譯

ANATOMY *of* THE BEAR
Lessons from Wall Street's four great bottoms

For Karen

獻給凱倫

目錄 CONTENTS

PART I　1921 年 8 月

FOREWORD

〔推薦序〕
預判熊市，今日比以往更重要
FOREWORD

梅琳‧桑默賽特‧韋柏（Merryn Somerset Webb）

　　羅素‧納皮爾不是個譁眾取寵的人，這本書不會預測道瓊何時會上萬點。但是他是很棒的史學家、教育家，而且正如本書前幾版他的前言所顯示的，他也是個預測者。前一版的序是 2009 年寫的，內容告訴我們，當時的股價評價夠低而且通縮幅度夠大，未來將會有顯著的熊市。結果真的發生了。於是羅素在新的序中提出的問題是，從那之後大部分西方國家市場的大漲是否不只是反彈而已。2009 年的大熊市谷底部，以及我們現在正在投資的市場，是不是非常安全的長期牛市？

　　羅素的答案：並不是。

　　2009 年時不可能——至少我不可能——想像我們現在的貨幣環境。我當時無法想像英國的利率會維持在 300 年來最低的水準，而且連續 27 季都沒升息。我當時無法想像負利率或是無止境的量化寬鬆。當時並無法立即看出超級寬鬆的貨幣政策，造成資金被錯誤配置，以及幾乎所有東西供給過度，最後會毒害

我們的經濟。我想我也完全沒想到，央行的官員看著明顯是由他們自己的政策造成的資產價格泡沫，然後還說這些政策運作良好。好到再多來一點（當然！）不會造成任何傷害。

大部分的人也不可能想像有權勢的投資人會如何看待央行。從 2008 年以來，我們的民選政府選擇將金融危機管理的工作交給聯準會、英格蘭銀行和歐洲央行的非民選官員，當理性的人覺得這並非好事（一個國家最重要的觀察項目，不應該是該國央行的會議紀錄），對投資人來說卻是一件好事。如果每一次經濟出了狀況，就可以視為央行再次出手干預的機會，那麼我們的問題就大了。因為這麼做只會使資產價格漲得更高。

這是不可能持續的。很明顯，因為央行持續地干預，使得市場變得更脆弱、波動性更大：注意到資產波動偏離正常交易區間 4 個標準差的情況變得更劇烈。同時，我們也很難想像這是個能讓長期牛市生存的基本面條件。如果股價評價升到歷史範圍的高點，但是企業卻無法提升銷售量並創造其股價評價所隱含的獲利成長，那麼股價怎麼可能繼續上漲？而通縮又如何？

羅素喜歡說，大部分的投資人會把股票視為資產，這是錯的。股票其實是「介於資產與負債之間的微小希望」——通縮（會把你的資產縮水，卻不會把你的負債縮水）兩三下就能掃除這個小小的希望。相較之下，你的券商解釋這樣的股價評價相對於債券殖利率來說並不高，而且多元分散的長期投資組合絕對不會令人失望，所花的時間還要更長。

羅素所回答的問題——是熊市反彈還是牛市？在今日比他這本精湛的書中談論的其他熊市期間還要更重要。股市崩盤所造成的影響，顯然不只是對持有個股的散戶投資人。但是現在，固定退休金的消失、固定退休金儲蓄的興起，以及許多西方國家人口迅速老化的問題，數以百萬計的人們的財務和生活方式，

將直接受到下一次股市大熊市谷底部的影響。

　　所有專業分析師都必須讀本書的新版——我認為如果專業分析師不知道羅素的研究，就是沒有對客戶盡到職責。但是因為他們都太忙著擔心相對本益比、從去年的獲利預測明年，以及練習自己譁眾取寵的能力。我想非專業投資人也必須讀本書，你必須知道羅素認為下一個大熊市谷底在哪裡——以防萬一你的基金經理人不知道。

　　（本文作者為《彭博社》〔*Bloomberg News*〕資深專欄作者。）

〔推薦序〕
鑑往可知來，方能判牛熊

FOREWORD

杜金龍

　　羅素這本經典的《熊市啟示錄》，其最主要的貢獻，在於能讓投資人面對熊市時「鑑往知來」。書中雖只描述美國道瓊工業指數（1896 年至 2023 年）128 年來、十四次大循環中，前 85 年的四次大熊市，但投資人可以將書中所提示的總體經濟（GDP）、上市公司盈餘成長或衰退、經周期性調整的本益比（CAPE）、杜賓 Q 比率、市場面量價關係，以及牛熊市背離等訊息，運用於未來的牛熊市。

　　書中對四次大熊市的詳細敘述，包括：
1. 1921 年：收盤跌 23%，後面空頭走（21 個月），盤中高低點跌 46.58%。
2. 1932 年：跌 46%。若以整個 3 年空頭（1929 年至 1933 年），後面空頭走（34 個月），盤中高低點跌 89.18%。
3. 1949 年：跌 14%，後面空頭走（37 個月），盤中高低點跌 23.95%。
4. 1982 年：跌 6%，後面空頭走（16 個月），盤中高低點跌 24.13%。

均可對照運用於後來五次（盤中高低點跌幅），如 1987 年（盤中高低點）跌 40.94%、2000 年跌 38.75%、2007 年跌 54.43%、2021 年跌 38.39%，以及最近一次 2022 年下跌 22.48%。

書其中涵蓋的四次熊市發生，均有其時代背景。1921 年熊市，為消費社會的誕生，於 1921 年 8 月股市便宜的時機落底。1932 年熊市，為羅斯福大政府時代的誕生，於 1932 年 7 月觸底反彈回升。1949 年熊市，為軍工業的誕生，於 1949 年 7 月反轉向上。1982 年熊市，為中國嬰兒潮所帶動，於 8 月展開葛林斯潘任聯準會主席的 18 年期間，黃金的 20 年美股多頭行情（低點 776 點，上漲至 2007 年 10 月分，高點 14,198 點，上漲 17.2 倍）。

本書提到，大熊市常在通縮發生時，或者當真正的通縮開始發展時引發。作者假設熊市是通縮的力量，促使股市觸底。對照今日，2023 年聯準會在壓抑通膨上已近尾聲，投資人可運用於 2024 年，聯準會或許會因通膨已受壓制、不再升息，預示著通縮即將來臨。

在這本書中，作者非常重視上市公司的獲利成長或退衰退情形。羅素採用羅伯・席勒（Robert Shiller）的經周期性調整的「本益比」（CAPE），以及杜賓於 1968 年提出的估值方法——「Q 比率」這兩項指標，來研判股市牛熊市的高低位置。本益比是由席勒在 2013 年所提出的研究，計算方式是用「股價」除以「企業 10 年的平均獲利」作為計算基礎，與傳統本益比用「股價」除以每股盈餘（EPS）不同。另外 Q 比率指的是公司市值與資產重置成本的比率。

台灣投資人可以用台灣證券交易所（下稱證交所）的落後本益比，或自行調整的前瞻本益比（2022 年前瞻本益比為 9.5 倍為股市低點）來取代本益比。又因國內未編制杜賓 Q 比率，投資人可以證交所的每股淨值比（PBR）取代 Q 比率。另上市公司的稅後盈餘可採用證交所的公開資料觀測站每年 4 月年報，5

月、8 月及 11 月季報的資料，及收集國內 5 家國內證券商的研究報告加以彙總，來研判上市公司盈餘的成長或衰退。如預估 2023 年台股稅後盈餘衰退23%，故 2022 年台股先跌 22.41%；2024 年預估上市公司稅後盈餘成長 19%，2023 年至 9 月分股市先反彈 15.67%，盈餘領先股市 2 至 5 個月。

作者也常提及以下幾項總體經濟指標，來研判熊市是否結束：

1. 實質經濟成長率（GDP）：衰退為熊市的徵兆，GDP 連續兩季為負值則代表底部。
2. 景氣對策信號：國內投資人可多觀察此指標，信號若連續 9 至 15 顆藍燈，便代表底部。
3. 狹義的貨幣供給額 M1B：M1B 月增率落在 0 或負值代表底部。
4. 出口外銷訂單量：若為負成長代表底部。

另在市場面技術分析上，羅素也有其見地。他提出價漲量增、價跌量縮的量價配合，像是多頭特徵，或是價漲量縮、價跌量增的量價背離是空頭特徵。比對台股量能方面，可以用最大 5 日均量萎縮至 20%（或大空頭為 8%）研判股市底部量或窒息量的底部。也可以以最大量占 M1B 的比重 4%至 8%為頭部量。

時間方面，台股股市周期循環大約以 89 個月或 86 個月為一大股市周期循環。美國這回第十四大循環已經走了 14 年，為 1896 年以來 128 年中最長的周期循環。

作者也以道瓊工業與道瓊運輸的牛市背離為多頭買進訊號，熊市背離為空頭賣出訊號。台股上可以用於大盤或個股，下面可以採用 9 個月 KD 指標，取代做牛市背離或熊市背離之用。如 9 個月 K 為 94 以上為超買區的熊市來臨，9 個月 K 為 15 以下為超賣區的牛市來臨。

作者還認為散戶大量做空為觸底跡象。台股可以融資餘額大幅增加代表高點，融資斷頭代表低點。或以一天現金當沖高達 40%、零股交易比例高達 0.7 等跡象來判斷。

另外，書中將過去四次熊市中的重大新聞事件完整蒐羅整理、詳細描述。對比近年，例如 2019 年的 COVID-19 大流行、2022 年的烏俄戰爭等，我輩投資人可以利用這些事件發生的日期，來研判牛熊市的轉折點。

作者最後以美國債市與股市為例，來說明牛熊市的發生重大事件，且常暗示債市領先股市。讀者也可以用匯市（美元指數）、商品（黃金與石油）、債市（美國十年期公債）、股市（道瓊工業或標普 500）等市場指標，擴大為進行四種市場的市場互動技術分析，靈活運用本書所述，便能加以研判牛熊市落底的指標。

（本文作者為資深證券分析師。）

〔作者序〕
投資熊市底部的指南

本書於當年付梓時，目的是要為打算將儲蓄投資於股市熊市底部的人提供一個指南。在 2005 年版以及後續 2007 年和 2009 年版中，都是利用美股前四次大熊市底部提供美股的未來方向預測。那麼，那些預測是否精確，以及史上四大熊市谷底對美股未來方向的預測為何？

在 2005 年 11 月出版的本書第一版中，我們做了以下的預測：「熊市結束前，道瓊工業指數可能會跌至少 60%。」方向是對了，但程度則錯了。道瓊從 2005 年 11 月開始上漲，2007 年 10 月觸頂。後來指數從 2007 年 10 月開始跌了 54% 直到 2009 年 3 月。這只比本書於 2005 年 11 月初版出版時低了 40%，而不是作者預期的 60% 的跌幅。按照本書所建議的股價評價方式，美股到了 2009 年 3 月時達到公平價值，但卻沒有一般人認為大熊市谷底那麼便宜。使用本書的分析，我們可以得到的結論是 2009 年 3 月並非 2000 年開始的大熊市的谷底。

本書 2005 年初版中的結論指出，道瓊的跌勢並不會立即發生，因為「整體價格並未受到影響」「政府公司價格下跌到目前為止很溫和」「聯準會還沒有降息」以及「沒有衰退」。從 2005 年 11 月到美股 2007 年 10 月觸頂，通膨的確

升高了，不過幅度不大，但是 10 年期美國政府公司價格卻下跌，而殖利率從 4.5%升至 5.3%。聯邦基金率，也就是美國聯準會設定的政策利率從 2005 年 11 月的 4.0%至 2007 年 9 月穩步升至 5.25%。聯準基金利率第一次調降是在 2007 年 9 月，而商業活動周期則在 2007 年 12 月觸頂。

正如 2005 年版的預測，當通膨與債券殖利率上升、聯準會開始降息，以及衰退開始時，就是熊市的開始。到了 2007 年底前，這些事情都發生了，可怕的熊市開始一直到 2009 年 3 月才結束。現在回顧當時，最大的意外就是通膨升高、債券殖利率和造成衰退與股市熊市的政策利率比歷史標準還要低很多。我們在後來的崩盤中發現，資產價格對利率微幅上升的敏感度，和超額負債的程度有很大的關係，而在 2001 年到 2007 年經濟擴張期間就一直在累積超額負債。

第二版的前言寫於 2007 年 7 月，再次認為道瓊會從 2005 年 11 月的點數下跌 60%。而我們也看到了，道瓊從那時只跌了 40%。同樣的，觸發這樣修正的原因被認為是「整體價格水準的修正」。2007 年 7 月版的前言暗指「通膨升高將促使股價大跌，現在更為明顯」。通膨的逆風似乎是來自亞洲，尤其是中國。中國於 2005 年進行的銀行制度改革，似乎將中國從以投資為主的經濟成長轉向為以消費為主的經濟成長。由於中國龐大的生產力在 1994 年到 2005 年全球低通膨環境下扮演的角色，中國經濟成長本質的轉變，預示著全球將面臨更高的通膨。

筆者在 2007 年 7 月時曾寫道，通膨很可能觸發價格波動，造成美國債券殖利率升高、引發衰退，並使美股價格大跌。中國的確突然爆發通膨，而且從中國進口到美國的價格從 2007 年 3 月到 2008 年 7 月漲了 7%。這個外來造成的通膨加上大宗商品價格上漲（至少有一部分是因為中國的需求持續），是到了 2008 年 7 月美國通膨升至 5.6%的關鍵。美國衰退初期時的通膨升高，可能減緩了聯

準會升息的步調，而造成了 2008 到 2009 年經濟衰退的嚴重性，以及股價的重挫。

正如前面所述，10 年期美債殖利率以及聯準會基金率是主要觸發因素，預示 2007 年底開始的股市熊市和衰退。因此通膨預期升高推升主要利率上升，對造成 2007 年到 2009 年股市熊市扮演了重要的角色。本書的 2007 年版中預測美國通膨升高，後來的確應驗了，但通膨的期間很短。美國資產價格和經濟活動不振，不只成功打壓了通膨，也造成美國自 1955 年以來第一次發生通貨緊縮。通膨預期升高雖然推升了利率並觸發熊市，但是後來很快就變得很明顯，現在的問題是通縮而不是通膨。

本書分析的主要結論在於，股市大熊市是在通縮發生時，或是當真正的通縮開始發展所引發的。接著本書假設這是通縮的力量使股市觸底。使股價跌到較便宜的水準所需的通縮的確發生了，整體物價水準在 2008 年 9 月開始大幅下跌。這時道瓊就崩盤了。

但是當我寫完 2009 年的序時，我們又有理由感到樂觀：「我們將會看到，當通縮風險消失，風險溢價開始縮小，就該是時候買股票了。我在 2009 年第一季寫這段文字時，市場對通縮風險的反應過度，所以很可能出現 2000 年到 2014 年大熊市時的重大反彈。」預測 2009 年 3 月 9 日觸底還算不錯，但顯然這並不是在 2014 年才觸底的長期熊市的反彈。

本書 2009 年版的前言提到，公司債價格在 2009 年第一季末回升，銅價和抗通膨債券（TIPS）也同樣回升。這三種重要指標的回漲，代表股市最艱難的時刻已經結束了。前言的結論說：「這三種指標的回漲代表通縮危險消失，對股市是一個好消息。」事實證明這個結論是正確的。但是解除通縮的正面影響比筆者在 2009 年時預期的還要久。

　　雖然 2009 年版的前言預期反彈將會持續多年，但是並不認為美國貨幣寬鬆政策會持續這麼久：「貨幣供給增加再加上財政部大量發債，應該會壓低美債的價格，但是聯準會買進公債則會抵消價格的跌勢。寬鬆的貨幣政策何時會結束，以及美國金融市場需要多少時間才能有紀律的約束，這些都將決定這場長期熊市反彈能持續多久。隨著美國政府的行為在幾年後真的有紀律，華府有可能成功消除正在壓低股票價格的通縮風險。」然而即使到了 2015 年，市場紀律也沒有恢復，股市依然在繼續上漲。雖然 2000 年開始的熊市並沒有在 2014 年觸底，但是熊市真的在 2009 年觸底了嗎？2009 年會不會是另一個名留青史的大熊市谷底？或者 2000 年以來的這次道瓊熊市至今仍未真正觸底？

　　如上所述，美股尚未探底到足以和歷史上的大熊市谷底相提並論的程度。2009 年版的前言認為，目前只是一個長期熊市反彈，原因主要有兩點：「真正的危險來自結構性變化——中國消費的增加以及美國退休潮的來臨——這可能會使美國當局自 1970 年代以來首次受到紀律約束。

　　2015 年時，這兩個結構性的變化進一步加大不可阻擋的壓力，因此通縮的壓力也更大。這種通縮壓力預言著通縮即將發生，因此將釋放出的力量壓低股價評價到與 1921 年、1932 年、1949 年和 1982 年大熊市底部相當的程度。各國央行逾六年來採取非傳統貨幣政策推升再通膨，通縮的負面衝擊會傷害市場對於這種能力的信心，這對美股可能會有特別嚴重的破壞力。各種解決通縮的手段似乎都沒有用，未能在 2009 年到 2015 年成功地創造任何一點通膨。最具殺傷力的通縮似乎是沒有解方的通縮。

　　中國消費的增加和美國的退休潮究竟如何引發通縮，並導致史上第五大熊市的谷底？主要原因在於消費模式的改變，以及高儲蓄率對最終需求的影響，還有中國和美國採取的貨幣政策。

　　說起美國經濟，人們總會想到消費。美國的消費社會誕生於 1920 年代消費信貸的普遍興起，大蕭條和第二次世界大戰暫時挫敗愈來愈高漲的消費主義。第二次世界大戰後重新崛起的消費者及其消費債務，最後定義了美國式的成長模式。這個模式尤其受惠於嬰兒潮，因為這個世代想要什麼就會馬上買，而且有一部分是透過融資購買。

　　如果說儲蓄是凍結的欲望，那麼借貸就是及時行樂。嬰兒潮世代在長達數十年的時間，靠著大量借款來及時行樂。這在歷史上是前所未有的。幾乎所有分析師都認為這種消費模式在美國是正常的模式。但是現在嬰兒潮世代已經是 51 到 69 歲了，他們不僅高度負債，而且可能——只是可能——感到滿足了。聯準會的數據顯示 45 到 54 歲的家庭借貸比例最高，這個年齡段有 87% 的家庭有負債。而 65 至 74 歲的家庭只有 66% 有負債。此後負債的家庭比例急遽下降。簡單來說，如果你想早點退休，就必須盡快還清債務，而任何想要還清債務的人就必須開始多儲蓄、少消費。

　　由於嬰兒潮一代為準備退休而開始減少消費，這一結構性的變化顯著抑制了美國經濟成長，降低了通膨率。這也是為什麼聯準會試圖通過擴大銀行信貸，增加貨幣供給來刺激通膨的種種措施全都無效。在 2009 年版的前言中我曾經提到這個強烈的通縮效應，而今天這一趨勢更明顯了，因為今天嬰兒潮比 2009 年又老了 6 歲。如果這樣的人口結構變化是造成通縮的原因，那麼這六年來無論聯準會採取哪些非傳統的貨幣政策，美股也還是會劇烈下跌。

　　與此同時，美國人口的結構變化也會對中國有重大的影響。中國對美國嬰兒潮消費者，以及世界其他地區消費者的出口，大大促進了中國經濟成長。中國的經濟成長主要是因為刻意壓低貨幣兌美元的匯率。這個政策從 1994 年就開始了，並且因為中國出口美國和其他地方的嬰兒潮世代所需的商品，而使中國創造高度的經濟成長。

　　因為近年來的薪資快速升高，使得政策所創造的成長以及通貨膨脹還有中國的競爭力受挫。有很多不同衡量中國薪資的方法，但是衡量廣泛的薪資成長最好的方法顯示，中國從 2008 年底以來的薪資成長率達 200%。這個薪資成長正好遇上嬰兒潮世代的需求減少。這些改變的影響很深刻，再加上美國增加能源生產，美國的經常帳赤字從 2006 年占 GDP 的 5.9%到現在只占 GDP 的 2.4%。對於那些將貨幣緊盯美元的國家來說，例如中國，美國經常帳赤字偏低，迫使他們必須在較慢的成長或是匯率貶值之間做出選擇。

　　本書的 2007 年版前言中預測，中國的銀行體系改革將改變中國的經濟成長模式，從以投資帶動轉為消費帶動，並且帶來全球性的通膨影響。前面說的薪資成長的確已造成了內部的轉變，但是對全球通膨的影響比筆者預期的還要溫和。重要的是 2008 年到 2009 年的金融危機讓中國的決策官員相信，他們需要更多命令經濟的信貸擴張。這麼做無可避免地創造了更多的生產力，因此壓抑了物價。

　　因此，儘管中國的薪資迅速成長，但美國進口的中國產品價格卻下滑。更高的薪資加上產量增加的代價也很高，因為這傷害了中國企業的獲利能力。中國有很多私人部門儲蓄，他們之前都將現金流再投資到自己的生意中，現在則是將資金用於報酬率更高的地方。這些都表示中國現在的情況非常艱困，因為中國將貨幣緊盯正在升值的美元、薪資更高使得競爭力下滑、主要市場的需求遲緩，還有當地的儲蓄者將資金移出中國。

　　尤其是如果美元在國際匯率持續升值，這個組合最可能的結果就是中國將允許其貨幣貶值，以追求更寬鬆的貨幣政策和更高的經濟成長。這麼做會讓便宜的產品流入全球體系中，就像中國在 1994 年貶值時一樣，因而威脅到與中國競爭的企業和國家的償債能力。在面對這麼龐大的通縮力量時，已開發國家的央行創造成長與通膨的能力將遭到嚴重的質疑。對有些人來說，通縮似乎是無

可救藥的疾病，而歷史告訴我們這時股票會變得非常便宜。

中國的國際收支惡化也會提升美國私人部門融資的成本。當中國買的美國公債減少了，會使儲蓄機制融資美國政府的負債變得更重。由於中國在 1994 年時使貨幣貶值，創造大額的國際收支盈餘，外國央行持有的美國公債從總額的 12%升到 2009 年第一季的高峰 38%。重要的是，這些購債行為都是由外國央行所為，買進美債並收取美元報酬以創造國內貨幣量。以中國為首的這些國家央行買進美國公債，實際上就是在壓低他們貨幣兌美元的匯率。

這樣的購債行為一直持續到 2014 年，但是到了 2015 年似乎就結束了。從 2009 年起，外國央行就一直在創造負債，以買進美國公債。從 2009 年第一季起，聯準會增持美國公債 1.985 兆美元，同時也透過創造新的錢來為購債融資，這一次則是印製美元鈔票。所有央行融資美國政府造成的重要影響在於，這是央行透過創造新的負債來買美債，而不是儲蓄者賣出資產來買美債。因此，儲蓄者不再需要融資美國政府，他們想要買什麼都可以。從 1994 年到 2015 年，他們似乎想要融資誰都可以！

但是，當融資美國政府的責任又落到儲蓄者的身上時，他們能融資私人部門的錢就變少了。私人部門的融資遭到壓縮，會發生在股價和公債價格下滑，因此融資美國私人部門的成本就更高。這種情況對美國的影響會持續發展，同時中國又無法放寬貨幣政策並創造所需的成長，因為中國央行被迫賣出美債的方式縮減自己的資產負債表，以支撐人民幣匯價。這麼一來，美國的消費成長變低，再加上資本流出中國，將導致中國的成長變低，以及美國的私人部門融資成本更高、成長更低。由於美國通膨已經是零，中國與美國的成長減緩，可能創造出歷史上導致股票大跌的通縮。

本書的分析認為，無論是按周期調整後的本益比（cyclically adjusted PE），

還是用 Q 比率（Q ratio）來計算，目前的美國股市已經偏高，這表示長期投資的報酬率非常低。這些價值的衡量顯示，即使投資人打算持有股票 10 年，以目前美國股市的平均年報酬率來看也不會超過 2%。比起美股平均長期 5% 至 6% 的報酬率，這個數字可說是非常差。然而光看價值無法讓我們知道，造成長期平均不佳的平均年報酬率分配的情況。從歷史上看，長期報酬率這麼低，通常是因為有幾年的報酬率太差。

本版前言認為報酬率非常低的年分很快就會來臨，因為中國的國際收支惡化會使中國的成長減緩，最終使匯率貶值。這個調整的過程，同時也會發生美國的信貸環境惡化以及通貨緊縮。很多人認為這種通縮壓力很難抵消，因此股票可能會變得非常便宜。

這樣的通縮之後通常會是新一輪的高度再通膨，因為央行失敗後，政府也會努力採取措施來製造再通膨。可以預期的極端措施包括：撤銷學生貸款——所謂人民的量化寬鬆（QE for the people）、事實上的信貸管控以及外匯控制。這種措施只有政府才能執行，央行無法執行，而且這些措施一定會遇到重大的政府摩擦，尤其是在美國。

已開發國家這麼戲劇性的措施幾乎肯定會帶來更高的名目 GDP 成長，將伴隨而來的就是通膨。最終最大的通膨力道可能來自中國，因為該國的央行被政府所控制而且無法擺脫匯率目標，中國可能會創造非常高的國內名目 GDP 成長。現在說這一切還早，但是如果股價便宜，就算伴隨著市場力量的結構性下滑，這種再通膨的壓力還是會預示著股市新的牛市。

想要評估股票是否真的能夠在這些行為下觸底的人，需要再讀一遍這本書。到時世界很可能已經變了，有更多的政府參與，以及中國人民銀行的重要性發生結構性的提升。想要預測這些重大的經濟轉變將會引起什麼樣的政治反

應，一直以來都是是非常困難的事。然而本書的一個關鍵教訓是，當股票價格夠便宜的時候，幾乎可以無視任何其他消息。希望本書仍然有用，在未來的幾年當太多壞消息出現時，就像 1921 年、1932 年、1949 年和 1982 年時，股市還會一如過去那樣忽視那些壞消息。

〔引言〕
當你遇到熊時……

在開始狩獵前,最好先問對方在找的是什麼,然後再開始找。

——《小熊維尼的指南書》(*Pooh's Little Instruction Book*),
瓊·鮑爾斯(Joan Powers)著

身為使用飛蠅釣魚的人,我偶爾會深入北美的森林裡。熊就住在森林的深處。身為北愛爾蘭的厄爾斯特人(Ulsterman),我沒什麼躲熊的經驗,我問過專家如果河邊出現熊時該怎麼做。而美國國家公園服務處非常幫忙。

盡量製造噪音把熊嚇跑。大吼大叫、敲打鍋碗瓢盆。如果旁邊有人就站在一起,看起來比較可怕。北美過去 20 年來已有 56 人被熊攻擊而死,做了這些事,你可能就不會加入他們的行列。

本書的內容是關於當你遇到不同的熊(但也很危險)時該怎麼做。這是一本金融熊市的指南,遇到金融熊市時,你的投資組合可能會縮水、嚴重損及你的財富。這種熊比野外所遇到的任何一種熊所造成的威脅還要大得多。

美股有約 8,400 萬名股東[1]，全球的人數更多，而投資人的財務未來可能被其中一隻熊給摧毀或是嚴重受損，這種熊不像北美森林裡的熊那麼容易辨識。就算你認得出這頭熊，製造噪音或是和朋友站在一起看起來很可怕，做這些事都嚇不跑它。你只是會感覺好一點而已。

現在是研究金融熊市的好時候。2000 年 3 月爆發的美股重挫，一直到 2002 年底才逐漸結束。那時是熊市的結束嗎？了解情況的評論員即使到了 2005 年秋季，股價比低點仍高出許多時，對這件事的態度仍相當分歧。2002 年又開始了新的熊市，或者只是較長期熊市的反彈？現代金融還有幾個更重要的問題仍待解答，而本書藉由觀察之前股價評價過高之後的幾次重大熊市，為那個問題提供一個答案。我們仍在熊市中。何時會結束？市場還要再跌多低？什麼事件能幫助你判斷市場已經觸底？答案都在本書中。

就像人生中的所有事（也許除了站在寒冷的溪水裡時，水流進高筒防水膠靴之外），熊市是有好處的。根據傑洛米‧席格教授對自 1802 年以來的總報酬所做的分析，投資人只要持股 17 年就絕對不會在股市中虧損。如果你按兵不動，不要理會市場價格，歷史顯示不到 17 年熊市就會結束，你的實質購買力完全不會受到損害。說到投資股票，耐心等待的人會有好的結果這句話是真理。如果你有那麼長的時間，就不需要金融指南了。

沒有多少投資人有那麼多錢可以 17 年不去管市場的波動。確實，紐約證券交易所（NYSE）對 2005 上半年的統計顯示，美國 8,400 萬持股人的平均持有期間只有 12 個月（1900 到 2002 年的平均持有期間只有 18 個月）。二十世紀的 100 年，美股的實質年報酬率有 35 年是負的。其中的 8 年負報酬率超過 20%。所以一般投資人很可能每 3 年左右就會遇到熊市，每 13 年就會遇到特別嚴重的熊市。

　　的確，紐約證交所那麼大的交易量是由避險基金經理人和短視近利的炒股人所創造的，所以我們假設一般投資人比統計所顯示的還要有耐心，並且以 10 年為投資期。當然，這只是我們一廂情願的想法，因為紐約證交所的平均周轉率顯示，過去 100 年來只有一年一般投資人的投資期間長達 10 年。但是如果我們假設持有期是 10 年，還是有可能會遇到熊市。上個世紀有 9 年的時間，後續的美股 10 年總實質報酬是負的。這種事發生得夠頻繁，即使是投資期間為 10 年的投資人也可能遇到 11 年一次的倒楣年分。而且大熊市傾向拖很久。在長期熊市的時候也會發生股價先上漲一段時間然後再續跌的情況。金融指南能幫助於我們不要錯把股價上漲當成新的牛市的開始。

　　你們將會發現，美股自 2002 年 10 月以來的漲勢不是真的黎明來臨。這是重要的資訊，就算你的持股期間是 10 年也一樣。

　　但是熊市也可能很美好，這本書也可以換個書名叫做《我如何學會不再擔心並愛上熊市》。熊市代表著股價較低。消費者並不反對物價低，所以投資人想買而不是想賣的話，也不應該討厭股價低。避開熊市可以保存財富，但是因為股市的實質長期報酬是正的，所以在熊市時買便宜的股票獲利會更大。這本金融熊市指南聚焦的是歷史上當股價被壓到低於公平價值且即將反彈前，這段能創造豐厚獲利的期間。

　　美國棒球傳奇尤吉・貝拉（Yogi Berra）曾說：「光是用看的就能觀察到很多。」看著金融熊市，我們可以觀察到幾個可能的因素同時發生的時間點，暗示著市場只會變好不會變壞。這些因素包括股價評價低、獲利改善、流動性改善、債券殖利率下滑，以及參與者對市場看法的改變。這本指南的目的是要幫助讀者辨識這些因素，過去已經證明了有些因素標示著未來將會改善，有些則會誤導。

　　愛因斯坦曾說，他的成功在於提出對的問題，而且一直問直到得到答案為止。在金融市場，光是提出對的問題可能就是一件非常困難的事。本書研究金融史，提出的是遭遇熊市時應該提出的問題。你有一個愛因斯坦沒有的優勢。金融的好處在於，你不需要提供正確的答案，只要答案比大部分的人好就行。希望這本指南能幫助你找到更好的答案。

　　以金融史為工具來了解熊市的結構是有爭議的，而且亨利・福特（Henry Ford）說「歷史令人想睡覺」，他說得沒有錯。福特指的是「傳統」，這種推斷方式對任何投資人來說都很危險。投資人若困在前人的行為思維中，就可能仍會緊緊抱著著英美發電機公司（Anglo-American Brush Light Company，這間公司生產的是弧光燈，但是愛迪生製造的燈泡使弧光燈被淘汰）和美國機車汽車公司（The Locomobile Company，這間公司生產的蒸汽車失去了原本占有美國汽車市場三分之一的市占率）的股票投資組合。

　　可惜的是，福特的箴言被哈利・馬可維茲（Harry M. Markowitz）寫進他的文章〈投資組合選擇〉（Portfolio Selection）[2]。這篇文章一開始先探討學術界對投資人的歷史價值，馬可維茲假設市場是有效率的，而且他針對建立多元化的股票投資組合得出一些明確的結論。這個金融市場與效率的關係，很快就結合成「效率市場假說」。

　　對許多人來說，這個理論的誕生證明了歷史的確是「一派胡言」。他們問，如果股市這麼有效率而且能立即反應所有可取得的資訊，那麼研究金融市場的歷史有什麼用？歷史不過是所有可取得的過去資訊的累積嗎？到了 1970 年代，相信市場價格已經反映所有可取得的資訊獲得了華爾街的認同。正如彼得・柏恩斯坦（Peter Bernstein）所說的：

　　如果不是 1974 年的崩盤，根本不會有幾個金融界人士會去注意象牙塔（即

學術界）裡鑽研了二十幾年的想法。但是後來發現採取隨機應變的策略來打敗大盤，結果只是損害客戶的利益時，金融界人士才發現他們必須改變方法。他們不甘願地對學術界感興趣，並開始將抽象的概念轉換成方法，以此控管風險並為客戶遭受的虧損止血。這是這就是形塑新華爾街的改革力量的動力。[3]

新華爾街取代了舊華爾街。效率的信徒們創造了風險與報酬的數學模型聖壇，全都是根據效率的假設。正如所有新教派的慣例，反傳統者譴責前人的方法太野蠻。但是就算這個新的教派後來成為正統，還是有一些事打擊著它的核心信念。1987 年時，新華爾街創造一種提供投資組合保險的衍生性產品。結果沒有達到應有的效果，使那一年的股市崩盤變得更嚴重。

新華爾街雖然創造了風險管理的產品，但是無法根除人類貪婪與愚蠢的風險，正如加州橘郡的市民和吉布森賀卡公司（Gibson Greetings）股東所發現的。[4] 1998 年當長期資本管理公司（也許是新華爾街的終極產物）倒閉時，最接近聖壇的新教派信徒感受到了震動。在一片狼藉之中尋找，會在 1995 年到 2002 年的榮景和破滅中發現證據顯示，新華爾街和 1974 年失敗的「隨機應變的策略」一樣，根本無意保護客戶的利益。

無論新的正統教派擁有的真理多麼正確，拋棄以前的教訓是否真的明智？1994 年到 2002 年發生的一切顯示，將舊華爾街的教訓和新華爾街思維進行某種程度的結合，可以為金融從業者創造一種更切合實際和更有用的方法。那麼我們就要回到金融歷史的價值。

最近又一次股市泡沫的膨脹和破滅，或許是一個充分的理由，可以證明在天堂和人間，有比效率哲學所夢想的更多的東西。另一點理由是，在 2002 年，行為心理學家丹尼爾·康納曼（Daniel Kahneman）和維農·史密斯（Vernon I. Smith）一起被授予諾貝爾經濟學獎，因為他們將心理學研究的發現應用於經濟

學，特別是不確定性下的人類判斷和決策。[5]

　　諾貝爾獎委員會認為康納曼已經說明了人類判斷會產生一些錯誤，這導致了效率學說的不可靠。然而諷刺的是，當康納曼在 1974 年第一次發表關於這個概念的文章時，華爾街正剛開始欣然接受市場效率假說。諾貝爾獎委員會在 1990 年頒獎給效率學說的擁護者——哈利·馬可維茲、默頓·米勒（Merton Miller）和威廉·夏普（William Sharpe），以及 1997 年麥倫·斯科爾斯（Myron Scholes）和羅柏·默頓（Robert Merton）。現在諾貝爾獎卻又認同一位心理學家的質疑——人類的判斷整體而言是否有助於提高效率。

　　如果康納曼的不確定性下的人類判斷決策的學說得到承認，研究金融歷史才顯得有意義。金融史正是這樣的一種研究。如同行為主義心理學在近一個世紀的時間，把理論建立在觀察特定刺激的反應上，也關注於數以千計的參與者對某些刺激的反應。就行為主義經濟學來說，金融歷史只是一種觀察市場有用的工具，而不是用來推論市場應該如何運作。

　　像這種金融史的研究並沒有讓經驗主義者感到放心。光是這一點就足以讓許多人拒絕這種方法。然而，無法將所有的理解轉化為二進位程式碼並不一定會降低它的價值。如果心理學是一門軟科學。那麼在不確定性條件下用金融史來評估人類的決策，就是一門更柔軟的科學。認為人類的決策不能用方程式來預測的人，金融史就是他們理解未來的指南。

　　金融史的獨特價值來自它對於人類面對不確定性時的判斷的觀察，特別是對當時觀點的觀察。雖然任何歷史學家都容易產生事後偏見，但關注當時的評論和反應至少會降低將自己的主觀態度投射到事物上。報紙這種歷史來源能提供每日事件的整理紀錄，而那些聚焦於市場的金融媒體則是最實用的儲存庫，以理解一個世紀或更久以前人們的觀點。媒體對股市的報導始於鐵路誕生的時

期，當時新興的中產階級難以抗拒投資新技術。如果我們將焦點放在這個特別豐富的資訊來源，就可以追溯到 1850 年以來的很多資訊。

為了了解過去熊市底部的樣子以及當時投資人的反應，我分析了《華爾街日報》（*Wall Street Journal*）四個大熊市底部前後各 2 個月內刊登的大約 7 萬篇文章。我會在本書中詳細闡述我的調查結果。我的目標是以研究當時各種觀點為基礎，盡可能精準地展示當年熊市底部的情形。這也是一個很好的起點，去理解過去投資變得不確定的時期，人們是如何做出決策的。

《華爾街日報》的歷史紀錄讓我們了解到當時正在發生的事情，在書中的各個章節中，讀者將有機會了解當時的報導，以評估熊市何時結束，牛市何時開始。同時我們也可以總結出四大熊市底部的相似之處並發現一套有效的訊號，以未來引導我們的投資策略。

我在本書集中探討股市的歷史。這些時期對今天的投資人非常有實質的意義，但卻通常被其他金融史書籍所遺忘。人們喜歡分析繁榮和蕭條，但蕭條結束和繁榮開始的那一刻又如何？如果能精確看出這一刻，肯定能將虧損降至最低，將獲利升至最高。但是，從 1850 年以來眾多不同金融地區發生的熊市，到底應該研究哪一個才能得出正確的結論？

在考量金融市場影響範圍和最大的市場時，我們選擇了美國的金融市場，而不是英國。那麼，美國哪一次熊市能呈現最完整的情況呢？熊市後創造最佳報酬的熊市底部至少表示了這麼做的實質成果。無論在討論市場是否低於公平價值時可能存在主觀性，這些低點隨後帶來的豐厚回報是價值確實存在的最佳客觀指標。

安德魯・史密瑟（Andrew Smithers）和斯蒂芬・萊特（Stephen Wright）於

2000 年出版了一本名為《估值華爾街》(*Valuing Wall Street*) 的書。計算了二十世紀投資股票的最佳年分，他們定義了一種「事後發現價值」的衡量法，計算的方法是 1 到 40 年的 40 個不同時期的後續回報，然後計算其平均值。因此，「事後發現價值」可以代表在任何一年中購買股票並持有不同時間的投資人。

這項研究顯示，購買美國股票的最佳 3 年是 1920 年、1932 年和 1948 年。這 3 年並不一定與道瓊工業指數跌至最低點的時期相吻合。因為報酬計算是使用年底的數字來計算的，而股市的最低點也不一定就發生在 12 月 31 日。針對一年內的變動進行調整之後，最終顯示投資美國股市的最佳時機 分別是 1921 年 8 月，1932 年 7 月和 1949 年 6 月。

只有後續至少有 40 年的資料才能計算出「事後發現的價值」。主觀判斷的確在本書第四部分的分析具有一定的重要性，但我們有充分的理由相信，1982 年也是投資美國股市最好的年分之一。根據 23 年的紀錄，這絕對是前四大之一。

由於股票在這四段時期之後創造了最佳報酬率，我們事後可以說，股票在 1921 年、1932 年、1949 年和 1982 年的時候最便宜。這種價值衡量只有在事件發生後約 40 年才能觀察到，因此直接用處不大。為了本書的研究，我們需要為投資人提供一個能可靠衡量價值的方法，以應付投資市場日常變化。有太多衡量指標可以選擇，但幸好安德魯·史密瑟和斯帝芬·萊特幫我們縮小範圍到其中的兩個。

在《估值華爾街》中，他們對最常見的衡量指標進行各種測試，重要的是這些指標相對於「事後價值」所代表的後續報酬的可靠性。我們發現，在 1921 年、1932 年、1949 年和 1982 年，投資人可以利用一些衡量價值的指標來證明這些時候的股票非常便宜。雖然經周期性調整的本益比有一些作用——耶魯大學

的羅伯・席勒所選擇的指標——但史密瑟和萊特最終發現，Q 比率是一個衡量未來超高報酬率的特別準確指標。因為這個比率長期看下來非常實用，所以本書將使用 Q 比率來評估不同時期股價評價的變化。

Q 比率可衡量一間公司的股價與淨資產重置成本的關係。在本書中，「股票交易價格低於公平價值」這類的說法，代表目前的 Q 比率低於該比率的幾何平均值。本書中研究的四段時期是唯一股票折價超過重置成本 70%的時期。本書的角色是要找出使得股票價格降到這麼低的力量，並找出推動股票價格回升超過重置成本的原因。

若要訴說四大熊市底部每一次發生前後四個月的故事，我們需要考慮到大局。要了解推動股票價格回到公平價值的因素，必須了解是什麼促使股票折價。這種討論就必須考量到幾十年的投資歷史，光是這一點就足以寫成一本書了，為簡潔起見，我們必須省略許多內容。在本書第一部分中，標題〈1921 年 8 月以前〉提供了背景故事——其他三個部分也有類似的標題。

我們還要大致說明了所研究期的金融市場結構。每個時期都有重要的結構性差異，投資者需要記住這些差異以才學到歷史教訓。舉例來說，在研究的第一段時期，今天的主要金融機構還沒有在紐約證交所上市。讀者可以在〈1921 年的結構〉標題下找到相關的簡介。概述了市場下跌的原因及時代結構之後，我們將把重點放在熊市本身來的因素上，內容就在〈熊市底部〉一部。我們研究了固定利率市場的行為——這本身就可以寫一本書——聚焦於直接影響股票價格的重大事件。

讀者可以發現 1929 年到 1932 年這段期間的事件得到了本書特別的關注。這是因為那個大熊市和本書分析的其他三個熊市之間有著重大的差異，同時也是因為 1929 年到 1932 年常常被認為是熊市的典型，那個時期的事件也被當成

是熊市的典型事件。因此，花一點時間研究這個熊市是很有幫助的，能讓我們更了解為什麼它在金融歷史上如此獨特。

本書的目標讀者不僅包括專業投資者，也包括那些想要在市場上透過自己的判斷，來實現財務自由的投資者。本書中有一些方框提供解釋，以幫助非專業投資人理解專業人士有時不願意解釋的複雜術語。不過，當然還是會有一些業界行話或術語很理解釋。為此，讀者可以參考經濟史服務（Economic History Services）的網站 www.eh.net。

本書的一些內容用粗體標示，以提示讀者那些討論得出的最後結論。這些結論構成了一套關於熊市底的通用結論，以此幫助讀者找出熊市底部，進而創造最大的投資利潤。

本書摘錄了一些二十世紀最偉大的作家的作品。他們生活在經濟動盪的年代，有些作品涉及的年代與我們研究的熊市時間重疊，可以當成一面很好的鏡子來檢驗我們的分析。在股市觸底之際，這些作家小說中的主角們做出了正確的財務決策。在費茲傑羅的小說中，在蓋茲比於 1922 年去世後，尼克・卡拉威放棄了在華爾街的工作，回到威斯康辛州。我們永遠不會知道作者在那裡是否快樂，但他就像美國歷史上最偉大的牛市一樣向東走，對詹姆士・法雷爾來說，可憐的史塔茲・隆尼根的命運更慘。在 1931 年，金融市場最大的崩盤開始的時候，他把所有的積蓄投入了市場。

在 1932 年 7 月股市觸底之前，史塔茲死了。1940 年代末，羅伯特・霍爾頓必須二選一：是要冒險與一位已婚女性一起前往義大利，還是謹慎地留在華爾街？高爾・維多認為霍爾頓應該留在華爾街——毫無疑問，假如霍爾頓這麼做的話，他將因美國歷史上最長的牛市而獲益良多。這並不是說他不想去義大利。霍爾頓似乎是這些人物中唯一一個在經濟上比較精明的人物。對於約翰・

厄普代克（John Updike）書中的的哈利·安格斯特羅姆，克魯格金幣（krugerrand）是對他未來最好的投資，但他的重大收購幾乎恰逢黃金歷史最高點。

　　本書所涵蓋的四年──1921 年、1932 年、1949 年、1982 年，也是美國社會發生重大變化的年分。它們是消費社會的誕生（1921 年）、大政府的誕生（1932 年）、軍工產業的誕生（1949 年）和自由市場的重生（1982 年）。以上所有小說中虛構的人物都掙扎在一個特定的社會轉型時期。同時也在努力因應這些變化對他們財務的影響。

　　我曾和一位在年輕時多次遭遇過不少的人一起吃過午飯，他是極地探險家和登山家大衛·海姆普勒曼-亞當斯（David Hempleman-Adams），我問他在野外遇到熊時該怎麼辦，他的建議很簡短：「開槍殺了那個傢伙。」不過，如果他遭遇的是金融熊市，槍並不能保護他不受到傷害。但是我希望這本書能使這段遭遇變成一場更公平的戰爭。

I

1921 年 8 月

「我不會對她要求太多」我斗膽直言。「過去不能重來。」「不能重來」他不可置信地喊著。「當然可以！」

——《大亨小傳》（*The Great Gatsby*），
費茲傑羅（Scott Fitzgerald）

———————————————————●———————————————————

儘管美股在第一次世界大戰初期經歷了一段榮景，但到了 1921 年 8 月時，道瓊工業指數已跌回到 22 年前的水準。原先不敢碰這個危險新產業的投資人，手上的績優鐵路股的股價比 1881 年時還要低。但是這時是買進的好時機，股價比資產重置價值低了 70%。到了 1929 年 9 月，股價已接近重置價值溢價 100% 的水準，而道瓊指數已經漲了將近五倍。這在當時是紐約證交所將近 140 年來最大的多頭市場。1921 年是什麼改變了？而且投資人要怎麼預期股市的谷底才能在咆哮的 1920 年代獲利？

01 CHAPTER 邁向 1921 年 8 月——一戰後的經濟強勢成長

1-1 1986 年到 1921 年的道瓊指數走勢

　　下曼哈頓的夏末，華爾街上的摩根銀行辦公室外，有如雷聲般轟隆大作的爆炸把空氣撕扯開來。整個區域陷入黑暗，一陣巨大的煙雲橫掃過美國的金融中心。紐約證券交易所的券商為躲避噴飛的玻璃而奔逃。窗戶碎片噴到一英哩遠。死亡人數多達四十人，這一天是 1920 年 9 月 16 日。放炸彈的人是誰一直都沒有結論。媒體和大眾在評估情況時，使用華爾街最喜歡的其中一種分析：推斷。1920 年 4 月，炸彈被郵寄給十八位以政策反勞工聞名的知名人士。人們認為華爾街的炸彈也是一場「紅色」攻擊，而這次攻擊的是美國資本主義的中心，而且也愈來愈是世界資本主義的中心。炸彈並不是華爾街上唯一的動亂——可怕的空頭也正在橫掃股市。

　　熊市（空頭市場）正是本書探討的主題。這並不是因為本書的作者喜歡記錄我們投資史上最令人沮喪的期間，其實正好相反。在谷底買進是每位投資人的目標，但或許只是個夢想。因此本書是一本指南，用來找出熊市轉為牛市的期間。這個時候就是投資股票最賺錢的時候，而 1921 年的夏季大概是華爾街史上最賺錢的時候。若要建立一個這樣的指南，借用名廚比頓太太（Mrs. Beeton）的話，就必須「先抓到熊」，但是熊市並不容易定義，即使是現在，標普 500 指數和道瓊工業指數有時候呈現的是不同的情況。1921 年的時候情況更複雜，因為當時並沒有一個指數來代表大盤。若要評估市場的走勢，就必須觀察兩個不同的類股，道瓊公司的 20 檔工業股平均指數，以及道瓊公司的 20 檔鐵路股平均指數。

查爾斯‧道（Charles H. Dow）編纂的這兩個股價指數的走勢代表股市的走勢，而當時正走向 1919 年到 1921 年的熊市。1896 年時，工業類股的交易量占紐約證交所交易量的 48%，而鐵路類股則占了 52%。隨著市場從 1893 年到 1895 年的恐慌中復甦，過去 10 年來紐約證交所會員的會費降了 41%，反映出整體市場活動量極低，尤以鐵路股為甚。

在 1893 年到 1895 年的恐慌危機後，JP 摩根公司（JP Morgan）將破產和陷入財務困境的鐵路公司整併，為這個瀕死的產業注入了新的活力。工業指數推出後不久掀起了併購狂潮，美國的企業併購數從 1897 年的六十九件增加到 1899 年的一千兩百多件。這類併購案對鐵路業帶來的好處最大，因為之前產能過高壓垮了獲利。而併購帶動鐵路股的多頭市場，將鐵路指數從 1896 年一直漲到 1902 年，遠超過工業指數的漲幅，因為工業的生產過剩並未傷及其獲利能力。道氏於 1896 年成立的工業股指數，是市場對工業類股感興趣的高峰，而且工業類股占整體股市成交量的比例，一直到 1911 年才超越 1896 年的水準。

計算 12 檔成分股股價平均所得的**道瓊工業指數**，於 1896 年 5 月首次發布。查爾斯‧道於 1884 年創立該指數的前身，當時的指數成分以鐵路股為主。到了 1896 年時，很明顯需要有第二個工業指數，以顯示這些「大煙囪」（即製造業）公司對投資人的重要性日增。1916 年 10 月時，指數已增至 20 檔個股，到了 1928 年 10 月時增至目前的 30 檔個股，指數仍是以股價而非市值進行加權計算。本書中所提到的「大盤」指的便是道瓊工業指數。本書所介紹的四次熊市期間，投資人都是以大盤為指南。在分析投資人對大盤的感受時，我們的焦點也放在道瓊工業指數。有時候我們需要提到另一個指數，也就是標準普爾綜合指數（S&P Composite Index），但是差別只在於股價評價與盈餘，因為標普的資料品質比道瓊指數的資料品質高得多。

　　隨著威廉・麥金利（William McKinley）於 1901 年遇刺，以及後來老羅斯福（Theodore Roosevelt）繼任總統，結束了鐵路類股的交易量高峰。新任的總統不太贊同眾多以合法信託的方式所建立的企業聯合，而採取行動控制許多行業的定價。新政府打擊信任的行為，打擊已成熟的鐵路業比打擊正在茁壯中的工業的力道更強。到了 1911 年，工業類股成交量已超越 1896 年的水準，而且首次超越鐵路類股。這兩個資產類別的活動以及投資人的興趣大致相當，一直到第一次世界大戰開始，交易活動與股價才出現分歧。

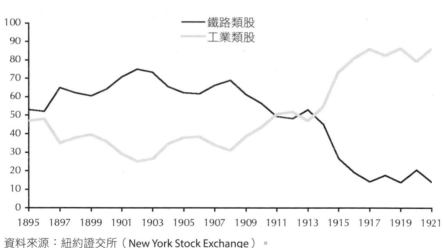

圖 1　鐵路 / 工業類股市占率（％）──1895 年 -1921 年

資料來源：紐約證交所（New York Stock Exchange）。

　　想要在 1919 年到 1921 年的熊市中生存下來並獲利的投資人，面對的是因為一戰而發生結構性變化的市場。戰爭結束後，工業類股占紐約證交所逾八成的成交量，而且大部分的鐵路公司都已國有化。戰爭也造成整體股價水準的波動，直接造成 1919 年到 1921 年的熊市。市場對費迪南大公（Archduke Franz Ferdinand）於 1914 年 6 月 28 日遇刺的反應相對平靜。但是 7 月 25 日時，奧地利與德國拒絕出席六巨頭會議（俄、英、法、奧匈、義、德）。

　　全面開戰顯然是無可避免，強化了股票賣壓的可能性。投資人憂心，身為債務國的美國會發生黃金大量流出美國以資助歐洲的戰事，以及國內流動性緊縮。7 月 28 日，奧地利對塞爾維亞宣戰，蒙特婁、多倫多和馬德里股市休市，隔天維也納、布達佩斯、布魯賽爾、安特衛普、羅馬和柏林也跟進休市。7 月 31 日，倫敦交易所休市，紐約證交所沒有選擇也只好休市，以避免可能被迫吸引全球投資人的流動性龐大的資金力道。道瓊工業指數收在 71.42 點，鐵路股指數則是 89.41 點。

　　在某些交易限制下，大盤於 1914 年 12 月 12 日星期六重開。星期一時，《華爾街日報》四個多月來首次公布道瓊指數。鐵路類股升至 90.21 點。但工業類股在 12 月 12 日當天收在 54 點，比 7 月 30 日的指數跌了 32%。工業類股在幾天內觸底，然後就開始了一場大牛市，並且持續到 1915 年底。市場並不擔心資金外流，由於開戰的國家向中立的工業大國買進必要的原料，資金反而因此湧入美國。

圖 2　從創立到 1921 年熊市谷底的道瓊工業指數

資料來源：道瓊公司（Dow Jones & Co.）。

除了流動性改善外，工業股的股價還受惠於獲利大增。我們必須特別說明這段期間的獲利成長有多大。以名目金額來計算，工業類股的獲利一直到 1949 年才超越 1916 年的水準。以實質金額來看，則是一直到 1955 年 12 月才超越 1916 年的水準，之後發生好幾次獲利下滑至 1916 年前的水準。一直到 1992 年 1 月，標準普爾指數的實質盈餘都低於 1916 年的水準。的確，當實質盈餘於 2002 年 3 月觸底時，只比 1916 年的水準高了 4.7%而已。

不意外的，在這樣的環境下，投資人很快就偏好被稱為「戰爭新娘」的工業類股，因為這些公司收到來自歐洲的大量戰爭訂單。這陣強大的牛市之後，一直到 1916 年，鐵路與工業類股大部分都呈區間盤整的走勢，一直到 1917 年，美國參戰與早日和平的可能性愈來愈高，股價才又大幅下跌。政府干預以管制大宗商品價格、鐵路業無法阻止州際商務委員會（Interstate Commerce Commission，ICC）漲價、成本升高、課徵超額獲利稅，以及政府增加發行公債，這些情況都進一步拖累 1917 年的熊市。

由於歐洲的戰事陷入僵局並轉為消耗戰，1918 年全年，工業和鐵路指數都陷入橫向整理。直到戰爭結束，1919 年時工業類股才又迎接一場牛市，並於 1919 年 11 月創下歷史新高。一戰期間以及結束後不久，因為許多原因導致兩個類股的走勢非常不同，但是鐵路於 1917 年 12 月 28 日國有化顯然是主要的因素。此舉等於是將鐵路股變成債券，政府根據國有化前這些公司的平均盈餘，支付一筆固定的股利給股東。

由於鐵路股的股東獲利受限，投資人把焦點轉向受惠於戰爭榮景的工業類股。工業類股的牛市於 1919 年觸頂時，鐵路股的成交量只占總成交量的 13.8%。但是從 1919 到 1921 年，股票投資人仍持續將焦點放在這兩個指數。許多投資人相信，鐵路股下跌是短暫的現象，當國有化於 1920 年 3 月結束時就會消失。到了 1921 年，投資人仍觀察鐵路與工業指數來評估熊市的情況，但是此時工業類股的成交量遠高於鐵路股。

| 1-2　聯準會的出現：嶄新的境界（Ⅰ）

人們很容易就會認為 1921 年的股市和現在一樣，而且這麼想是很危險的事。在觀察 6 月到 10 月，也就是 8 月觸底前與觸底後的兩個月股市的詳情之前，我們應該先暫停一下，想一想當時與現在金融市場的運作在機構上的差異。尤其是 1921 年夏末時發生的一些事件，我們必須要考量到一個對市場來說未知、全新的因素，也就是 1914 年成立的聯邦準備體系（Federal Reserve System）。

這個體系包括聯邦準備理事會（Federal Reserve Board，簡稱聯準會）以及十二間聯邦準備銀行（Federal Reserve Bank）。聯邦準備銀行可以自行決定貼現率，但是根據法規，這個決定「需由聯準會審查與決定」。然而聯邦準備銀行在公開市場操作時，並不會經過聯準會的審查與決定。因此，聯邦準備體系中的聯邦準備銀行可能享有高度的自治。這樣的自治在聯準會初期，使得在美國金融首都運作的紐約聯邦準備銀行（Federal Reserve Bank of New York）成為決定聯準會貨幣政策的主要決策者。

這個體制的結構是去中心化，導致預測未來的政策變得很複雜，也導致體制內的衝突，而這對不久的將來會造成很重大的影響。如果我們想像一下，明天就廢止這個體制對投資決策會造成什麼樣的影響，現在的投資人應該可以了解這個機構的成立在當時造成多麼戲劇性的影響。

中央銀行的成立改變了美國自內戰結束後，於 1879 年恢復的貨幣機制的運作，這是一個美國投資人很熟悉這個貨幣機制，那就是金本位制。聯準會的成立為投資人創造了不確定性。很難知道這個額外的人為因素將如何運作。的確，人們長期以來的信念正如 1810 年英國下議院金銀委員會的報告摘要說的，在貨幣程序中加入人為因素可能會很危險。

任何人或任何一群人如果深入了解一個國家實際的貿易額，也熟悉貨幣和流通原則這個深奧的科學，就不會去設法調整或持續調整一個想要貿易的國家的流通媒介正確的比例。[6] 美國當時沒有官方的中央銀行——安德魯·傑克森（Andrew Jackson）總統於 1832 年否決了美國第二銀行的執照續約。

此舉被認為是必要的，因為在此前不久，因為無法提供彈性的貨幣，使美國兩度瀕臨破產。1895 年 2 月時，只有靠兩位美國富豪 JP 摩根（JP Morgan）和羅斯柴爾德（Rothschilds）提供的貸款，才避免美國政府的黃金儲備耗盡以及金本位的終結。1907 年時，JP 摩根再次協助達成一筆協議，以防止主要的金融機構破產，並拯救金融體系。儘管有顯著的政治反對，威爾森（Wilson）總統主政的民主黨通過立法，建立聯邦準備理事會以及「彈性貨幣」政策，使個人無法成為實質上的最後借款者。

金本位制是一種貨幣制度，在此制度下，金幣是法定貨幣，而鈔票可以用固定的價格換成黃金。許多國家都採用這個貨幣制度，每個國家都宣布一個固定的黃金兌換價格，因此每一種貨幣對彼此之間的價值實質上都是固定的。這對經濟中的貨幣供給、經濟活動與價格有很大的影響。舉例來說，如果美國的國際收支有盈餘，那麼買進美元的人就會比賣出美元的人還要多。在這個情況下就必須發行更多美元，以維持固定的匯率。

當美元大量增加，就可能創造更多的經濟活動，但同時價格也會上漲。更高的價格最終可能侵蝕美國的競爭力，而國際收支就可能會變成赤字。在貨幣的賣方比買方多的情況下，這個程序就會反過來。在第一次世界大戰後推出金本位制的一種形式，有些官方的貨幣準備中會持有可以兌換成黃金的其他貨幣。這個制度就被稱為金匯兌本位制（gold exchange standard）。

　　實務上，聯準會創造聯邦準備鈔券，並接受商業銀行在聯準會的存款以滿足法定準備金要求，以提供貨幣彈性。而聯準會接受黃金、將合格的票據重貼現、外貿承兌匯票貼現，以及在公開市場上購買政府證券、銀行承兌匯票和匯票，以創造這兩種貨幣。這種根據銀行資產重貼現以創造貨幣的能力，就稱為真實票據標準。

　　投資人比較難回應的問題是，在國家也遵守金本位制的同時，像這樣彈性的貨幣要如何運作？明顯的衝突是，金本位制決定需要多少貨幣量以維持國際收支平衡，而真實票據理論並不限制貨幣的量。米爾頓・傅利曼（Milton Friedman）和安娜・雅各森・許瓦茲（Anna Jacobson Schwarz）認為，這個衝突「看似明顯，實則不然」。

　　雖然金本位制決定了較長期的貨幣總量，但是短期的行動卻有很多自由的空間。黃金準備以及國際資本市場提供暫時不平衡的緩衝。更重要的是，金本位制並未決定貨幣與準備金之間的差額，而真實票據理論則與這個差額有關。[8]

　　民眾從銀行存款提領出現金，加劇了 1895 年與 1907 年的危機。因此，新的立法目標是要建立起一個制度，允許存款轉為現金而不會造成銀行倒閉，或是對銀行的現金支付能力造成限制。在這種情況下，彈性貨幣可以迅速擴張，而且銀行可以透過新的準備銀行將資產貼現以迅速取得貨幣。

　　理論上，投資人可以預期，聯準會的運作只是為了要減輕任何可能使銀行體系發生危機的擠兌情形。對配置資金的人來說，實務上的問題在於發生了一件非常不同的事。從 1914 年 11 月聯邦準備理事會成立，到 1920 年 6 月「彈性」貨幣被拉長，這段期間的貨幣存量增加了一倍以上。而聯準會在創造貨幣的角色上不一致而且無法預期，對投資人來說則是使事情變得更複雜了。

圖 3　強力貨幣變化的原因

（總變化為 1.0）	美國中立 1914 年 6 月 -1917 年 3 月	戰爭 1917 年 3 月 -1918 年 11 月	和平 1918 年 11 月 -1920 年 5 月
貨幣黃金存量	0.87	0.04	（0.41）
聯準會持有的公共與銀行的資產	.015	1.24	1.44
貨幣當局的其他實體資產以及法定貨幣	（0.02）	（0.28）	0.03

資料來源：米爾頓‧傅利曼和安娜‧雅各森‧許瓦茲。

強力貨幣（high-powered money，又稱為貨幣基數）是指所有形式的貨幣三總
合，聯準會對貨幣基數擁有幾乎完全的控制權。這種錢稱為強力貨幣，因為小
小的變化就會對經濟中的貨幣總量產生很大的影響。透過影響經濟中的貨幣
總量，強力貨幣對經濟活動與通膨可以有很大的影響。在聯邦準備體系成立以
前，改變強力貨幣的主要因素都是金本位制下的黃金流入與流出。
聯準會成立後，這個機制仍持續影響強大貨幣的成長，但聯準會也可以獨立行
動，以影響強力貨幣。這些年來，股票投資人都以**強力貨幣的表現**做為經濟、
通膨與股市未來趨勢的指標。

　　我們從圖 3 中可以看到，美國參戰前，聯準會在貨幣創造上所扮演的角色
並不重要。強力貨幣最初大幅成長，是因為戰爭國家的政府購買商品、將投資
變現以及借錢，而使得黃金大量流入。這個程序使得美國的國際投資地位反
轉。從 1914 年的赤字 37 億美元，到了 1919 年變成差不多金額的盈餘。聯準會
在這個階段只能為特定**商業銀行的資產重貼現**，以創造聯準會貨幣。

　　聯準會沒有累積什麼資產，所以沒有資產可以出售以「沖銷」因為黃金累

積所造成的強力貨幣增加。用比較簡單的話來說就是，聯準會早期可以延伸彈性貨幣，直到彈性貨幣被延伸，否則不能當成貨幣緊縮的工具。對投資人來說，在美國於 1917 年參戰前，聯準會的成立對流動性調整以及後續對股票市場價格沒有多大的影響力。

美國參戰造成明顯的貨幣轉向。此時美國是以政府信貸的方式出售商品給盟國，而不是收取黃金。黃金不再流入美國。這段期間貨幣黃金庫存的增加，對強力貨幣的增加並不多。美國參戰造成的第二個貨幣變化，是政府需要提供軍隊資金。雖然稅賦提高了，但政府歲入卻不足。

此時透過央行創造貨幣，好讓政府可以在國內募資。投資人這時必須了解彈性貨幣在支撐政府財政所扮演的角色，而非彈性貨幣原本創造出來的目的：防止流動性危機。在這個情況下新的貨幣「彈性」有多大，以及假設美國打贏戰爭，彈性貨幣之後緊縮的規模將如何？能正確回答這兩個問題的投資人，就能在 1917 年到 1921 年時做出最佳的投資決策。

美國參戰使彈性貨幣被延伸得很嚴重。1917 年 4 月時，聯準會的貨幣占強力貨幣的 21%，但到了 1918 年 11 月，已經升至 59% 了。這是因為聯準會的會員銀行透過購買政府公債的方式借款給客戶，然後再由十二間準備銀行的其中一間來對這些貸款重貼現。1917 年後，聯準會顯然是利用這個新的權力來「提供彈性貨幣」，不是用來減輕或防止貨幣恐慌，而是用來協助提供政府戰爭的資金。第一次世界大戰是美國自南北戰爭以來，第一次參與重大的軍事衝突。

南北戰爭時，暫緩金本位制是有必要的。而這一次，這個新的貨幣彈性讓美國可以維持金本位制。對 1917 年的美國投資人來說，「彈性貨幣」在戰時讓貨幣容易取得並維持金本位制。預期金本位制會暫緩，或是維持金本位制會造成貨幣緊縮的投資人，並不了解聯準會的成立改變了貨幣體系的運作。

可以預期的是，停戰後，原本很高的戰爭需求就會降低，並且造成經濟萎縮。早在停戰協定前，1918 年 8 月時就開始這樣的經濟衰退。但是雖然許多人預期衰退時間會延長，但經濟萎縮到了 1919 年 3 月已經結束了。民眾開始持有的現金比戰時還要少，轉而增加儲蓄。強力貨幣回到商業銀行體系中，幫助穩定貨幣供給額的成長。

同樣重要的還有聯邦準備理事會採取的行動，1919 年一直維持利率偏低，而且比市場利率還要低得多。此舉進一步鼓勵會員銀行從金融體系中借款並增加放款。聯準會稱這麼做是必要的，以資助政府的流動債務以及避免政府公債價格下跌，因為此時公債是銀行體系的主要資產以及抵押品。因為以這個方法來支援金融體系的運作，聯準會在戰後和在戰時一樣延伸彈性貨幣（參閱圖3）。

雖然聯準會與財政部內部對此意見非常不同，但他們相信在這段人為低利率的時期，金融體系可以分辨「合理的」與「投機性」借貸。但其實並非如此，而且工業類股與大宗商品投機性的牛市非常熱絡，1919 年持續了一整年。長期以來的基本投資原則是，在金本位制下，戰時會發生通膨，接著戰後則會發生通縮。但是現在因為聯準會甚至在戰後延伸彈性貨幣以協助政府融資需求，所以情況反過來了。按照舊的遊戲規則的投資人就錯過了 1919 年的股市和大宗商品市場的牛市。

這段戰後時期，投資人嚴重誤解了這個貨幣制度的運作方式。因為聯準會在 1919 年採取的行動，結果使其行使彈性貨幣權力的能力或意願被誤解。許多人假設聯準會延伸彈性貨幣的意願足以規避金本位制的運作，以避免任何劇烈的升息。聯準會在 1914 年 11 月前都沒有提供金融體系信貸，到了 1919 年底時卻提供約 30 億美元的信貸，這筆金額將近國內生產毛額（GDP）的 4%。

由於聯準會從不提供信貸到開始提供信貸，所以不令人意外地，有些投資人相信聯準會將允許更高的彈性。在這個新的環境下，人們相信借貸資金炒作正在上漲的資產價格所承受的風險，會比聯準會誕生之前還要小得多。正是投資人的這個誤解，導致 1919 年股市狂歡派對後，1920 到 1921 年更令人痛苦的宿醉。

顯然人們忘記了貨幣彈性有法定限制，而當時正在快速達到限制的額度。**法律規定聯準會持有的鈔票必須有 40%的黃金準備，以及淨存款必須有 35%的法定貨幣準備**。聯準會內部的淨存款與鈔票已有至少 40%的總準備量。而黃金當時正在流出，而且商業銀行被鼓勵以低於市場的利率向聯準會借款，結果就是存款準備率下滑。因為在戰時存款準備率已經降低了，這個比率從 1918 年 12 月時的 48.1%到 1920 年 1 月降至 42.7%。聯準會看著存款準備率下滑卻沒有作為，但是在 1920 年第一季時，因為政府開始讓聯邦債務到期所以還有操作的空間。

持續延伸彈性貨幣的主要理由已經不存在了。雖然有法定權力可以暫緩準備金要求，並且持續延伸彈性貨幣，但是 1919 年初貨幣市場的表現顯示沒有暫緩的跡象。貨幣市場緊縮已經很明顯了，到 1919 年 6 月活期存款利率為 15%，到了 11 月時升高到 30%。

聯準會在 1919 年 11/12 月首次採取防止準備金率持續下降行動，調高貼現率——那段時間大部分的銀行將貼現率升至 4.75%，而 1920 年 1 月/2 月時所有銀行則將貼現率升至 6.0%。聯準會延伸貨幣彈性至極限的意願，對戰後的工業類股牛市發揮了作用。聯準會的準備金率下降至其法定上限所造成的反應，在後來的熊市中更是發揮了重要的作用。

除了非常注意這個新成立的貨幣機構外，投資人在 1921 年時還特別注意一

般價格水準的變化。雖然通膨是現在財經媒體定期討論的話題，但是在 1921 年時更是備受矚目。金本位制的運作以及對證券價格的影響，使得投資人非常關心物價。在金本位制的運作下，股市熊市通常被認為是競爭力下滑、對外收支惡化、流動性緊縮、經濟萎縮以及物價水準普遍下降。

圖 4　紐約聯邦準備銀行的貼現率──1914 年 -1924 年

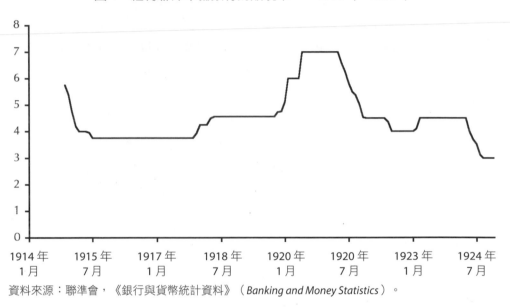

資料來源：聯準會，《銀行與貨幣統計資料》（*Banking and Money Statistics*）。

　　對任何在評估這個程序最後的投資人來說，他們會問的一個問題是，國內物價是否比主要貿易夥伴的價格更有競爭力。如果是，這個過程可能會反轉，外部收支改善、流動性變得寬鬆以及經濟擴張，這些都會導致股票價格的上漲。從 1920 年開始，評估通貨緊縮何時會結束變得特別困難，因為之前物價調整的程度很大；從 1914 年 6 月到 1920 年 5 月，美國的躉售物價上漲了 147%。評估美國在這段通膨後的競爭力變得更複雜，因為美國貿易夥伴在戰時經歷高通膨而採取彈性匯率。

　　戰後不久，法郎、德國馬克和英鎊兌美元貶值，外國投資人認為這些貨幣將回復戰前水準的金本位制，而導致資金大量流入這些國家。但是這樣的信心愈來愈弱，而匯率在 1919 年又開始下滑。從 1919 年初到 1921 年初，法郎和德國馬克兌美元貶值逾 60%，英鎊兌美元貶值近 30%。

　　其他國家的通膨水準也非常高，所以不清楚在金本位制下，美國的物價到底要降低多少才能創造外部收支平衡。評估需要多大的調整幅度，是了解流動性有多緊縮以及會壓抑多少經濟活動的關鍵。當工業類股的牛市持續到 1919 年 11 月結束，有些人相信不需要進行這樣的調整。但他們錯了。

　　戰後時期的投資人要如何評估由金本位制所決定的國內物價？不意外的是，許多人對於第一次世界大戰使全球經濟脫鉤的規模感到很困惑。這是美國南北戰爭以來國內物價上漲幅度最大的一次，而且沒有人知道到底這個相對來說成立不久的聯準會將如何影響物價的決定。早在美國參戰前，物價就已經開始上漲了，由於聯準會直到 1917 年 4 月以前大部分都維持不作為，所以有些人可能會預期金本位制可能會限制那段時期的物價。但並非如此，因為黃金這時湧入美國（參閱圖 5），而且強力貨幣存量增加。

圖 5　美國財政部到年底的黃金存量，以及全年黃金淨進口量

（百萬美元）	黃金存量	淨進口量
1914	1,526	-165
1915	2,025	+421
1916	2,556	+530
1917	2,868	+180
1918	2,873	+21
1919	2,707	-292
1920	2,639	+95

資料來源：美國普查局（US Bureau Of The Census）。

在正常情況下，流動性無可避免地提升將導致物價上漲、傷害美國的競爭力，以及造成通縮性黃金流出。但是在戰時，這樣的調整並不會流暢地發生。某種程度上，對軍火以及物資需求對價格的敏感度，都會比對食物和其他承平時期物資需求對價格敏感度來得低。這樣可以維持對美國商品的需求高於其他狀況。

流失黃金的國家應該會發生通縮性的貨幣壓力，使得他們更有競爭力，因此讓黃金回到大西洋的另一邊。當時顯然有安全的問題，令資本家不敢把黃金運回歐洲。而且在戰時，雖然貨幣緊張顯示戰爭期間的生產中斷了金本位制的正常運作，歐洲內部的貨品稀缺而推升價格。與美國的物價差異並沒有大到足以對經常帳產生劇烈的變化，而無法在這些極端情況下吸引黃金返回歐洲。雖然美國維持金本位制，但是在參戰前就已經發生顯著的通膨了（參閱圖 6）。

在戰後的期間，投資人必須思考黃金的情況有多「棘手」。歐洲需要多少時間才能重建並且真正威脅到美國的工業與國家的競爭力？和平會使黃金返回歐洲，還是俄羅斯和德國明顯的社會混亂會導致外國的黃金留在美國？即使是純粹以金本位為基礎來分析未來的一般價格也變得很困難，聯準會從 1917 年 3 月到 1919 年 11 月所採取的行動使得情況變得更加複雜。

圖 6　1914 年 6 月到 1920 年 5 月，三個時期的躉售物價漲幅

美國中立， 1914 年 6 月到 1917 年 3 月	美國參戰， 1917 年 3 月到 1918 年 11 月	和平， 1919 年 11 月到 1929 年 5 月
65%	23%	22%

資料來源：米爾頓‧傅利曼和安娜‧雅各森‧許瓦茲，《1867-1960 年美國貨幣史》（*Monetary History of the United States 1867-1960*）。

在思考黃金的流動性以及聯準會允許貨幣的彈性有多大時，投資人也必須

評估美國經濟與企業盈餘成長有多持久。除非投資人能評估承平時期上市公司的獲利能力，否則要如何進行評價？即使是後見之明來看，也很難透過量化來了解美國從 1914 到 1919 年期間的經濟成長有多少是真正的成長，以及有多少是通膨。我們可以很肯定地說這段期間發生了貨幣和物價調整，但經濟規模變了多少則比較不確定。美國商務部編製並發表的第一份國內生產毛額（GDP）統計數據，是 1929 年的情況。在 1929 年以前，只有經濟歷史學家對美國經濟成長所做的估計。

圖 7　GDP 年成長百分比

Nominal	名目 GDP	實質 GDP
1914	-6.3	-7,7
1915	+5.8	+3.4
1916	+26.4	+16.1
1917	+19.5	-0.2
1918	+26.4	+7.6
1919	+10.5	-3.2
1914 年底到 1919 年底	+123	+25

資料來源：奈森柏克（Nathan Balke）、羅柏葛登（Rober Gordon），《戰前國民生產總值的估算：方法和新證據》（*The Estimation of Pre-war GNP: Methodology and New Evidence*），美國國家經濟研究局研究報告。

　　雖然從 1914 年底到 1919 年底的實質經濟成長強勁，但成長有很大一部分是 1916 年的繁榮，當時歐洲的戰事需要更多資源，而中立的美國則協助提供這些資源。1916 年的實質經濟成長占 1915 年到 1919 年的 5 年間總實質成長的 70%。所以除了難以評估彈性貨幣必要的緊縮外，戰爭期間也造成了股票正確估價的重大問題。

戰後在評估股票價值時，投資人需要一些關鍵問題的答案。1916 年的榮景是美國占全球貿易比例永久性的攀升，因此永遠提升了美國企業的獲利嗎？如果 1916 年的榮景是一次性的，那麼戰爭結束是否代表著獲利將大幅緊縮？我們能根據戰後的獲利來評估股價，或是戰前的獲利水準才是股價評價的正確根據？

就算有人做出結論，實質經濟成長是永久性的，戰時的調整對投資人來說仍有風險。雖然經濟的規模實質上來說比戰前來得大，但經濟體系仍需要排除戰時通膨。通縮的規模該多大？這樣的通縮對美國金融體系會造成什麼樣的傷害？聯準會提供彈性貨幣的能力，會如何影響價格調整與金融體系的穩定性？

顯然有人擔心要讓增幅高達 147%的躉售物價恢復所需要的通縮規模太大，將導致嚴重的經濟困境，尤其是對於那些以這麼高的成本借錢來購買商品的人來說更是如此。聯準會從 1918 年 11 月到 1919 年底的行動顯示會把貨幣延伸至極限，以防止出現這麼大幅度的調整。當然，在 1919 年 11 月貼現率提高之前，投資人就是這麼認為的。看起來通貨緊縮確實有必要，但需要多少通縮以及要通縮多久？

雖然投資人可以預期戰後通膨，但通縮卻不是這麼一回事。不受金本位限制的其他國家尋求別的方式走出戰後的痛苦。投資人發現有別的辦法，並且在1921 年夏季時爭論德國、俄羅斯、波蘭、匈牙利和奧地利採取替代性的方法是否是正確的。這些國家已不再以黃金為本位，當局印鈔票的目的是要刺激經濟成長與就業，並防止通貨緊縮。

而這個政策成功了，至少一開始是成功的，但如圖 8 所示，黃金所支持的貨幣在這個過程中劇烈貶值。德國未在戰後發生通縮，1921 年的躉售物價通膨是29%，相較於法國則通縮 24%、英國物價下跌 26%、美國物價下跌 11%。在德國

不只是物價上漲，經濟也沒有陷入衰退。而且股市甚至出現一段榮景：

　　……至於通膨造成實質匯率貶值，平衡來說，這刺激了出口、就業以及生產……。投資人有動機保護他們的存款，而將存款從銀行帳戶中提領出來。他們應該會買進企業的股份，將物價上漲轉嫁給顧客，並且因此支付跟得上通膨的股利……。實質股價上漲直到 1921 年。[9]

圖 8　各國的黃金兌鈔票的比率

(%)	1914	1921
美國	18	93
英國	135	34
法國	67	15
義大利	60	10
比利時	35	5
德國	54	1.5
奧地利	54	.01
瑞士	52	58
荷蘭	53	59
西班牙	53	59
瑞典	42	35
丹麥	51	46
日本	67	112

單位：百分比。
資料來源：《華爾街日報》，1921 年 7 月 2 日。

　　1921 年從 3 月到 8 月，法蘭克福日報股價指數上漲 40%。確實，柏林股票交易所於 1921 年 9 月初暫停交易，因為炒作造成的交易量大到交易所的會員無

法負荷。1921 年 9 月 9 日,《華爾街日報》暗指是德國馬克貶值造成這場牛市。

　　7 月初時,德國的投資階級開始注意到德國馬克出現貶值的傾向,而且急著趁貨幣進一步貶值前把錢投資在工業以及其他證券。

　　雖然惡性通膨災難的跡象變得愈來愈明顯,但還是有外國投資人感到樂觀。德國政府估計到 1921 年中時,價值高達 10 億美元的德國馬克與債券是由外國投資人所持有。會累積這麼多是因為之前德國馬克的價值從 8 美分貶值到 1 美分。但是《華爾街日報》的報導對德國及其貨幣的展望非常不好,甚至德國人也知道這個貨幣政策可能的後果:當英國派往布魯賽爾會議的代表團團長說德國正在朝向深淵前進時,據稱一位匿名的德國銀行家的回應是:

　　「我們才不在乎英國的建議。他們只會為自己著想。就算我們正走向深淵,但我們也會把法國拖下水,這表示整個歐洲都會破產。」[10]

圖9　德國躉售物價指數——1918 年 -1923 年

1918	152
1919	291
1920	1,040
1921	1,338
1922	23,927
1923	11,634,000,000,000

資料來源:B・R・米謝爾(B.R. Mitchell),《歐洲歷史統計 1750-1970》(*European Historical Statistics 1750-1970*)。

　　如圖 9 所示，德國的情況最極端，單月物價通膨飆升到百分之三百萬。其他國家的通膨則沒有那麼劇烈，但是俄羅斯的單月通膨率最高 213%、波蘭 275%、奧地利 134%、匈牙利 98%。相較於其他地方採取的通縮政策，在 1921 年對投資人來說是好的政策，卻造成資金幾乎完全損失。

　　重要的是，想要評估美國物價何時會穩定下來的美國投資人，必須考慮德國的通膨政策。這個政策成功了一段時間。德國的實質匯率下滑，許多德製產品市占率上升。如果持續下去，俄羅斯、波蘭、奧地利和匈牙利可能走上類似的道路，美國的經濟調整規模可能會比任何人在正常情況下的預期大得多。不使用金本位制，計算物價以及經濟何時會觸底就會困難得多。

02 CHAPTER 1921 年的市場結構

> 我在市區裡試著列出無法計算的股票報價，然後就在旋轉椅上睡著了。就在中午前，電話把我吵醒，我開始工作，額頭上滲著汗。
>
> ──費茲傑羅，《大亨小傳》

2-1 1921 年的股票市場

　　1921 年的股市並非機構投資人所熟悉的環境。這樣的投資人確實是存在的，但是當時普通股仍被認為屬於投機性質，機構投資人對債市比較感興趣。圖 10 顯示的是紐約證交所 1921 年 7 月 31 日的股市組成。

圖 10　1921 年 7 月 31 日的股市組成

個股總數	586
優先股個數	185
有報價個股的公司數	382

資料來源：《華爾街日報》，1921 年月 1 日。
備註：許多公司不只發行一檔股票。

　　比起現在紐約證交所有超過 2,500 檔個股，當年掛牌交易的個股只有 382 檔個股，但當時還是有很多不同類型的產業可供投資人選擇。主要的產業包括鐵路、鋼鐵和石油。1921 年的股票發行能讓我們知道當時投資人的興趣所在。1921 年 1 月到 8 月，鐵路股占新股發行不到 1%，剩下的則是公用事業以及工業

類股的占比相當。還有一個新的成長業務變得日益重要，那就是汽車業。其他主要的成長中的產業還有受到汽車業帶動榮景的橡膠業，還有香菸業，因為消費者愈來愈傾向購買香菸，而不是像以前那樣購買散裝的菸草。

鐵路業： 從莫霍克和哈德森鐵路（Mohawk & Hudson Railroad）於 1830 年在紐約證交所掛牌以來，投資人就可以投資美國鐵路證券。在非常早期時，鐵路業深受競爭過於激烈之苦，但儘管十九世紀有許多公司破產，投資人還是可以選擇多檔鐵路股，例如：艾奇森托培卡與聖塔非（Atchison Topeka & Santa Fe）、巴爾的摩與俄亥俄（Baltimore and Ohio）、加拿大太平洋（Canadian Pacific）、切沙皮克與俄亥俄（Chesapeake and Ohio）、紐約中南太平洋（New York Central Southern Pacific），以及聯合太平洋公司（Union Pacific）。

鋼鐵業： 由 J.P.摩根透過收購卡內基鋼鐵（Carnegie Steel）及其他公司所組成的美國鋼鐵公司（US Steel）仍是產業的龍頭。美國鋼鐵公司的營運資本將近其他十二間上市公司營運資本總合的兩倍。到了 1921 年時，美國的煉鋼廠產能利用率已降至 20%。

汽車業： 當時美國大約半數的汽車都是由福特所生產的，但是公司一直到 1956 年才上市。但市場上還有其他主要業者例如通用汽車（General Motors）掛牌上市，還有包括斯圖貝克（Studebaker）、皮爾斯箭頭（Pierce Arrow）、威利斯公司（Willys-Overland）、共和汽車（Republic Motors），以及麥斯威爾汽車（Maxwell Motors）。

石油業： 石油業是由前標準石油（Standard Oil）信託旗下品牌所主導，總共有十三間上市公司，包括加州標準石油、紐澤西標準石油和俄亥俄標準石油。小得多的獨立業者在戰時經歷了一段榮景並且將業務重心放在墨西哥的業者例如聯合石油（Associated Oil）、科斯登石油（Cosden Oil）、休士頓石油（Houston

Oil)、無敵石油（Invincible Oil）、墨西哥石油（Mexican Petroleum）、太平洋石油（Pacific Oil）以及辛克萊爾石油（Sinclair Oil），這些都是投機者所偏好的個股。

橡膠業：自從固特異公司（Goodyear）發明了橡膠的硫化，使得橡膠更適合用於服飾及其他用途後，橡膠業務便蒸蒸日上。但是汽車的出現才為四間上市的橡膠公司創造一段榮景，其中包括百路馳輪胎（Goodrich BF）與美國橡膠（US Rubber）。

礦業：第一次世界大戰時，礦業經歷了一段榮景，而銅礦開採更是主要的受惠者。戰後價格崩跌造成嚴重的損害，銅價跌回到 1911 年的水準。到了 1921 年，銅價回到每磅 12 美分，而戰前 8 年的平均價則是每磅 15.5 美分。一直到 1950 年代中期時，銅價才超越 1916 年的水準。到了 1921 年時，只有八間主要的美國銅礦公司仍在開採。紐約證交所掛牌的礦業類股包括巨蟒（Anaconda）、霍姆斯戴克（Homestake）與圓頂（Dome）。

零售業：最初上市的零售類股都是郵購公司，但是連鎖商店和百貨公司的規模也變得夠大，可以掛牌交易。主要的零售業類股包括席爾斯羅巴克（Sears-Roebuck）、伍爾沃斯（Woolworth's）、蒙哥馬利沃德（Montgomery Ward）、梅伊百貨公司（May Department Stores）。

糖業：戰時和戰後的糖業經歷一段牛市。但是正如其他大宗商品，1920 年到 1921 年的衰退嚴重傷害糖價。精製糖於 1920 年達到每磅 26 美分，但是到了 1921 年夏季就只有每磅 5.5 美分。這樣的財務災難導致國家城市銀行（National City Bank）因為接管不良債務抵押品而成為古巴最大的糖製造業者之一。糖的生產集中於古巴，過去 6 年來產量增加一倍，而且占古巴全國經濟三分之二。從事生產與精製糖的上市公司包括關塔納摩糖業（Guantanamo Sugar）、古巴蔗糖（Cuba Cane Sugar）、美國糖精煉公司（American Sugar Refining Co.）

　　菸草業：因為美國菸草信託的瓦解，以及香菸業務大幅成長，所以當時菸草業正經歷重要的改變。當時幾個主要的菸草投資包括羅瑞拉德（Lorillard）以及利吉特邁爾斯（Liggett & Myers）。

　　其他產業：主要產業以外則是一些從事新興業務的公司，包括製造潛水艇以及瀝青屋頂材質製造商。許多公司目前仍在市場上交易，而且已成為其產業中的重要業者，包括美國運通（American Express）、美國電話電報公司（AT&T）、可口可樂（Coca Cola）、伊士曼科達（Eastman Kodak）、奇異電器（General Electric）、全國餅乾公司（National Biscuit Company，即納貝斯科Nabisco）、歐提斯電梯（Otis Elevators）以及西屋（Westinghouse）。

圖 11　鐵路、優先股與大盤相對於道瓊工業指數

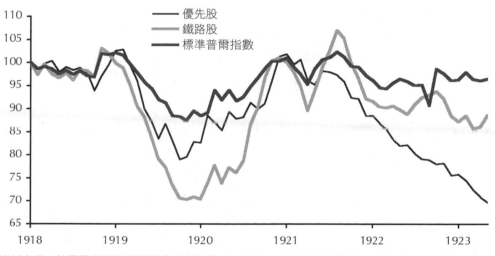

資料來源：美國國家經濟研究局（NBER）與 www.econ.yale.edu/-shiller/data.htm。

　　當熊市來臨時，領取政府提供的固定報酬的投資人績效最好。國有化的鐵路公司完全沒有參與到戰後的大宗商品價格以及股市的榮景。由於股利固定在

法定貨幣的歷史水準，因此投資人的資金幾乎沒有什麼成長。當然，1920 年到 1921 年衰退時經濟下滑，政府保證股利的穩定性有其優勢。如圖 11 所示，鐵路指數從 1919 年的市場高峰下跌到 1921 年 8 月觸底，只是道瓊工業指數跌勢的一半而已。

這也顯示了標普綜合指數和優先股的績效比當時只有 20 檔成分股的道瓊指數要好得太多。不是所有的大企業都在紐約證交所掛牌交易。一直到 1921 年 6 月 28 日，場邊市場都是寬街（Broad Street）的人行道上交易的，而一些後來成為其各自產業中全球知名企業的公司當時就是在此交易。在街上交易的公司有英美菸草公司（British American Tobacco）、吉列（Gillette）、菲利普莫里斯（Philip Morris）和美國無線電公司（Radio Corporation of America，RCA）。

許多間公司都已經成為歷史，但其中還有很多仍繼續營運。1921 年時，投資人想要支持萊特兄弟（Wright brothers）中仍在世的奧維爾（Orville Wright），可以買進這對兄弟成立的萊特航空公司（Wright Aeronautical Co）。公司的主要業務是製造航空引擎，而且儘管公司於 1929 年與科提斯公司（Curtiss）合併，但是在 1950 年代時就幾乎已經退出航空業。1921 年時，野人軍火公司（Savage Arms Company）的前景看好，而且 1919 年時由跛熊酋長（Chief Lame Bear）代言公司生產的槓桿式步槍。現在的投資人可能會想要買進全國艾克密公司（National Acme Co）的股票，可惜的是，公司當時的產品被董事長形容為「節省勞力的機器」，而不是後來卡通中的威利狼（Wile E Coyote）經常使用的「精巧」的產品*。而 1921 年時，「關塔納摩」公司的名稱會令人聯想到糖，到了現在則會令人聯想到別的東西。

---

* 譯注：在 1949 年開播的卡通《威利狼與嗶嗶鳥》（*Wile E. Coyote and the Road Runner*）中，笨拙的威利狼經常使用 Acme Co. 公司生產的各種機關設法捕捉嗶嗶鳥（Road Runner），但 Acme Co. 是這部卡通虛構的公司，並非現實中的全國艾克密公司。

| 2-2　1921 年的債券市場

「小帕克遭殃了」，他說得很快。「他把債券交給櫃檯時當場被逮。五分鐘前紐約那裡有人通報，把號碼告訴了他們。喂，你覺得如何？誰知道那種鄉下地方也會這樣。」

——費茲傑羅，《大亨小傳》

造成 1919 年到 1921 年股市熊市的主要原因，是債市長期熊市惡化的因素。到了 1921 年，債券投資人已經歷了自 1899 年以來漫長的熊市。1899 年到 1921 年政府公債的贖回殖利率，並未精確地反應出投資人的報酬率。1900 年到 1916 年的聯邦公債供給短缺，在外流通的聯邦債務占 GDP 的占比平均只有 4.2%。除了供給有限外，需求也被人為提高，1913 年時曾立法允許全國性銀行發行由政府公債擔保的鈔票，9.65 億美元的公債中，有八成是為鈔票擔保。

人為限制聯邦政府公債的殖利率與流動性，迫使投資人尋找流動性更好、殖利率更高的債券。因此對投資人來說，1899 年到 1916 年最好的投資工具就是公司債。這個市場比美國政府公債市場還要大 20 倍。下圖 12 顯示 1900 年到 1921 年這些工具的平均贖回殖利率。

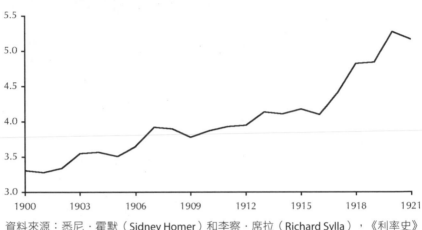

圖 12　美國主要公司債的平均殖利率

資料來源：悉尼‧霍默（Sidney Homer）和李察‧席拉（Richard Sylla），《利率史》
（A History of Interest Rates）。

　　圖 12 顯示的是 1899 年到 1916 年，公司債熊市慢慢上漲，以及 1917 年到
1920 年殖利率大幅跳增的情形。1914 年到 1918 年時，聯準會維持利率偏低，但
是美國於 1917 年參戰後債券價格並沒有因利率偏低而大幅下滑。主要公司債價
格從 1917 年 1 月到 1920 年 5 月 23.6% 的跌勢，占了 1899 到 1920 年超過一半的
跌幅。這 3 年是美國南北戰爭開始以來債市最嚴重的熊市。

　　美國參戰後，美國債市就發生了劇烈的變化。在戰後的混亂中，聯邦公債主
導著公債市場。美國聯邦政府公債從 1916 年占 GDP 的 2.7%，到 1921 年飆升
至 32.9%。這是美國史上債務占 GDP 比最大的一次，比 1866 年 31.0% 的水準還
要高，而且那是因為內戰造成的。聯邦政府公債從 1916 年原本是不具流動性、
結構性定價過高的工具，到 1918 年成為流動或最高、最被廣泛持有的投資工
具。到了 1920 年，聯邦政府公債暴增 243 億美元，這時已超越公司債市場 180
億的規模了。據估計，1917 年到 1918 年訂購四種「自由債券」的人數多達 1800
萬人，由於當時美國人口只略高於 1 億人，所以銷售量可說是相當高。

圖 13　美國聯邦債務的 GDP 占比──1792 到 1921 年

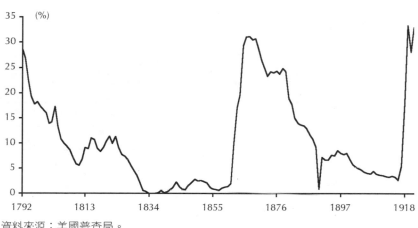

資料來源：美國普查局。

自由債券與勝利債券的發行吸引數百萬新的投資人進入金融市場，帶動債市的成長。自由債券的發行占 1921 年在外流通聯邦債務的 71%，戰後的勝利債券則占總額的 16%。雖然第一批自由債券的發行殖利率是 3.5%，但是融資變得更困難，而第四批發行的殖利率是 4.25%。和平並沒有讓債券投資人喘一口氣，因為通膨戰後短暫的經濟榮景使得通膨加劇。1920 到 1921 年的債券熊市時，自由債券的最初投資人有將近八成都已賣出。

1921 年夏季紐約證交所的債券每日成交量約為 1,000 萬美元，股票則是 3,600 萬美元。投資人的焦點在聯邦公債和其他債券的發行之間轉移，但聯邦公債一直都占一半以上，而且有時候多達三分之二的成交量。自由債券和勝利債券最小發行量的一次是各 38 億美元，任何公司債的交易很少超過任何一次的政府公債發行量。其他交易量大的債券還有柏林頓（Burlington）、英國、古巴蔗糖、賓夕法尼亞鐵路（Pennsylvania Rail Road）、法蘭西共和（French Republic）以及西方聯合（Western Union）。

　　除了聯邦政府公債外，紐約證交所交易的其他債券被稱「雜項」，並且分為三個類別：工業、鐵路，以及政府和市政（在政府與市政類中，唯一非外國發行者的就是紐約市）。

圖 14　雜項債券，1921 年 8 月 31 日

	發行數
政府與市政	41
工業	63
鐵路	144

資料來源：《華爾街日報》。

　　當然，有許多債券並沒有在紐約證交所掛牌交易，而是由許多交易商在場外交易。到了 1920 年時，許多公司債的業務已經轉出紐約證交所了。圖 15 顯示的是 1920 年債市總計發行 6000 檔債券，比紐約證交所交易的股票數還要多 10 倍以上。

圖 15　1920 年美國在外流通公司債數量

	百萬美元	發行數
鐵路	1,700	9,631
公用事業	3,795	6,074
工業	868	2,380

資料來源：布拉多克・希克曼（Braddock Hickman），《1900 年以來的企業債券融資的統計指標》（*Statistical Measures of Corporate Bond Financing Since 1900*）。

　　外國政府發行的公債在紐約上市是個明顯的跡象，顯示美國特別是在戰後

開始匹敵英國,成為全球金融中心。1921 年 8 月時,阿根廷、比利時、巴西、加拿大、智利、古巴、丹麥、多明尼加、法國、日本、墨西哥、挪威、瑞典、瑞士、英國和烏拉圭的債券都在紐約證交所交易。全球金融強權的地位轉移很明顯,雖然日本、東京市、蘇黎士市以及阿根廷都有在紐約證交所交易的債券,但都是以英鎊定價。

但是外國債券最大的單次發行以及最大的合併發行者都是英國。這項美國投資的流動性本身並不足以融資戰爭,而且到了 1921 年,紐約證交所掛牌的主權債券的面值已升至 4.5 億美元。當時的垃圾國家債券是墨西哥。價格略高於 30,反應出墨西哥自 1914 年以來就開始違約。1921 年時,除非沙皇復辟,否則俄羅斯帝國政府債券不太可能有機會贖回,在場外的價格則是 20 左右。

03 CHAPTER
熊市觸底：1921 年的夏天

> 但是嬌丹在我旁邊，她不像黛西，嬌丹太有智慧了，絕對不會懷抱著每個時期被遺忘的夢想。
>
> ——費茲傑羅，《大亨小傳》

在重大的熊市期間，股票的評價會變低。但是我們會看到，這樣極端被低估的走勢只是價格最終下跌的一部分而已。股價評價被低估的一個關鍵也在於熊市之前有一段很長的時間，股價的漲勢跟不上經濟與盈餘成長的步伐。我們將會看到，股價評價的改善，甚至在熊市之前，一直是美國所有熊市底部的一個特徵，只有 1929 年到 1932 年除外。道瓊工業指數從創立到 1921 年 8 月 24 日低點的過程，很能說明股票價格與盈餘的不一致，早在熊市爆發之前就已經使股價評價降低了（請參閱圖 16）。

圖 16　道瓊工業指數——1896 年到 1921 年

資料來源：道瓊公司。

　　1921 年 8 月 24 日，道瓊工業指數收在 63.9 點，是自 1899 年 1 月 27 日以來首次達到這個水準。過去 20 年來，工業類股都沒有什麼進展，但是股價橫向整理卻與美國經濟形成明顯的對比。圖 17 顯示驚人的成長。名目 GDP 增加 383%、實質 GDP 增加 88%。和人口增加有很大的關係，但那時的實質人均 GDP 增加 33%。然而上市公司卻是受惠最大的產業。圖 17 顯示鋼鐵生產增加逾四倍，鐵路營運增加 148%。一些上市公司參與了汽車業爆炸性的成長。上市公司代表其他成長的產業，例如香菸、電力和電話。

圖 17　美國自 1899 年至 1920 年底的變化

	1899	1920	+/- %
人口（單位為百萬）	75	106	+41
從事經濟活動的人口（百萬）	29	42	+45
學校入學人口（百萬）	16	23	+44
平均時薪（製造業）	21 ¢	66 ¢	+214
所有產業平均盈餘（美元）	480	1,489	+210
工會成員	611,000	5,048,000	+726
躉售物價指數	52.2	154.4	+196
生活成本指數	66.1	203.7	+208
零售價格指數	12.5	40.5	+224
預期壽命（年）	48	56	+17
名目 GDP（10 億美元）	17.97	86.76	+383
實質 GDP（10 億美元，換算為 2000 年的幣值）	322.1	606.6	+88
農場數	4,565	6,448	+41
總礦產價值（百萬美元）	798	6,084	+662
實體礦產量指數	19.6	50.8	+159
原油生產（每月千桶）	57	443	+677
鐵礦砂生產（百萬長噸）	24	68	+183

	1899	1920	+/- %
住宅數（百萬）	16	24	+50
住宅貸款負債總額（10 億美元）	3	9	+200
製造帳面價值資本（10 億）	9	40	+344
鋼錠與鋼模（百萬長噸）	10	42	+320
火車頭生產	2,475	3,672	+48
汽車生產價值（百萬美元）	4	1,628	
建築材料生產價值（百萬美元）	1,006	4,777	+375
營運的鐵路線（英哩）	258,784	406,580	+57
鐵路員工（單位為千）	929	2,076	+123
汽車銷售	4,192	1.9m	
汽車行照	8,000	9.2m	
電話數（單位為千）	1,005	13,329	
出口（百萬美元）	1,321	8,664	+563
出口量指數	70.8	141.8	+100
淨國際投資（百萬美元）	(2,797)	3,700	
實質國內民間生產毛額（指數）	43.6	78.3	+80
發行的專利	23,278	37,060	+37
銀行總存款（百萬美元）	8,472	41,838	+394
商業銀行數	11,835	30,291	+161
流通的貨幣總數（百萬美元）	1,904	5,467	+187
聯邦政府開支（百萬美元）	605	6,403	+958
聯邦政府公債（百萬美元）	1,436	24,299	
現役軍人數	100,166	343,302	+242

資料來源：美國普查局、奈森柏克與羅柏葛登。根據商務部國際收入因素調整。

備註：空白處代表增幅很大。

　　道瓊工業指數無法正確呈現那段期間股票真正的報酬率，因為它所納入的成分股範圍較小。本書的重點和當時的投資人一樣，著重於道瓊衡量整體股市的表現。但是現在我們有後見之明，所以我們能將這個範圍較小的指數和艾佛瑞·科爾斯（Alfred Cowles）於 1938 年公布的較廣泛的指數互相比較。科爾斯是散戶投資人，他對所謂的專家寄給他的投資建議非常不滿，所以他花了非常多時間證明這些投資建議有多沒用。他所做的事情之一，就是建立一個較廣泛的指數以衡量股價表現。這個廣泛的編製方式，是根據如果投資人在 1871 年初買進紐約證交所掛牌的所有股票，並按照每一檔個股占總貨幣價值的比例來分配持股會有的績效，並且一直追蹤到 1938 年的每一個月，根據相同的條件分配所有上市股票的持股！

　　這個較廣泛的指數也顯示，1899 年到 1920 年這段期間股價也沒有什麼進展，而且大盤在 1921 年 8 月的水準甚至也和 1881 年 6 月時差不多。

　　科爾斯的指數現在仍在持續編製，而**標準普爾綜合指數**（標準普爾 500 指數）則是衡量美股績效愈來重要的指標。因為這個指數詳細記錄自 1871 年以來的盈餘和股利資料，因此本書在談到有關盈餘和股價評價時都會談到標普 500 指數。但是在談論市場波動時，本書的焦點則是在道瓊工業指數，在標普指數創立前，這個指數顯然對投資人的感受以及媒體新聞來說是最重要的指數，而且一直到 1982 年的熊市之前仍是如此。

　　整體而言，人們會認為 1881 年到 1921 年經濟擴張與股價停滯不成長，兩者之間的不一致顯示的是企業獲利令人失望。科爾斯在 1938 年的研究顯示，從 1881 年到 1921 年的 40 年之間，大盤的每股盈餘下滑 34%，但是那一年的盈餘非常低。下頁圖 18 提供一些每股盈餘的高低點。

圖 18　標普綜合指數（以 1871 年為 100）自創立以來的高點低

1880 - 19 世紀的盈餘高點	123
1894 - 19 世紀的盈餘低點	40
1916 - 1929 年以前的 20 世紀盈餘高點	383
1921 - 20 世紀盈餘的低點	73

資料來源：羅伯‧席勒，《市場波動性》（*Market Volatility*）。

　　那麼在那段期間，什麼才算是盈餘正常的水準，可以用來計算盈餘成長？如果我們使用 1916 年的盈餘，那麼 40 年來大盤的盈餘成長就是 250%。如果我們利用 1921 年的盈餘，那麼盈餘就是萎縮 34%。以 1921 年的盈餘為正常來計算，1921 年 1 月的本益比就是 24.5 倍，但如果將 1916 年的盈餘視為正常，那麼本益比就是 4.6 倍。1916 年的實質經濟成長率是 16.1%，這是非常優異的成績，顯然投資人不相信這一年的績效能代表獲利能力。因為有後見之明，所以除了 1929 年之外，投資人可以理由地懷疑到 1947 年之前盈餘都不會被超越。如果我們因為有後見之明而說 1921 年的正常化盈餘大約是經濟復甦期間 1922 到 1926 年的平均，那麼 1921 年 1 月的本益比就是 7 倍。

　　自 1881 年以來，上市公司的類股盈餘仍只增加了 130%。在同一段時間，美國的名目 GDP 成長 732%，實質 GDP 成長 435%。所以，雖然我們接受這段劇烈波動的期間，企業正常化的盈餘呈現並不正確，但很清楚的是，上市公司的盈餘仍顯著落後 1881 年到 1921 年這段期間的整體經濟成長。

　　要呈現這個落後的程度有一個簡單的辦法，那就是從 1871 年類似的開始日期，比較名目 GDP 指數以及標普指數的盈餘。圖 19 顯示經濟與上市公司公布盈餘之間的成長差異。在美國經濟成長顯著的這段期間，股票投資人顯然沒有得到預期應有的報酬。企業盈餘成長未能與經濟成長一致，是即使在 1919 年到

圖 19　標普指數盈餘（以 1871 年為 100）占美國名目 GDP 的比例

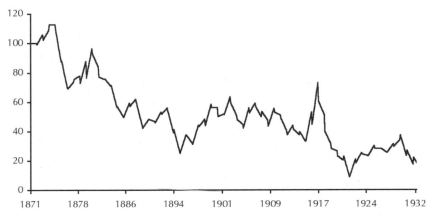

資料來源：www.econ.yale.edu/-shiller/data.htm. 奈森柏克、羅柏葛登，《戰前國民生
產總值的估算：方法和新證據》，美國國家經濟研究局研究報告。

圖 20　標普綜合指數的本益比（經周期性調整的盈餘）——1881 年到 1921 年

資料來源：www.econ.yale.edu/-shiller/data.htm。

1921 年熊市之前，股票就令投資人失望的主因之一。

　　股價明顯停滯不上漲的另一個原因是，這段期間的股價評價下滑。以 1922 年到 1926 年平均為正常化的盈餘來計算，到了 1921 年 1 月時，大盤的本益比下滑至 7 倍。在圖 20 可以明顯看到，本益比從很高的水準下跌。

　　即使 1921 年的盈餘水準偏低，顯示 1921 年 12 月的本益比為 25.2 倍，還是有充分的證據顯示股價很便宜。企業績效以及股價表現差異最顯著的證明，在於累積保留盈餘的成長。從 1915 年到 1920 年，上市公司工業類股的每股平均保留盈餘是 48 美元，與 1921 年一檔工業類股的平均股價相同。《華爾街日報》於 9 月 19 日刊登的報導中，一位匿名銀行員這樣形容：

　　……今天有數十間公司藉著以低於營運資金的方式來籌措資金。許多間公司的股價都低於工廠的價值。有些銅礦業的股票價格低於其礦場設備的成本……許多工業公司的股價只有其自身內在價值的三分之一。

圖 21　標普指數──從創立到 1921 年 8 月

資料來源：www.econ.yale.edu/-shiller/data.htm。

　　投資人選擇忽略這樣的盈餘能力。政府負債從 1915 年的 11 億美元升到 240 億美元，可能排擠了投資人能購買股票的資金，並且分散投資人注意力。

　　由於標普指數從 1881 到 1921 年沒有變化（參閱圖 22），投資人在這段期間沒有獲得任何資本報酬。當然，投資人確實收到了股利。

　　雖然股利再投資的確超越了投資於主要高級商業票據的報酬，但這 40 年來的差異很小，股票投資人獲得的報酬，只比投資於最高品質固定收益證券稍高一點點而已。股價表現遲緩，而上市企業公布的盈餘成長也大幅落後經濟成長，盈餘的評價也幾乎被減半。股利支付不足以彌補這些很不理想的資本報酬率。

　　到了 1921 年，Q 比率（q ratio）顯示股價非常便宜。由於資產的重置價值只有在年底時才會知道，所以所有的全年 Q 比率是根據任何一年度的 12 月所計算而得的。二十世紀的前 4 分之 1，Q 比率的高點是 1905 年 12 月的 1.12 倍，那

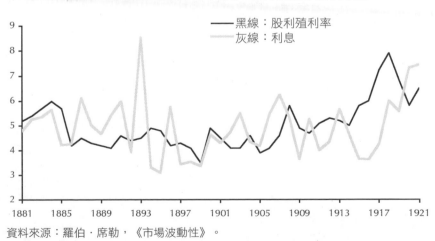

圖 22　標普股利殖利 vs. 四到六個月商業票據的收益

資料來源：羅伯・席勒，《市場波動性》。

也是市場觸頂的時候。到了 1921 年底，Q 比率只有 0.35 倍。市場從 1921 年 8 月到 12 月出現顯著的反彈，這顯示 8 月分的 Q 比率不到 0.3 倍，而且最低可能是 0.28 倍。股票價格比企業資產重置價值還要低超過 70%。

圖 23　道瓊工業指數──1919 到 1921 年

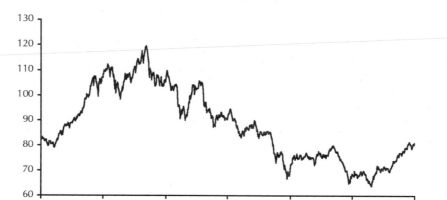

資料來源：道瓊公司。

到了 1921 年 8 月，股票已經變得很便宜了，但是這個情形已經發展了很久──可以說是長達 40 年，而且至少是從 1907 年的熊市就開始了。

3-1 好消息與熊市

這是人類發生深刻變化的時候，空氣中出現興奮的氣息。

——費茲傑羅，《大亨小傳》

　　熊市期間有許多投資人常見的論調——例如「不要接刀子」、「熊市底部不會有人搖鈴慶祝」之類的說法。但也許最常見的建議就是，應該在所有消息都是壞消息時買股票；而且當天的媒體湧入的壞消息就是最好的指標。但是投資人根據這個建議採取行動，而且沒有在 1921 年 8 月 24 日的底部或是 1921 年任何時候買進股票，就會錯過「咆哮的二○年代」的牛市。

　　1921 年夏季的《華爾街日報》充斥著經濟萎縮和股市熊市結束的新聞和意見。不只是社論表達這樣的看法，商人和甚至是政治人物都正確預測戰後的調整期結束。以下摘錄自《華爾街日報》在道瓊工業指數於 1921 年 8 月 24 日觸底前後兩個月的報導，反映了這樣普遍的樂觀氣氛，因而駁斥了「投資人應該保留彈藥，直到所有好消息都消失了為止」的說法。

6 月 25 日：鋼鐵製造商對情勢更為樂觀。他們發現消費者終將採購鋼鐵類產品，而且營運即將出現改善。

6 月 27 日：最後一版的聯準會公告宣布，出口與一般外貿的情勢還未見改善，國內業務已有多處開始展現情況好轉的跡象。

6 月 27 日：聯邦準備銀行的情況出現大幅改善，無疑預示著更低的資金成本，而且我相信商業票據的利率很快就會達到 5%（貨幣監理局長克里辛傑

〔DR Crissinger〕的評論）。

6月27日：「我們已經觸底了，當價格開始些微回升，人們就會把握機會買進。當企業能透過聯邦準備銀行以合理的利率取得足充的資金以進行擴張，商務人士就會自動處理外貿和外國貸款。」（哈利・辛克萊〔Harry F Sinclair〕，辛克萊聯合石油公司共同創辦人）。

6月30日：諸如礦物油、糖、紙之類的大宗商品終於賣完，其重要性更甚於愈來愈多證據顯示銅、棉花、羊毛、絲、皮革和穀物等商品在低價位維持穩定。

7月1日：由於生產前景看好以及一些產業的價格水準持穩，秋季貿易的前景似乎令人感到鼓舞。」（聯準會商業評論）。

7月1日：許多銀行家相信，大宗商品的平均價格已經或即將觸底。

7月11日：「我們已進入熊市與牛市的過度期，在這段時間我們應特別注意那些已經開始好轉的企業。（JS巴赫，JS巴赫公司）。

7月12日：與此同時，聰明的投資人會在長期走勢的底部買進並於頂部賣出，以持續創造獲利。我們現在正在或已接近長期走勢的底部，現在買進長期債券或投資股票的投資人，應該在未來的幾年會有豐厚的獲利。

7月14日：商業已走出蕭條。這是商務部長胡佛在波士頓的演說所表達的觀點。其他在商界或政界人士最近都表達相同的觀點。在復甦的基本條件中，目前正在進行的薪資調整非常重要……農民的購買力降低，與工業遲緩有很大的關係。物價不能同時調高至相對的水準，但差距正在縮小，而

且一英斗小麥的價格已較年初時更高。

7 月 15 日：許多主要的的經紀商告訴客戶，這種低迷的氣氛可能會持續到 9 月。但股市至少會在未來六個月對好的或不好的變化作出反應，而許多人認為商業活動將在 11 月或 12 月前開始好轉，華爾街可能很快就會開始有所反應。

7 月 18 日：全國汽車銷售量出現改善。福特、斯圖德巴克和道奇幾乎產能滿載，而其他營運適中的製造商，過去 10 天則是出現銷售量明顯的改善，因而有必要提高產能。

8 月 1 日：貿易的氣氛整體而言變得更樂觀，現在普遍相信蕭條的情況已觸底，但是預期商業活動暫時還不會有顯著改善。上一周有兩個令人振奮的因素，那就是美國鋼鐵公司的上季財報，盈餘較預期高出 1,000 萬美元，而伯利恆鋼鐵的聲明則指出，已經可以支付普通股 6 個月的股利。

8 月 1 日：蓋瑞法官（Judge Gary）並未對他不久前提出的觀點提供證明，他指出，也許在不久的將來「我國將見證史上最大的事件」（蓋瑞法官，美國鋼鐵公司董事長）。

8 月 1 日：「消費者需求反映在零售貿易量上（已考量到價格下滑的情形），持續和去年同期一樣好或是更好。過去一、兩個月的情況好轉，影響紡織、鞋子和靴子以及其他生產立即可消費商品的業務，並且將持續改善下去。但是也許展望最好的在於農產品的投資報酬展望極佳（聯準會對 7 月整體情勢的評估）。

8 月 1 日：長期以來抗跌的大宗商品已經變得愈來愈少。價格不確定性的期

間逐漸過去，遠期交易的一大障礙正在消除。庫存正在減少，農業社區的購買力顯著提升。

8 月 1 日：「我們現在可以肯定已經到達了商業蕭條的谷底。你可以感覺到，這一切正在發生。上個月不僅是證券市場發生了非常顯著的變化，美國工業和商業的整體前景也發生了很大變化。表面上看來，銀行票據交換和鐵路運輸都在增加，許多大宗商品的價格也出現了上漲的跡象。」（布洛傑公司〔Blodget & Co〕給客戶的信）。

8 月 2 日：芝加哥共和全國銀行指出（National Bank of the Republic of Chicago），可能已經看到了經濟復甦的跡象。價格不穩定一直是導致遠期業務枯竭的原因，目前已成為阻礙工業運作的主要因素。但是證據顯示，價格下跌的趨勢已接近尾聲，大宗商品可以進行安全的遠期交易……農業社區貿易長期停滯的局面已接近尾聲。小麥的早期大量銷售已經對投資人情緒的帶來了決定性的變化。農業貿易的改善一定會對全國各地的工業產生有益的影響。

8 月 3 日：全國各地的工廠老闆都在修理機器，使得機械產品相關人員相信工業即將復甦。

8 月 3 日：鋼材價格已接近谷底。過去一、兩周訂單的成長可能是市場逐步恢復正常的前兆。

8 月 3 日：皮革業的復甦非常引人注意。相較於 6 個月前，產能利用率只有20%到30%，現在美國皮革公司的部分工廠已開始加班生產。

8 月 5 日：許多券商建議買股票，因為他們認為到今底前股價會持續上揚。

8 月 9 日：「我想對那些傾向悲觀的人說，我們已經進入了復甦期。經濟復甦最好的表現就是市場利率較低。」（班傑明·史壯〔Benjamin Strong〕，紐約聯邦儲備銀行總裁）。

8 月 24 日：道瓊工業指數觸底。

8 月 25 日：商業情況比一個月前更清楚反映出目前的經濟復甦，儘管當時和現在一樣，某種程度上被仲夏的沉悶所掩蓋。過去 6 個月，信貸供給的增加和利率開始下降是最可靠的證據之一，顯示經濟改善是以整體經濟環境改善為基礎。

8 月 29 日：全國各地的一些高級造紙廠開始恢復大規模營運。

9 月 1 日：愈來愈多的證據顯示，在大多數行業已經出現較為樂觀的情緒。農村地區的許多銀行家對華爾街普遍存在的悲觀情緒感到驚訝。如果這些地區的農村的收穫更好，人們的感覺就會變得更好。大多數的人已經感到安全，並且了解自己的情況了。

9 月 13 日：很多事實顯示情況會更好——棉花種植業的最新發展已經帶來了很多利潤。鐵路運輸噸位增加。政府有意願和能力幫助企業。政府扶持棉花和畜牧業，大大促進了產業的復甦，進而幫助了整個農業。幾乎所有企業的存貨都被清空。

9 月 22 日：勞工部部長戴維斯宣布，有史以來最大的榮景即將來臨。「這將不是恢復到過去，而是超越以往，並走向一個全新的美好時代。」戴維斯說：「我可以看到美國繁榮時代近在眼前。」

9 月 23 日：「所有的歷史都顯示，繁榮和蕭條的時期是循環的，周期大致如下——(1)繁榮、(2)變現、(3)停滯、(4)復甦。現在變現的過程快結束了……當復甦的時期到來就是一個繁榮的新時代，我們要記住，財富的浪潮愈大，擴張和投機就愈不受約束，隨之而來的蕭條就會愈嚴重。但是如果人們記住過去 2 年的教訓，下一個繁榮時期將比我們以往任何時期都要長，隨後的反應就會輕得多。」（聯準會主席哈定於北卡羅來納州夏洛特市舉辦的「卡羅萊納製造」博覽會的演說）。

10 月 2 日：聯準會現在對十二個聯邦準備體系地區的商業和金融情勢，是逾一年來最有信心的時候。

10 月 2 日：「商業活動蕭條的谷底非常明顯已經過了。2 月分製造業開始復甦，銅、錫、鉛、橡膠和棉花等重要商品的價格在長期疲軟後已回升，而失業率整體而言最近已略有下降。這些事實並不表示商業完全擺脫蕭條，而是表示的是我們正在走出谷底，開始反轉向上走……如果歐洲的情況變得正常而且美國沒有發生鐵路業罷工，我們就可以放心地指望經濟持續復甦。」（哈佛大學經濟研究委員會）。

10 月 5 日：「我們可以說，無論是國內形勢還是國際形勢都沒有任何東西能讓我們產生悲觀的情緒，也不認為世界已陷入永久的蕭條。隨著價格在目前的基礎繼續穩定，阻礙經濟復甦的影響正在消失……其他國家的社會和政治條件的改善，購買力正在復甦，這是普遍繁榮的必要條件。」（美國銀行家協會成員約翰 S 德隆〔John S. Drum〕，在銀行同業協會第 47 屆年會上的演講）。

10 月 5 日：閒置汽車數量被認為是可靠的商業情勢風向球，過去幾周的趨勢顯示商業和工業情況改善。目前有足夠的汽車和機車來滿足國家一半的

業務需求。一旦需求增加到 75%，那麼每輛車都需要處理托運給鐵路的貨物，當商業情況恢復正常，就會發生一陣汽車荒。

10 月 5 日：在經過 6 個月的東方之旅後，羅柏特‧杜拉上尉星期四乘坐自己的輪船從上海啟程回國。「根據我的觀察，我非常相信全球商業活動蕭條已經觸底，商業情況正在逐漸好轉。」

10 月 21 日：「今天國內的工商業活動出現了明顯的好轉。看得懂時代經濟跡象的人，會看得出來商業活動很明顯正在提升。」（副總統柯立芝〔Calvin Coolidge〕致波士頓商會的個人訊息）。

等所有的好消息都消失再買股票並非明智之舉。當然，1921 年並不是普通熊市的底部。股票同樣被嚴重低估的時期，在二十世紀只出現了三次。如果 1921 年是極端情況，那麼這仍然顯示雖然每個投資人都希望在股價被極端低估的時候買進，但你不應該以為要等到好消息完全消失來當成買股票的條件。

確實，1921 年的例子顯示情況正好相反。在股價評價偏低的時候，投資人很可能忽視對企業獲利有正面影響的經濟復甦跡象，並且持續賣出股票。的確，1921 年經濟的復甦與股票市場的改善趨勢是一致的。美國國家經濟研究局認為 1921 年 7 月是經濟萎縮的底部，而道瓊工業指數觸底的時候則是同年的 8 月 4 日。

這次熊市的底部很值得紀念，因為投資人沒有對好消息做出反應。我們只能佩服美國鋼鐵公司董事長蓋瑞法官和勞工部長詹姆斯‧戴維斯（James Davis）的先見之明，他們準確預見美國經濟即將再繁榮起來。不幸的是，聯準會主席威廉‧哈定（William Harding）的預言後來被遺忘了。

（如果）如果人們記住過去 2 年的教訓，下一個繁榮時期將比我們以往任何時期都要長，隨後的反應就會輕得多。[12]

3-2　價格穩定與熊市

一個聲音在我耳邊響起，令我莫名興奮起來：「這個世界上只有被追求者、追求者、忙碌的人和疲憊不堪的人。」

——費茲傑羅，《大亨小傳》

1921 年的夏季，《華爾街日報》、商務人士和政府官員樂觀的預測得證實了是正確的。那些宣稱商業周期觸底、股市熊市結束的人，他們預測正確的祕訣是什麼呢？這些評論者一直提到的其中一個證明商業活動萎縮結束的證據就是價格愈來愈穩定。幾個比較樂觀的說法包括：

「愈來愈多證據顯示銅、棉花、羊毛、絲綢、皮革、穀物等產品低價且穩定。」

「某些產品的價格明顯變得更穩定。」

「價格不會同時上漲，但差距正在縮小。」

「跡象顯示許多大宗商品的價格變得更高了。」

「價格下跌的趨勢已接近尾聲，大宗商品正一個接一個地達到可以安全地進行遠期交易的水準。」

「隨著價格波動時期的逐漸過去，遠期交易的巨大障礙正在消除。」

「銅、錫、鉛、橡膠和棉花等重要大宗商品經過長時間的疲軟後，價格已經回升。」

「由於價格公平而且愈來愈穩定，阻礙經濟環境復甦的因素正在消失。」

對於在實行金本位制的國家進行投資的所有投資人來說，調整價格水準是先決條件。在商業周期萎縮的期間，金本位制的作用是降低國內產品價格，直到競爭力提高使得國外帳戶改善、黃金回流美國，最後才會促進流動性放鬆。看到價格持穩跡象的投資人相信這個機制已經奏效，促使價格降低以緩解流動性，經濟環境也將隨之改善。

正如我們已經看到的，想要準確評估 1921 年的價格水準是非常複雜的事情。雖然許多人用理論來推測通縮會到什麼程度，但價格穩定的現象提供了實際的證據，證明調整過程已經結束，經濟復甦已經開始。因此，物價穩定被認為就是 1919 年至 1921 年股市熊市結束的證據。

當我們觀察 1921 年夏季所有評論者的觀點時，對熊市結束的預測最準確的人，都是留意價格走勢變化的人。

現代投資人可能不只會對當時必要的通縮嚴重程度感到驚訝，而且會對金融體系在 1929 年後通縮時期表現得如此好而感到驚訝。儘管人們的記憶通常會把通貨緊縮與 1930 年代聯想在一起，但實際上戰後最大的全年通縮卻是發生在 1921 年。並不是只有美國才有這種現象。1921 年時，全球共有九個主要經濟體發生二十世紀最嚴重的全年通縮：澳洲、加拿大、法國、荷蘭、南非、瑞典、瑞士、英國和美國。

很大程度上是因為人們認為既然戰爭結束了，那麼價格水準也應該恢復到

和平時期。在第一次世界大戰期間，美國、瑞士、瑞典、荷蘭和加拿大發生了歷
史上最嚴重的通貨膨脹。隨著價格在 1921 年繼續下跌，投資人懷疑通縮是否能
將價格帶回戰前的程度，以及適中的價格水準是否合適。當時價格調整的速度
和幅度令人感到恐懼。

　　這很可能是美國史上物價跌幅最大的一次。勞動力價格也無法倖免——非
技術工人的價格從高峰時的每小時 60 美分降至 1921 年夏季的每小時 25 美分。
圖 24 顯示投資人在 1920 年很難根據金本位制的運作來推測通縮的程度。結果
證明，價格並不是非要降到 1913 年的平均水準。但是有些商品，例如玉米、棉
花和皮革的價格還是跌到了 1913 年的程度。1921 年夏季，愈來愈多證據顯示價
格持穩，這本身就是商業衰退正在結束的重要證據。但是股市投資人怎麼能確
信，1921 年夏季前後的價格穩定不是暫時的，之後整體價格會再次恢復波動並
且跌到 1913 年的水準呢？

　　其中一個因素讓評論員相信價格真的穩定下來了，那就是價格下跌促使需
求增加了。特別是日益重要的汽車工業因為價格下降，使得需求從初夏開始有
所改善。其他產業也出現了類似的反應。

圖 24　1920 年至 1921 年價格下跌，以及 1913 年至 1921 年最低點期間的通膨

	從 1920 年高的峰下跌（%）	比 1913 年底高出（%）
農產品	87.7	18
食品類其他產品	72.2	52
服飾	69.1	79
燃料和照明	55.4	82
金屬及金屬製品	78.9	20
建築材料	89.3	98
化學品和藥品	50.0	61

	從 1920 年高的峰下跌（%）	比 1913 年底高出（%）
居家用品	52.0	130
雜項產品	68.0	47
所有商品	69.8	52
成品鋼	78.4	37
鋼廠普通勞動力	67.3	50

資料來源：美國勞工局。

《華爾街日報》1921 年 7 月 9 日報導，當留聲機公司面臨「買方拒買」便開始降價三分之一時，高價機型的銷售量就大幅上升。

這件事的教訓似乎是，當消費大眾能得到優惠的價格時，他們就會展現出購買的意願與能力。

需求增加的證據提升了人們的信心，認為未來價格會穩定下來或上漲。正如《華爾街日報》在 8 月 1 日的評論，「隨著價格波動時期的逐漸過去，遠期交易的障礙已經消除。」同一天的報導中也有真實世界的證據來證實這一點。《華爾街日報》報導指出，煤炭行業的「經營者和中間商」拒絕接受 9 月交貨的現貨價，因為他們認為價格之後可能會上漲。而供應鏈的改善也進一步顯示這一點。

上周在芝加哥地區，鋼鐵最先出現價格上漲的情形，後來水牛城也出現漲價，漲勢後來幾乎蔓延到了全國各地。事實上，生產商已經有一段時間一直在以遠低於成本的價格銷售鋼鐵，邏輯上來說這種情形是不可能無限期持續下去，而且鋼鐵的庫存終於減少了，某些等級的鋼鐵無法立即出貨。[13]

　　隨著愈來愈多的大宗商品價格穩定下來，投資人愈來愈有信心，認為更多商品價格也會穩定下來。[14]

　　因此，對價格穩定的信心成長，而且商業活動開始觸底。有些投資人即使預測到了通縮來臨，卻也無法保護自己不受影響。一位券商預期戰後將發生通縮，於是在 1918 年購買了價值 15,000 美元的鑽石。但是到了 1921 年時，當舖只願意借給他購買價 10%的金額，最後他被迫以 6,000 美元的價格出售這批鑽石。即使鑽石被稱為女人最好的朋友，在通貨緊縮時期也喪失了保值的功能。這種價值的改變，使得 1921 年夏季人們熱烈歡迎價格穩定的心情並不令人意外。

3-3 | 流動性與熊市

　　我買了十幾本銀行、信貸和投資證券的書。書就像鑄幣廠剛鑄造的新錢一樣放在我的書架上，向我保證只有邁達斯、摩根和米西納斯*才知道的秘密。

──費茲傑羅，《大亨小傳》

　　戰爭使世界主要國家之間的財富發生了重大變化。到 1921 年，美國持有全球三分之一的黃金準備。這些黃金以及聯準會的貨幣都是強力貨幣的主要組成部分。隨著這樣一筆戰爭資金的流入，貨幣存量和信貸的大增似乎只是時間問題。一些專家認為，預測貨幣／信貸周期的循環轉變，是預測經濟狀況和股市好轉的關鍵。雖然 1921 年夏季《華爾街日報》對經濟復甦的預測主要集中在價格穩定的重要性，但也經常有人提到可能會更容易取得信貸：

　　「聯邦準備銀行的情況出現大幅改善，無疑預示著更低的資金成本。」（貨幣監理局長克里辛格〔DR Crissinger〕的評論）。

　　當企業能透過聯邦準備銀行以合理的利率取得足充的資金以進行擴張，商務人士就會自動處理外貿和外國貸款。」（哈利‧辛克萊，辛克萊聯合石油公司共同創辦人）。

　　「經濟復甦最好的表現就是市場利率較低。」（班傑明‧史壯，紐約聯邦準

---

* 譯注：邁達斯（Midas）是希臘神話中知名的點石成金的國王，這個名字被後世用來形容擁有無盡財富的人。摩根（JP Morgan）是美國富可敵國的金融巨擘。米西納斯（Maecenas）是羅馬帝國時期的貴族，是皇帝奧古斯都（Augustus）雄才大略的謀臣，以行政與外交能見長，並以資助文學藝術聞名，他的名字在後世變成文藝資助者的代名詞。

備銀行總裁）。

　　過去六個月，信貸供給的增加和利率開始下降是最可靠的證據之一，顯示經濟改善是以整體經濟環境改善為基礎。

　　顯然當時的評論員認為關注貨幣形勢很重要，但是如何才能判斷商業周期和股市好轉的轉折點？理論上來說，貨幣擴張會導致價格穩定，但是實務上，提前和延後對投資人來說會造成問題。1920 年到 1921 年，價格指數的波動與銀行信貸之間絕對存在著明顯差異。美國國家經濟研究局認為經濟成長的高峰期為 1920 年 1 月，對投資人來說，特定的價格下跌似乎是第一個警告訊號，而不是 1919 年 11 月至 12 月貼現率上升引起的信貸下降。

　　某些商品的價格，尤其是紡織業的價格早在 1920 年的 2 月至 3 月就開始下降了，勞工部指數所反映的總體價格水準一直到三個月後才開始下降。但是 1920 年夏季時的信貸規模一直居高不下，到 10 月分達到全國最高峰，比物價大致的高峰晚了大約 5 個月。到目前為止，當美國勞工部的物價指數比最高值低 45%，而這個銀行的基本商品指數比最大值低 58% 時，全國各銀行的貸款總金額比最高峰還要低 14%。[15]

　　1919 年下半年的商業銀行貸款較去年同期成長 18%，1920 年上半年較去年同期成長 8%。貼現率的迅速上升——從 1919 年 11 月的 4% 上升到 1920 年 6 月的 7%，這個程度一直到 1973 年才被超越——花了一點時間才對銀行產生影響。信貸萎縮的幅度顯然與物價普遍通縮的程度不同。這是否表示信貸萎縮和通貨緊縮會進一步出現，或是信貸與整體物價水準之間的關聯並不像我們認為的那麼直接？無論信貸與整體物價水準之間的關係如何，都不是直接的關係，而且不容易解釋。

貨幣政策是由聯邦準備理事會（1935 年以前是聯邦準備委員會）和聯邦公開
市場委員會（1935 年以前則為聯邦準備公開市場投資委員會）所決定和執
行。透過控制銀行準備的成本和可用性，聯邦準備體系對貨幣供給、利率和信
貸供應產生了影響，在影響這些貨幣因素時，聯準會希望引導經濟實現高成長
與低通膨。

聯準會在 2005 年確定了其貨幣目標後，通過控制聯邦準備金利率和銀行準備
金率來實現既定目標。投資人會定期評估聯準會資產負債表的變化，進而判斷
其對銀行準備金的影響，進而評估對貨幣政策的整體影響。在金本位制和
1944 年 7 月的《布萊頓森林協定》（*Bretton Woods Agreements*）的制度下，因
為需要保持美元匯率的穩定，所以聯準會的行為受到了不同程度的限制。

從 1970 年代以來，聯準會就一直沒有受到這樣的約束。所以投資人一直在試
圖判斷貨幣政策是否寬鬆，進而導致潛在的更高成長和通膨，或試圖判斷貨幣
政策是否緊縮，進而導致低成長和低通膨。

　　在評估緊縮應該持續多久時，一個判斷因素是聯準會是否願意反轉在 1920
年中開始的彈性貨幣緊縮。《華爾街日報》解釋道，研究聯邦準備理事會的資產
負債表大致的情況，特別是研究準備金率，是評估信貸周期的關鍵：

　　準備金率本身就是最重要的指標……聯邦準備法要求各聯邦準備銀行，實際
在外流通的聯邦鈔券必須有 40% 的黃金準備，而淨存款必須有 35% 的現金。當這
兩個比率合併下降至 40% 時，很明顯信貸擴張只能透過大量的黃金進口才能持
續……他們（銀行員）開始緊縮貸款。這麼做造成了物價下跌。價格較低會對黃
金的流入產生影響，進而改善準備金率。

　　當物價下跌而且商業交易量萎縮，對聯準會鈔票的需求就會比較小，因而可
以快速淘汰這些鈔券，而且進一步改善合併比率。當比率從紀錄低點提升略高於

30 個百分點，銀行裡當然就會有很多未使用的現金。[16]

　　《華爾街日報》繼續解釋這筆超額現金通常會先流入債券，以追求較高的利率，以及債券殖利率較低會改善股市的情況。這聽起來很直接，但是《華爾街日報》的觀點是「準備金率本身就是最重要的指標」，所以對投資人來說，預測這個周期的每一個階段到底是不是一件簡單的事？

**　　央行準備好放款資金的第一個跡象，是在 1921 年 5 月貼現率降低時，當時準備金率已升至 56.4%，是 1918 年 8 月以來最高水準。這次正式降息是在股市觸底前 3 個月。道瓊工業指數在這段期間跌了 20%。**

　　在聯準會考慮以較低的利率提供重貼現之前，我們看不出來任何投資人要如何預測這種規模的彈性貨幣緊縮。聯準會當時的會議在決定政策時，要評估對經濟來說適當的通縮程度。尤其是討論的結果顯示，除非薪資下降（聯準會決策官員認為這是必要的條件），否則聯準會就會延後任何降息的決定。

　　這清楚顯示的是，聯準會的貨幣政策並非根據彈性貨幣的彈性程度，而是根據聯準認為必要的物價水準來做調整。在那樣的環境下，投資人若是觀察聯準會的資產負債表以尋找寬鬆貨幣政策的跡象，那麼投資人就會被誤導。聯準會不是以自己的資產負債表為指南，而是主動判斷對經濟來說必要而適當的貨幣條件。彈性貨幣的發明原本是用來防止金融崩盤的，在 1917 年到 1919 年時被用來為政府提供融資，而在這時則是被用於管理經濟。由於聯準會決策具有這樣的主觀性，所以只根據聯準會的資產負債表當時的情況評估未來貨幣條件，是非常危險的一件事。

　　評論員引述聯準會的情況改善並認為這是經濟改善的跡象，某種程度上來說，他們說對了，但是這幾乎無法判斷要改善到什麼程度才足以促使經濟和股

市的復甦。如果把評估的重點放在市場利率，就會出現類似的問題。早在 1921
年 8 月 25 日股市觸底前，市場利率就已經有所改善了。1920 年 6 月時，拆款利
率介於 10%到 14%之間，而且根據時任貨幣監理局長，已經有些利率高達
30%。1920 年到 1921 年的市場利率已經大幅下滑，卻沒有使股市的熊市暫緩下
來（參閱圖 25）。

圖 25　1920 年 8 月 31 日和 1921 年 8 月 31 日的主要利率

	拆款利率（%）	定存利率（%）	商業票據（%）	銀行承兌匯票（%）
1920	10	9	8.25	6 3/8
1921	5	6	6	5 1/8

資料來源：聯準會，《銀行與貨幣統計資料》。

　　從 1921 年 6 月以來，市場利率就一直穩定下滑，而《華爾街日報》在 1921
年 8 月報導 5%拆款利率的「自由供給」。到了 7 月 28 日，拆款利率達到 1919
年 11 月以來未見的低水準，但股市卻仍在下跌。雖然某個程度上來說，利率下
滑會創造經濟的復甦，這話聽起來也許是不需要證明就很明顯，但是在經濟紀
錄中幾乎沒有辦法看出投資人要如何預估振興的程度有多大。根據這個分析，
把焦點放在整體物價水準變化的投資人，更能有效地評估經濟與市場的轉折
點。雖然物價穩定的第一個跡象並沒有和復甦同時出現，但是在復甦開始之
後，聯準會的資產負債表仍持續緊縮了好幾年，而且市場利率早在股市觸底前
就下降很久了。

　　流動性分析不只是在分析聯準會資產負債表的變化。雖然這些變化對強力
貨幣會造成直接的影響，但是強力貨幣只占任何經濟體總貨幣供給的一小部分
而已。更廣泛的貨幣指標的成長短期內可能與強力貨幣的趨勢有很大不同。如
果「流動性分析」的焦點是這個更廣泛的變量，我們是不是就找到了更能顯示

熊市底部的跡象呢？視你檢視的是名目或是經通膨調整後的成長資料，M2 的成長跡象之間存在著很不一致的情形。

名目成長一直到 1922 年中都沒有改善，這時股市的熊市早就觸底了。但是 1921 年 4、5 月經通膨調整後的成長數據出現顯著改善的證據，當時道瓊工業指數又繼續跌了超過 20%。因此那段期間經通膨調整後的 M2 成長數據可能是個有用的跡象，但是隨著第一次貼現率下滑，這顯示的是投資人應該在 5 月時買進，因為這是道瓊工業指數跌勢的最後一段。

如果聯準會的資產負債表變化很難懂，而廣泛的貨幣衡量標準會造成誤導，那麼可以將信貸成長視為經濟與股市環境變好的指標嗎？商業銀行放款早在經濟活動開始下滑之前就持續擴張。在經濟和股市觸底後許多個月後，總貸款金額才開始擴張。雖然無法取得每月的資料，但年度資料顯示從 1921 年 5 月到 1922 年 6 月，總貸款金額下降。在這段期間，經濟擴張的實際速度為 7%，而道瓊工業指數上漲將近 36%。研究信貸成長的數字無法看出這一次熊市觸底的跡象。

雖然分析貨幣的情況似乎對於投資人預測股市底部沒有什麼幫助，但這的確讓人提出一個有意思的結構性問題。美國的金融體系是如何撐過這次的通縮風暴，但是 1923 年到 1933 年發生類似的通縮風暴時，卻使美國總儲蓄金額少了十分之一？（我們將在第二部分深入探討這個問題。）一般認為商業銀行體系承受得住 1920 年到 1921 年的通縮，並增加他們的儲蓄金額；但是到了 1929 年到 1933 年時卻沒有這樣的信心。看看美國第四大銀行，大通國家銀行（Chase National）在 1920 年 6 月 30 日當天的資產負債表，就不難理解為什麼民眾會有信心了。

圖 26　大通國家銀行 1920 年 6 月 30 日的資產負債表

	占總資產的比例
現金、匯票與聯邦準備金	24
活期貸款	12
貼現票據	24
定期貸款	20
美國公債與債務憑證	5
債券與股票	7
其他	8
總資產	100

資料來源：《華爾街日報》。

　　在 1919 年到 1921 年的通縮期間，美國商業銀行體系的流動性很高。早就習慣金本位制所造成的通縮期間，商業銀行體系早就累積其資產負債表來因應。這麼高的流動性，而且可能還包括聯準會的成立，這兩件事都讓民眾相信銀行體系很安全。在 1921 年時這麼想的確是沒錯。

3-4 牛市與熊市

沒有什麼比頭腦簡單更令人困惑的事了，而且當我們驅車離去時，湯姆感到
一陣恐慌。

——費茲傑羅，《大亨小傳》

到目前為止，這個分析顯示 1921 年聰明的投資人聚焦於物價穩定的證據，
就能找到股市的轉折點。因為金本位制的運作，這個焦點看起來很合理，而且
也成功了。另一個看起來也很合理的方法，就是觀察聯準會的資產負債表。即
使我們現在用後見之明來看，這個方法似乎太過主觀，而且不如觀察物價穩定
來得那麼可靠。

當然，不是每個股市操作者都是用相同的方式來看待資料，而且當我們每
天都深陷在熊市中時，不一定能做出這麼客觀的分析。為了更深入了解深陷投
資泥淖中的生活，我們現在要將焦點放在 1921 年 8 月 24 日，股市在這一天觸
底的前後兩個月，投資人的評論與反應。觀察從 1921 年 6 月 25 日到 8 月 24 日
觸底，以及接下來的兩個月每一天的進展，就可以看得出來和熊市搏鬥的人如
何評估情勢。

《華爾街日報》的評論顯示，1921 年夏季時的一些觀點顯然對人們預測市
場是否觸底的判斷來說很重要：

6 月 25 日：市場共識認為，市場的表現似乎是想要往上走。低利率的資金
已使得情勢顯著從熊市轉向牛市。

圖 27　熊市觸底，道瓊指數 1921 年 6 月到 1921 年 10 月

資料來源：道瓊公司。

6 月 28 日：（那些）認為沒有看到商業活動改善跡象的人，並不傾向在這個水準賣股票。他們說，只根據 1921 年的獲利數字就比較股票是不合理的做法。在這種時候，資產負債表才比較重要。

6 月 29 日：看空的人比較大膽。這些操作者在漫長而且痛苦的跌勢期間賺了相當大的獲利，而且他們不認為任何的漲勢是大戶進場帶動的……商業活動正日漸轉強，這是無庸置疑的。悲觀的氣氛正在轉為樂觀，股市在適當的時候就會反應這樣的發展。市場顯示急迫的賣壓已經結束了。現在市場的漲跌幅都很小，但每一次下跌似乎都是支撐的證據。

7 月 6 日：今年最無聊的一天。雖然墨西哥石油股價承壓，但大盤整體上漲。市場還是有很大的空單餘額。

7 月 7 日：墨西哥石油重挫但星期二大盤卻不跌，對看空市場的人來說是一

記警訊。這絕對證明了大盤已經超跌，空單餘額對大盤的任何跌勢都形成緩衝……市場開始回升，創下今年以來最大單日回漲幅度。

7 月 13 日：儘管股市上漲，但投資人仍看空大盤，儘管上周收漲，但空單餘額仍沒有出現明顯減少。

7 月 13 日：「最近提供融券的股票看來並不多，換句話說，技術面顯示穩健上漲的跡象可能比較會出現在品質較佳的個股價格。」（霍布洛爾與威克斯給客戶的信）。

7 月 13 日：這段時間很明顯，當大盤出現賣壓時，銅業類股仍持穩。

7 月 13 日：美鋼在 1916 年 12 月的券商持股高達 58%，但由於投資人的持股增加，1921 年 6 月底的券商持股只有 23%。

7 月 15 日：交易廳的交易員仍覺得賺錢不容易。其實，據說昨天早上投資人都不進交易廳了，除非大盤出現顯著的成交量。

7 月 18 日：3 年來最無聊的大盤……金融區只有極少數平常活躍的交易員。現在是典型的夏季市場，投資人沒有動機做任何事。放空大盤的人已經賺了很多錢，但目前的商業活動情況沒有跡象讓投資人作多股票……市場交易極為平淡。

7 月 19 日：大部分的券商建議客戶遠離股市，直到交易較活絡時再回來。

7 月 20 日：工業類優先股的股價非常低。就連品質最佳、老字號、長期支付股利的股票，殖利率也有 7% 到 10%，而貨幣的投資報酬率則是

6%……。5 間主要公司上季未發放優先股利,可能是造成較高等級優先股的殖利率上升的主因。

7 月 21 日： 股市跌勢很弱,這對持多頭觀點的人來說是好跡象。

7 月 22 日： 1921 年以來交易量最小的一天。重貼現率下降並沒有刺激投資人的興趣。鋼鐵股的空單餘額很大,有些大戶比較傾向在出現壞消息時回補空單,而不是發出更多新的空單。投機性的融券已無溢價,而部分個股的融券則是無溢價。

7 月 28 日： 「1919 年 11 月以來最低的活存利率。這是波動受到控制的專業市場。在專業的市場中,明顯的情況很少發生在預期的時候。」(霍布洛爾與威克斯給客戶的信)。

7 月 29 日： 知情人士認為設備類股的跌勢,和過去幾個月造成其他類股下跌的原因完全相同。

8 月 1 日： 美國電話公司 9,000 萬美元的新股發行非常成功。在此之前,柏林頓與法國政府剛取得大額的借款。

8 月 1 日： 券商幾乎沒有客戶。

8 月 2 日： 斯圖貝克(Studebaker)的好消息(第二季業務較去年同期成長 50%)並未帶動汽車類股上漲。

8 月 2 日： 水果公司(聯合水果公司)下跌並未造成崩盤,因為有鑑於公司的展望,每次股價下跌就有人逢低承接,這已經不是祕密了。

8 月 3 日：券商借券規模為 8 年來最低。過去兩年來，融券減少 125 萬，僅剩 50 萬美元。融券的高峰在 1919 年 7 月 31 日。1919 年市場高峰時，當沖市場交易量為 4,500 萬美元，今天只有約 1,500 萬到 1,000 萬美元。

8 月 5 日：鐵路股的漲勢已持續將近 6 周，只有些微拉回。先前鐵路股的漲勢中以低價股最受投資人青睞，值得注意的是，目前上漲的都是一些高價和投資鐵路股。

8 月 5 日：華爾街券商僅持有 90 萬鋼鐵普通股，而幾年前則持有超過 250 萬股。

8 月 9 日：在股市最黑暗的時刻，小散戶無法為市場提供支撐。如果券商需要仰賴散戶的業務，交易所可能就會關閉大吉，或是改行開電影院算了。

8 月 10 日：「但事實是，不論是投資或是投機，我的公司現在潛在的買方比 1914 年以來任何時候都還要多。我的客戶都一直被我大力阻止進場買股票。」（引述自匿名券商）。

8 月 11 日：投機性帳戶的拋售並未減弱。美國糖業（American Sugar）公司的股利通過將股價壓低至今年的新低，助長投機性帳戶的拋售力道。

8 月 18 日：部分融券股票溢價，顯示空單餘額幾乎沒有明顯減少。

8 月 19 日：過去 2 天某些承壓的個股已回漲，許多人認為這是空頭試圖回補。舉例來說，皮爾斯-箭頭汽車公司普通股的價格與優先股不一致，但儘管如此，普通股過去幾周的股價維持在目前價格附近。

8 月 20 日：買進股票和債券投資的比例超過想像。短線買進炒作的情況很少。大多數買方指出，因為股票很便宜，所以他們會買進股票持有一、兩年。投資人正在買股票。現在是積累投資的時期。

8 月 23 日：一些股票的賣壓似乎已經結束。證據是交易很少而且偶爾才出現一次。而銅業類股更是如此。

8 月 24 日：道瓊工業指數觸底。

8 月 25 日：大盤的情況並沒有激勵多頭走勢，但並未顯示大型的空頭走勢一定會恢復。（威廉‧彼得‧漢密爾頓（Willian Peter Hamilton）的「道氏理論分析」）。

8 月 25 日：國際紙業（International Paper）在公布年報顯示普通股每股 53 美元，但幾個月後股價跌至 39.50 美元，這是股市前所未有的發展……美國國際（American International）已跌至 25 3/8，且公司持有的證券清算價值為 50 美元。

8 月 27 日：放空的投資人因市場技術性強彈以及一些大量的買單而受到驚嚇，緊急進行空頭回補導致幾乎所有股票強勁反彈，情況持續到午盤。

8 月 28 日：熊市盡頭……。市場已達到確定會技術性反彈的時候了。要求保證金的融券股票清單，是兩年前熊市開始以來最長的一次……。第一個小時結束前開始的漲勢，是近 3 個月來最強的漲勢……。周四墨西哥石油公司延後配發股利的假消息，結果了過去 1 個月來華爾街充斥著熊市的傳言，在華爾街產生極佳的反應；報導指出，大型金融業者聯合強迫大量空頭回補，並且警告說不實的消息已經多到令人無法忍受的程度了。

8 月 29 日：熊市進攻失敗……。許多公司現在手上的現金是公司成立以來最多的時候。

8 月 30 日：看好奇異電器的券商告訴朋友，內部人士打算好好教訓空頭，而且股價將被推升得更高。

8 月 31 日：空單回補……活存利率降低至 4.5%，是近一個月來最低，看空的投資人戒慎恐懼。

9 月 1 日：仍有大量空單餘額的個股繼續上漲。相較於上周四共有 15 檔個股溢價借券，今天總共只有 6 檔個股溢價，然後漲勢就開始了。

9 月 2 日：空頭單餘額消化後，已經沒有人要買股票了。

9 月 3 日：出現反空頭跡象……。華爾街對當天新聞態度的轉變給予額外的鼓勵。投資人不再強調夏季時愈來愈強烈的空頭觀點，轉向重視樂觀的因素。

9 月 7 日：美國商務人士應該要意識到商業活動下滑的趨勢已經結束了，美國各產業的調整期整體而言已經結束了。在通膨的期間，大量的商務人士發現有必要擴大業務以應付大量的工作，結果導致通縮來臨時，他們手中有大量的高價原料以及成品，幾乎無法以成本價出售。

大約就在那時，美國民眾對物價過高發出不平之鳴，於是不可避免的事情發生了——「買方」拒買。為了處理掉手上累積的大量庫存，賣方持續以低價出售，結果各等級的產品最後都售出。目前企業手中沒有大量累積的商品，很多通路都缺貨……。

……為了將庫存出清，許多原料生產商自願減產，他們將工廠完全關閉或只運作很短的時間。但在這段期間，產能過剩逐漸被用完，當美國民眾發現到榮景再次來臨，而且政府一直在做有建設性的事而且還會繼續做下去，人們就會開始搶著以目前普遍的低價購買必需品。一旦民眾開始消費而生產速度卻仍低於正常水準，就一定會開始扭轉整個趨勢，物價將再次上漲——而且，漲價總是會為整個國家帶來榮景。」（知名股票作手傑西·李佛摩〔Jesse Livermore〕）。

9 月 7 日：只有 2 檔個股提供溢價借券。

9 月 10 日：交易日結束前，空軍可以說是陷入恐慌。最後一批空軍被迫回補。

9 月 12 日：本周數以千計的優質工業股和鐵路股被大戶買走，他們相信隨著不可避免的反應，商業活動和證券市場的趨勢將向上……。本周的漲勢絕對是由於整體商業環境的改善所帶動的……。空軍遭受華爾街史上一次嚴重的打擊……。許多建議獲利了結的券商現在相信，市場的表現表示漲勢絕非專業操作者的炒作。

9 月 14 日：「至於證券市場，今天許多人關注的焦點是股價以低於流動比率（淨流動資產／淨流動負債）的價格出售。許多公司的股價不到帳面價值的三分之一。這類證券價格實在太吸引人，不會在市場上維持太久。我們已經聽說紡織、鞋類和許多其他類股正在快速漲回正常的價格。（威廉·波伊斯·湯普森〔William Boyce Thompson〕，礦業公司老闆暨前紐約聯邦準備銀行董事）。

9 月 14 日：除了少數股票外，市場上的興趣並不大，顯然最近的漲勢並沒有激勵投資人進場。

9 月 16 日： 在外流通的股票量已經減少，可能六個月後我們就會說，市場上買不到股票了。顯著的價格走勢總是會持續超過正常範圍，不論牛市或熊市都是這樣。當經過考驗的企業顯示其帳面價值高於公司普通股的市價時，姑且不論公司的獲利能力，我們至少可以說免稅的市政債券因為非常安全使得投資人忽視股票，但股票的獲利之高可能會讓要繳的稅看起來很微不足道。

9 月 22 日： 大部分（謠言）都與一個眾所周知的股市作手和知名的的業界領袖有關。據了解，一個月前開始且已持續近三周的漲勢，大部分都是他們所帶動的。據說兩人現在已鬧翻，雙方陣營各自提出各種指責對方的罪名，包括背叛、在共同資金以外另外賣出等類似的指責。從市場的行為來看，顯然是內部出現了問題，因為正是他們資金所買的股票出現最明顯的反應。（謠言所指的是知名股票作手傑西·李佛摩）。

9 月 23 日： 一些券商說現在股價很便宜，因為投資人都不進場。傳統上來說，股票的漲勢並不是一般散戶投資人所帶動的。近兩年市場每次上漲後反應都非常劇烈，逢高減碼已經變成了習慣。最近的漲勢與之前的漲勢並沒有相同點。最大型銀行家和金融業者相信商業活動蕭條已經觸底後，上半個月股價上漲。他們是股票最大的買方。事實證明專業操盤手已經進場，但是真正造成上升趨勢的原因是好的買盤帶動的多頭。股市真正的支撐是來自大型銀行和重要的金融業者。他們早在兩周前就轉為作多，而且一直在買進績優股。賣方則是已經賣出持股的券商，現在手中的持股偏低。

9 月 26 日：「我們認為投資人要謹記的大原則是，在牛市的初期階段最需要的就是耐心，因為顯然不會有人懷疑一年後股價會漲到什麼程度，但是一如以往，現在的市場讓潛在的買方不斷懷疑，他們不會在股市很沉悶、沒有吸引力時買進，只會在股市交易熱絡而且看起來非常有吸引力的時候

買進。」（霍布洛爾與威克斯給客戶的信）。

10 月 4 日：我們都知道，股市絕對反映了每個人都知道一國的商業活動情況。當發生令市場措手不及的事時就會出現恐慌，而歷史顯示了令市場措手不及的事很少發生。（《華爾街日報》編輯威廉·彼得·漢密爾頓）。

10 月 4 日：有空單餘額時放空很容易，但是當空單餘額都沒有時就很難繼續持有空單了。

10 月 4 日：因市場最近的漲勢遲緩，導致傑西·李佛摩遭受許多指責，這主要是因為專業操作者在散戶的眼中就像是海盜和破壞價值的人。李佛摩並沒有導致股市漲勢停滯，而是盡全力讓大盤續揚。他和菸草大亨喬治·惠倫（George J. Whelan）是這場走勢的主要作手。投資人完全不進場。（在大盤上漲時，兩人因為應該用哪一檔個股來帶動多頭意見不合而鬧翻）。

10 月 5 日：股市作手在準備出貨時會希望投資人進場，但是不想讓投資人知道他們的打算。因此，在公布有關財務計畫的資訊時，整個問題通常會被無限期擱置，或暫時擱置以在全新的基礎上提出。推高大盤的作手退出，而像是墨西哥石油、菸草或鐵路股這類市場領導者到底該不該漲，這個問題仍然沒有答覆。但所有市場領導者都同意，股市賣盤已經清空了，現在就只有一個方向可以走，那就是向上。但是多快會開始上漲或是何時會開始漲則是眾說紛紜。

10 月 5 日：兩個無法忽視的熊市因素是德國破產以及美國的鐵路股。

10 月 7 日：過去兩周市場走勢慢慢成形，投機界的權威人士宣布市場情勢佳。走勢發展顯示進一步上漲並不困難……券商融券增加非常少。

10 月 10 日：根據普若委員會（Pujo Committee）的資料，所謂的大眾僅占 14%的交易量。所以，另外的 86%會等大眾買進才進場嗎？事實是，對股市走勢非常重要的「大眾」，在債市裡非常活躍，而且買進自由債券的量每天都將價格推升至新高。

10 月 12 日：銅、鋼鐵、石油及其他物價持續上漲，利率則是在下降……接下來會向上走。從交易的特性看來很明顯，並沒有真正的拋售潮……而且專業的大戶並沒有放空。

10 月 24 日：空軍堅決地否定物價走勢會穩定上揚，因而被股市的上漲動力狠狠教訓了一頓，而且空軍急著出脫嚴重虧損的部位，為上升走勢帶來更大的動力。

1921 年 6 月到 8 月間，對於仍身在股市壕溝中的股民來說，最重要的一句話顯然是「了解敵人」。有一個原因被視為股市會繼續上漲，那就是空軍已經到了「認為任何漲勢都不會持續的階段」，但這段時間有許多好消息正在浮現。**空軍的每一個「動能」都會引起買方的興趣浮現，進一步證明了空頭的時間不多了。**尤其是在 8 月 19 日，也就是股市觸底的前一天，一些普通股與優先股的賣出情況不一致。這顯示的是，有些普通股的空單被迫回補，造成普通股與優先股不一致。市場觸底前兩天，投資人普遍專注於壞消息，這被認為是一個正面的訊號：

這時股市下跌的小道消息很多，任何人如果敢說某一檔股票會上漲，根本不會有人相信。這種情況通常就是熊市結束的跡象。[17]

幾天後，一位匿名銀行員指出，市場不只充斥著悲觀情緒，還有許多的謊言：

我每天都要聽上百個祕密，而且我最近聽各行各業的人誇大其詞的說法實在令人驚訝。當有人偷偷告訴我一些他們根本完全不懂的事時，我甚至會無法動彈，這些顯然是不實的消息，完全是錯誤的。雖然說壞消息傳得很快，但假消息傳播的速度更是有如神助，而且我每周聽的一百則災難和痛苦的消息中，也許只有一個是真的，而且並不像表面上看來那麼明顯。[18]

在充斥「假消息」的環境下，不是每間公司都會隱忍不發。墨西哥石油公司的愛德華 L 多赫尼（Edward L. Doheny）就曾根據投資通訊報作者 WC 穆爾（WC Moore）在一篇通訊報中的評論，成功以誹謗罪名將他起訴。

正如我們看過的，許多好消息已經持續發展了一段時間，但之前卻被投資人忽視。等到適當的時機，當投資人把焦點從許多壞消息轉向注意許多的好消息，股市的轉折點就會很明顯了。除了這些主觀的條件外，從上面的報紙摘錄中可以看得出來，投資人也會密切留意放款活動。**當提供融券的股票減少導致借券成本上升，就證明了空軍已經彈盡援絕**。雖然這可能是巧合，但是股市的谷底是在借券成本達到高峰的時候發生的。人們相信，這就是空頭達到高峰的證據，而且對打壓股市的能力開始下滑，而且這樣的想法是正確的。

1921 年時，早在機構投資人主導股市前，「認識你的敵人」有一部分在於評估股票大致掌握在誰的手中。歷史紀錄顯示在明顯的多頭市場中，股票大多掌握在華爾街券商的手中。當時市場中用來評估這種市場轉變的股市龍頭就是美國鋼鐵公司的股票，因為公司從 1901 年成立以來就一直是最大的上市公司。1916 年股市榮景高峰時，券商持有 58%美鋼的股票，到了 1921 年 6 月時，券商的持股比率只剩下 23%。一般散戶買走了這些股票，投資人透過觀察美鋼股東的總數，來預測股市熊市何時會結束。這麼做的理由在於，散戶投資人在時機不好時會持有美鋼的股票來避險。當美鋼的持股達到歷史高點時，就被認為是表示散戶的態度極端保守。

先前美鋼的股東人數達到最高時，同時也是市場參與者人數最低的時候。這個防禦性的部位只會從高點下降，使得投資人更願意投入股市。在 1919 年到 1921 年的熊市期間，美國電話電報公司變成和美鋼一樣重要的股市龍頭──而且股東人數甚至超越美鋼。

美鋼與美國電話電報公司在 1921 年夏季時的股東人數之高，也是一個股市已經觸底的好指標。當然，散戶的保守投資立場只會慢慢反轉，雖然有些投資人以觀察零股交易為股市轉折的訊號，一般人普遍並不預期散戶會在股市的谷底帶頭買進。尋找底部的主要買方是「大戶」。

這些是富有的人，一般人通常會認為他們會持有非常多股票，但這些人其實這些年來很少進場。他們公開的行動顯示他們被價值所吸引，但是戰時對股市獲利課徵超額稅率也是一個考量。到了 1921 年，是這些買方的買盤開始支撐某些個股並排擠空軍，使市場轉強走高。

1921 年的多頭聚焦於股票的價值，以及暗示股價會回漲的主要技術面因素。關於立即獲利展望的討論並不多。市場在 1921 年 8 月時觸底時，公布的盈餘還有 37%的跌幅，然後才會在 1921 年 12 月時觸底。獲利回升的速度明顯比股市的逆轉慢得多。

投資人在 1921 年時除了注意重要市場參與者的活動時，還會觀察一些市場上普遍的行為。他們看漲的原因不是成交量低，而且因為市場上的交易有很大一部分是放空。當空軍主導市場，而且許多券商員工都懶得進辦公室時，就是股市可能反轉上漲的跡象。券商融券減少至歷史低點也顯示了市場內的活動可能已達到低點。市場下跌、交易量極低被認為是非常有利多頭的情況。

這種看法和一句現代格言相反，格言認為熊市是在股市成交量大的最後一

次重挫中結束。如圖 28 所示，情況並非如此，而且 1921 年跌勢的最後一段成交量很低，而不是很高。這麼低的成交量反映的是對股票的興趣不大，這預示著未來的股價走勢，包括投資人數以及累積持股都會增加。道瓊工業指數第一次回彈之後成交量也回升，顯示價格的升勢可能會持續下去。

圖 28　道瓊工業指數與紐約證交所交易量的雙周移動平均線

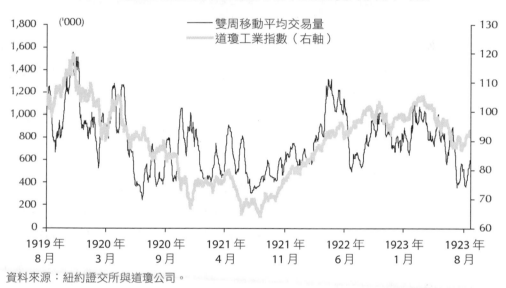

資料來源：紐約證交所與道瓊公司。

　　1921 年傑西・李佛摩和威廉・彼得・漢密爾頓兩人的評論，特別值得我們探討一番。多年來，李佛摩一直被認為股市最成功的作手之一。因為炒作太成功，他在 1900 年時已經被紐約和波士頓的券商列為拒絕往來戶。1907 年時，他在股市崩盤時因為放空，一天就賺進逾 300 萬美元。李佛摩幾乎是在 1921 年熊市觸底時，從空軍轉多軍。

　　1921 年 9 月 7 日《華爾街日報》刊登他的多軍觀點，他預測「價格將再次上漲，而且物價上漲總是會為全國帶來榮景」，其實是他拉抬股市的作法之一。

為了證明熊市結束，李佛摩把焦點放在庫存水位非常低，以及這可能對生產價格穩定可能會有的影響。他認為庫存這麼低，物價就不會進一步走跌，而是會刺激買進以及價格上漲。

從漢密爾頓於 1921 年在《華爾街日報》發表的社論來看，很明顯他是根據道氏理論來解讀這兩個指數（道瓊工業指數以及道瓊鐵路股指數），並認為 1921 年是熊市的谷底。

查爾斯·道於 1899 年 4 月開始在《華爾街日報》的〈回顧與展望〉（Review and Outlook）評論中，開始逐一提出來的觀點，此後多年來一直被人深入研究發展成「道氏理論」。

道氏從未正式提出他的理論。首先這麼做的人是尼爾森（S.A. Nelson），他在 1903 年的著作《股票投機說明》（*The ABC of Stock Speculation*）一書中說明「道氏理論」。威廉·彼得·漢密爾頓於 1899 年加入《華爾街日報》，並於 1902 年道氏 51 歲過世前與其合作過。漢密爾頓是《華爾街日報》的社論編輯，經常撰寫有關道氏理論及其對當時股市情況影響的文章，而且他對 1921 年夏季的情況有很多看法要說。漢密爾頓於 1922 年時出版《股市晴雨表》（*The Stock Market Barometer*）一書，對查爾斯·道的理論提出他自己的見解。

道氏理論本質上很簡單。他示範了股市同時有三個走勢。主要的走勢是基本走勢……基本走勢會持續至少一年，而且通常會更久。同時間，也就是在這段期間內，道氏的次要走勢是在熊市中會有幾次劇烈的反彈，在牛市中會有幾次劇烈的拉回……。道氏指出，除了基本走勢和次要走勢外，當然還有日常的波動。道氏理論在實務應用時有許多的含義。漢密爾頓說：「最好的檢驗就是這兩個指數互相印證，而且主要走勢和次要走勢從來沒有發生不相符的情況。」[19]

3-5 | 債券與熊市

債市的熊市從 1899 年就開始了，而且戰後通膨還加速了債市的熊市。嚴格說起來，美國公司債和聯邦政府公債市場在 1920 年 5 月時觸底。追蹤四十間企業債券的道瓊指數在那時創下 57.29 點的最低點，然後才開始回升。到了 6 月時，指數已經從谷底上漲至 57.75 點。雖然只比 1920 年 5 月時的低點高了 0.8%，但是 1921 年 6 月的谷底卻是價格大幅上漲的開始，而且牛市一直持續到 1946 年才結束。

自由債券市場 1920 年的漲勢證明會持續下去。如圖 29 所示，不像公司債的價格，自由債券的價格沒有回測 1920 年 5 月的低點。但是從 1920 年 5 月到 1921 年 6 月，13 個月的價格漲勢和 1921 年 6 月到 10 月這 5 個月間的漲勢大致相同。

圖 29　自由債券價格

	初次銷售	1920 年 5 月的低點	1921 年 6 月底	10 月 6 日的價格
3 1/2s, 1932-47	100.02	86.00	87.00	89.20
1st 4s cv 3 1/2s, 1932-47	97.30	83.00	87.20	92.20
2d 4s 2d Loan, 1927-42	100.00	81.40	86.60	91.50
1st 4 1/4s cv 3 1/2s, 1932-47	93.90	84.00	86.80	92.80
2d 4 1/4s cv 4s, 1927-42	93.94	81.10	86.72	91.94
3rd 4 1/4s 3d L'n, 1928	99.10	85.60	90.72	94.94
4th 4 1/4s 4th L'n, 1933-38	98.00	82.00	86.88	92.36

資料來源：《華爾街日報》，1921 年 10 月 7 日。

自由債券市場的谷底顯然是 1920 年 5 月，但和公司債市場一樣的是，後來 25 年的牛市真正的起始點，是 1921 年的夏天。雖然 1920 全年和 1921 年大部分時候的通縮，確實讓自由債券的價格上揚，但是公司債市場的交易卻在區間盤整。1921 年的夏季，債市比股市先回漲。自由債券的價格在 6 月的第一周觸底，公司債指數在 6 月的最後一周觸底。道瓊工業指數卻一直到了 8 月 24 日才觸底。

道瓊公司債綜合指數共有四個不同的類別：最高等級鐵路、次級鐵路、公用事業以及工業債券。工業債券是最後才觸底的類別。許多人認為原因在於 1921 年的夏季，許多工業公司暫停配發股利或刪減股利，而其他類別的債券前景則比較穩定。

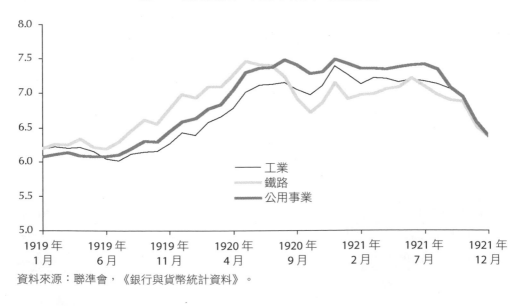

圖 30　道瓊鐵路、公用事業與工業類債券

資料來源：聯準會，《銀行與貨幣統計資料》。

這個時候的鐵路公司債和股票投資人的前景，與政府是密不可分的。對兩

者來說，主要的財務問題在於政府是否為會為鐵路國有化期間的投資不足，而支付相關的補償。如果是，會補償多少？鐵路債市初期的改善是因為 1921 年夏季時，鐵路業公布的獲利優於預期，同時也與政治上的進展有關。如下頁圖 31 所示，雖然主要債券已經開始反彈了，但是股市的跌勢卻一直持續到 8 月才結束。

如圖 31 所示，債市全面復甦，高收益債、次級鐵路和外國政府發行的公債獲利更是特別好。最高等級鐵路的債券到期時間明顯比其他行業還要長，這反映的是投資人接受長期債券以換取更高報酬率，在此之前，投資人接受長期債券的意願從 1900 年就開始一直減弱。（在這種投資方式發生變化之前發行的一種不可贖回鐵路債券的到期日為 2862 天）。1921 年 8 月 8 日的自由債券報酬率如第 120 頁圖 32 所示。

在這個階段，債券市場的格局是由政府公債來帶領債市的復甦，大約三個星期後，公司債市場也跟了上來。由於經濟困境持續，工業類債券是是公司債類別中最後才止跌回升的類別。通貨緊縮已經結束的證據，對公司債市場來說特別重要。通貨緊縮對公司債市場造成了嚴重的傷害，因為發行機構在銷售量不佳時，還要面對包括債券利息支付在內的高額固定成本。因此，公司債價格對通縮即將結束的任何證據都會特別敏感。相較於股票，對債券投資人來說，通縮的趨勢才是他們在確定債市是否觸底時所注意的變數。

圖 31 主要債券從低點（1921 年 6 月底）到 1921 年 8 月期間，
以及 8 月 8 日的報酬率（％）

	價格漲幅（％）	報酬率（％）
高級鐵路債券		
艾奇森 1995 第 4 季	6.1	5.45
中太平洋	5.2	6.25
芝加哥、伯靈頓和昆西鐵路	6.0	5.28
紐約中央	8.0	5.27
北太平洋	6.2	5.20
賓夕法尼亞	8.3	5.77
南太平洋	6.1	5.45
聯合太平洋	5.8	5.23
平均	6.5	5.49
較低等級鐵路債券		
巴爾的摩與俄亥俄可轉債	9.6	8.60
切沙皮克與俄亥俄可轉債	6.0	6.30
爾利可轉債	17.6	9.80
堪薩斯市政債券	7.8	6.75
密蘇里太平洋	7.1	7.45
皮爾馬奎特	6.4	6.32
聖路易與舊金山	32.2	10.30
海岸鐵路	12.2	13.40
平均	**12.4**	**8.62**
外國政府		
比利時	6.8	7.43
智利	7.6	8.10
法國	4.9	7.45

	價格漲幅（%）	報酬率（%）
義大利	10.5	9.70
挪威	7.4	7.65
瑞士	4.2	7.40
日本	25.9	8.40
平均	9.6	8.02
公用事業		
美國電話電報公司	8.7	6.20
貝爾電話	4.2	6.60
底特律愛迪生	2.3	7.15
蒙大拿電力	5.8	6.10
紐約電信	9.8	6.12
太平洋電信	5.0	6.67
貝爾電信	2.9	6.55
平均	5.5	6.48
工業		
盔甲	6.7	6.35
貝斯鋼鐵	9.0	6.30
森特皮革	2.9	8.30
奇異電器	3.1	7.05
美國橡膠	5.7	6.70
美國鋼鐵	3.1	5.80
威爾森公司	5.6	7.25
平均	5.2	6.82

資料來源：《華爾街日報》，1921 年 8 月 9 月。

圖 32　自由債券與勝利債券到期殖利率（1921 年 8 月 8 日）

	（%）	到期日
勝利債券 3.75 年期	5.50	1923 年 5 月
勝利債券 4.75 年期	4.50	1923 年 5 月
自由債券第三批 4.25 年期	5.63	1928 年 9 月
自由債券第四批 4.25 年期	5.25	1938 年 10 月
自由債券第二批 4 年期	4.94	1942 年 11 月
自由債券第二批可轉換 4.25 年期	5.21	1942 年 11 月
自由債券 3.5 年期	4.25	1947 年 6 月
自由債券第二批 4 年期	4.94	1947 年 6 月

資料來源：《華爾街日報》。

　　正如《華爾街日報》於 1921 年夏季經常指出的，許多公司債券的投資機會非常好，因為當時的活期借款利率只有 4.5%。與股市一樣，在底部時人們並沒有普遍的絕望情緒，正好相反，一種由好消息支持的輿論讓人們認為現在是買入的時候了。1921 年夏季時，即使人們對這種樂觀的建議不感興趣，也沒有任何普遍的悲觀情緒的產生。

　　《華爾街日報》的文章顯示了債券的行情仍然被看好。而且商業銀行購買的公債愈來愈多，因為對信貸的需求「幾乎停止了」（《華爾街日報》，6 月 27 日）。信貸成本低，活期借款利率在 5% 左右，使得購買公司債變得特別有吸引力，因為債券的收益率普遍在 8% 左右，可以說相當安全。投資人應該利用這一機會，「幾家專門從事債券交易的銀行正在建議客戶，把即將在未來幾年到期的債券換成長期債券」（《華爾街日報》，7 月 23 日）。

　　投資人對這種交易感到緊張的關鍵原因，在於通縮對企業資產負債表的持

續負面影響。因此，與股市一樣，價格穩定使投資人的風險降低，因此鼓勵更多人借入利率 5%的短期貸款，以買進報酬率高得多的債券。有趣的是，鐵路債券已經達到了 6 個月的高點，而更多的投機者仍然在等待抄底。

　　鐵路債券的一個關鍵區別在於，這一行的價格更為穩定，早在 1920 年，州際商業委員會就批準了貨物運費提高 40%，客運運費率提高 20%。值得注意的是，與那些依賴市場力量來實現價格穩定的漂業相比，這些債券的復甦速度要快得多。隨著美國和外國政府公債發行量的穩定和成長，所有跡象都顯示，企業債券市場即將觸底。

小結

　　1917 到 1926 年時，美股的價格低於公平價值。投資人該如何知道 1921 年是投資的好時機？正如我們所看到的，1921 年的夏季出現了一連串的訊號，顯示此時是買進的時候了：特定商品（尤其是汽車）在較低價格下的需求有所改善、大宗商品價格穩定、被市場忽視的經濟復甦的新聞、股市上漲時交易量上升、股市疲軟時成交量下跌、放空的人數增加、成交量低股價下跌、聯準會控制的利率下降，公債市場反彈、公司債券市場反彈、道氏理論的正面訊號。這些都是空軍在抄底時需要注意的訊號。壞消息是，下一次熊市將會非常不同，而且更危險。好消息是，大多數訊號在市場底部時會再出現。

II
PART

1932 年 7 月

「莫特，整個射擊比賽讓我很困惑」，斯圖邊啜飲咖啡邊說。
「我不懂。我猜戰後馬上就陷入蕭條，但我沒有去注意。」

「沒有像這次這麼可怕。」

——詹姆士・法雷爾（James T. Farrell），
《審判日》（*Judgment Day*）

━━━━━━━━━━━━━━━●━━━━━━━━━━━━━━━

1932 年 7 月前，是美股史上最知名的牛市和熊市。道瓊工業指數從
1921 年 8 月 24 日的 63.9 點上漲將近 500%，到 1929 年 9 月 3 日的 381.2
點。然後就崩盤，重挫了 89%，並於 1932 年 7 月 8 日跌到 41.22 點的谷底。
光是這些充滿戲劇性的股價漲跌，可能就說明了美國史上這段期間的魅力
了。但是除了瘋狂的價格震盪之外，股市也對美國社會造成不可挽回的影
響。

04 CHAPTER 邁向 1932 年 7 月——戲劇性的大蕭條時代

當他的投資上漲，他會賣出、把原始資金存起來、用獲利買別的股票。這些年來他都很蠢，沒有想到用這個方法賺錢。別人都靠這個方法賺了大錢，而他笨到根本不知道要這麼做。

——詹姆士‧法雷爾，《審判日》

1920 年代的商業熱潮是在美國的發展階段中，消費主義終於戰勝了以往幾乎所有的觀念的時期。而且正如威廉‧里奇（William Leach）所說的，現代社會學的先驅查爾斯‧庫利（Charles Cooley）「對這種趨勢感到憂心」。

他在 1912 年寫道，「金錢價值觀」既不「自然」也不「正常」，這種價值觀是新的經濟和文化的歷史產物，而且「完全不是全體人民共同努力的成果。」過去的人從教會獲得價值觀，現在他們是從「商業和消費」中得到價值觀。所有事物的價值，甚至於美、友誼、宗教、道德生活的價值，愈來愈取決於事物在市場上的價值。[20]

本書第一部分引用費茲傑羅的《大亨小傳》中一句話與 1922 年夏季有關的一句話，因為那句話完美解釋了所有事物的「新價值」，所以是「他們的時代」。美國轉型的象徵是廣告商布魯斯‧巴頓（Bruce Barton）在 1924 年出版的《沒有人認識的人》（*The Man Nobody Knows*）一書中寫道：

有一天……有人會寫一本有關耶穌的書。每個生意人都會閱讀然後送一本給他的合夥人和業務員。因為這訴說的是現代創業者的故事。

　　美國的價值觀正在悄悄地轉變成消費社會的價值觀。1932 年的報紙中有個故事說美國人的價值觀在這段時間的變化，那就是 5 月 14 日的《華爾街日報》。

　　州立銀行管理局局長亞瑟·蓋伊（Arthur Guy）在 6 月 6 日的公開拍賣會上刊登廣告，以出售位於梅登市紀念大道上的一個墓園。這個墓園裡有四十四個墓位，所得款項將用於償還最近被銀行管理局接管的已倒閉的高地信託公司（Highland Trust Co.）。

　　這間信託公司持有這個墓園的貸款。

　　1915 年時，美國人會紀念亡者，到了 1920 年代會把亡者拿來抵押，到了 1930 年代則會因繳不出貸款而被查封拍賣。有鑑於如此巨大的變化，這段股市歷史與一個國家的轉型交織在一起，引起廣泛的關注，也許並不奇怪。但是過於關注這一段時期造成了熊市的誤導印象。**正如我們將在本書中看到的，有一些關鍵因素使 1929 年到 1932 年不同於二十世紀的其他三個主要熊市。雖然經常被引述為熊市的經典例子，但這一次可能比較是例外而不是常規，因此誤導了後來好幾代的投資人。**

4-1 | 1921 年到 1929 年的道瓊指數走勢

雖然道瓊指數在 1921 年 8 月觸底，達到 63.9 點，但在大牛市形成之前已經過了一段很長的時間。一直到 1924 年 7 月，這個指數仍然低於 100 點，到了 1925 年 4 月仍然低於 1919 年 11 月的高點。到了 1924 年底，指數的每股盈餘只略高於 1919 年的水準。人們可以將 1921 到 1924 年歸類為經濟衰退前，利潤和股價評價的回復期。這種回復「常態」（華倫・哈汀在 1920 年競選總統時喜歡使用的詞）的情形，對投資人來說非常賺錢。到了 1925 年 4 月，市場已經從 1921 年 8 月的低點上漲 87%，自 1921 年以來的平均股利殖利率為 6.4%。但這只是開始而已。紐約證交所的全年交易量顯示，從 1925 年開始，人們對股票的興趣就開始快速成長。

圖 33　道瓊工業指數──1921 年 8 月 1 日到 1929 年 9 月 3 日

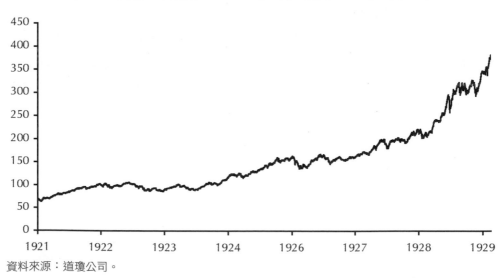

資料來源：道瓊公司。

即使是交易紐約證交所席位的內部人士，也是一直到 1925 年才開始對市場前景表現出興趣（參閱第 128 頁圖 35）。

圖 34　紐約證交所 1922 年到 1929 年成交量

年	成交量（股數）
1922	260,753,997
1923	237,276,927
1924	282,032,923
1925	452,211,399
1926	449,103,253
1927	576,990,875
1928	920,550,032
1929	1,124,990,980

資料來源：《紐約時報》（*The New York Times*）。

　　投資人對市場的興趣已經在增加，但柯立芝和共和黨人在 1924 年 11 月贏得總統大選通常被視為催化劑，使人們更加相信美國企業的前景看好。雖然投票的結果從未遭到質疑，但投資人開始意識到共和黨再執政 4 年對股市可能造成的影響。

　　精確來說，共和黨已經證明了自己不會通過反壟斷法的立法，共和黨長期以來不採取作為，最近一次則是停止針對美國鋁業公司（Aluminium Company of America）的反壟斷行動。財政部長也是美國首富之一安德魯・美隆（Andrew Mellon）已經實施了減稅和大幅刪減政府開支，而且還承諾會採取更多措施。如果任何人對柯立芝的意圖有任何疑問，他在 1925 年 3 月 4 日的就職演說中說得很清楚：

　　徵收任何非必要的、毫無疑問對公共福祉沒有貢獻的稅款，都只是一種合法的盜竊行為而已。

在 1932 年 6 月 27 日《華爾街日報》慶祝成立五十周年時，特別提到了
1924 年大選之後發生的事情：

在柯立芝總統當選那一年的最後兩個月，華爾街已經有很多年沒有看到證券
價格出現如此驚人的漲勢了。成交量不只是每天一百萬股，而且也常出現日成交
量兩百萬股的情形，每天的價格漲勢驚人、造成轟動，代表著投機和投資的需求
都很高。

雖然選舉激勵了 1924 年底的牛市，但這並非市場最大漲幅背後的主要原
因。事後看來，我們可以找到許多原因。但是在所有的大多頭市場中都有兩個
關鍵因素，那就是技術突破和信貸供給的增加，這一點在 1920 年代的大多頭期
間非常明顯。

圖 35　紐約證交所席位的價格──1920 年到 1927 年

年	高	低
1920	115,000	85,000
1921	100,000	77,500
1922	100,000	86,000
1923	100,000	76,000
1924	101,000	76,000
1925	150,000	99,000
1926	175,000	133,000
1927	305,000	175,000
1928	595,000	290,000
1929	625,000	550,000

資料來源：紐約證交所。

　　美國自 1882 年 9 月 4 日開始首次提供給消費者的電力技術，自從 1920 年代的重大技術突破使得電力的使用開始快速普及。原本電力使用的成長緩慢，到了 1907 年只有 8.0%的住宅連接了電線。到了 1921 年時，有 37.8%的美國住宅已連接電力。到了 1929 年已有 67.9%的家庭有了電力。在這樣的環境背景下，電力驅動的工廠機械比例從 1919 年的 32%上升到 1929 年的 49%。

　　1929 年商用電氣設備的銷售額比 1921 年高出 146%。到了 1929 年，美國生產的電力超過全世界其他地方的總和。電力產業的急遽成長為股票的牛市提供三個主要的刺激因素——生產力大增、抑制通貨膨脹，以及對新電氣產品需求跳躍式的成長。

　　美國的電氣化提升生產力和企業獲利，為 1920 年代股價上漲提供了一個根本原因。從 1921 年到 1929 年，每工時的實際私人國內生產毛額成長了 19%。1929 年企業增加的每單位資本的生產率比 1921 年還要高 23%。美國企業在國民財富中所占的比例愈來愈大。科爾斯委員會編制的數據顯示，從 1921 年到 1929 年，標普指數的每股盈餘成長了 455%。

　　1921 年是獲利非常低迷的一年，但即使從復甦的 1923 年開始計算，市場每股盈餘到了 1929 年也成長了 64%。電力這項科技提高了企業的獲利。也許更重要的是，生產力的成長是降低通膨壓力的關鍵因素。人們通常認為 1920 年代的繁榮一定與不斷上升的通貨膨脹有關。但是其實通貨緊縮的傾向反而更明顯。

　　我們先前曾經談到，1919 年到 1921 年這段期間的通貨緊縮相當嚴重。然而更令人驚訝的是，1929 年美國的大部分價格都低於 1921 年的水準。

圖 36　1921 年和 1929 年物價指數

	1921	1929
所有大宗商品	97.6	95.3
食品	88.4	104.9
燃料與照明	96.8	83.0
金屬與金屬製品	117.5	100.5
營建材料	97.4	95.4
家庭擺設	115.0	94.0
紡織品	94.5	90.4

資料來源：美國普查局。

　　雖然 1920 年代的需求大增，但供給很快就跟了上來，因而抑制了通膨。大部分增加的供給來自美國國內，而且受到電氣化和隨之而來的生產力提高所推動。食品價格從 1921 年極低的水準上漲，但比起第一次世界大戰時的價格還是低了許多。大多數其他東西的價格都下跌了。另一項技術性的改變，也就是汽車的使用成長，對抑制食品價格具有關鍵性的作用。

　　1900 年時，美國有三分之一的農田生產馬匹飼料。隨著美國馬匹數量的減少，愈來愈多的農地被用於生產食物而不是飼料。光是美國的農場，1929 年就比 1921 年少了五百萬匹馬。除了電氣化之外，我們還可以加上汽車量產對企業利潤成長、低通膨和低利率帶來的影響。光是以上這些情形就足以形成股市牛市，但科技的發展也造成需求的大幅增加。

　　愈來愈多的家庭開始用電，代表家用電器市場會更大。從 1921 年到 1929 年，即使這段期間的物價相當緩和，家用電器的銷售金額成長了 189%。成長最顯著的產品就是收音機，銷售額成長了將近三十倍。電氣化增加了對許多以前

被認為是奢侈品的需求，例如留聲機、洗衣機、縫紉機、吸塵器和 1919 年發明出來但曾經被認為是奢侈品的電冰箱。新的「成長型」企業如雨後春筍般湧現，投資人只看到了一片藍天。但是還缺少一件事，那就是美國消費者購買美國「成長型」公司生產的所有這些產品所需的現金。

消費信貸突然擴張是 1920 年代牛市的一個重要特徵。在這之前，美國的消費信貸是以分期付款為主，美國至少從 1807 年就開始有分期付款的方式，主要是由傢俱零售商提供的。勝家縫紉機公司（Singer Sewing Machine Company）從 1850 年代開始推廣分期付款，到了 1899 年，波士頓有一半的傢俱零售商都提供分期付款的方案。儘管如此，分期付款仍被視為是社會上勞工階級的人才會使用的方式，美國社會其他階層的人都不屑使用這種形式的信貸。

安娜・雅各森・許瓦茲與米爾頓・傅利曼在他們的《1867-1960 年美國貨幣史》（*Monetary History of the United States 1867-1960*）中指出，雖然可以使用分期付款，但這種信貸在 1914 年仍「鮮為人知」。關鍵的心理變化出現在 1919 年，當時通用汽車承兌公司（General Motors Acceptance Corporation）為這種信貸大開方便之門。為了購買全新又昂貴的耐用消費品，也就是汽車，就連中產階級也採取分期付款的方式。分期付款在社會上的接受度逐漸提高，並且擴展到一系列耐用消費品。

分期付款購買汽車的家庭比例從 1919 年的 4.9%升到 1929 年的 15.2%。威爾柏・普洛默（Wilbur Plummer）在 1927 年的文章中，說明分期付款方案如何得到社會大多數階層的認可：

在城鎮較貧困地區的家庭中，有 40%是以分期付款的方式購物；中產階級地區的人有 25%是以這種方式購物；而富裕家庭則有 5%使用這種方式購物。[21]

分期付款購物的行為，主要集中在購買電氣化的實用新產品。

信貸銷售在 1920 年代迅速成長，尤其是在耐用消費品領域。到了 1927 年，價值約 60 億美元的所有此類商品中，有 15% 是透過分期付款購買的。超過 85% 的傢俱銷售額、80% 的留聲機、75% 的洗衣機以及超過一半的收音機、鋼琴、縫紉機、吸塵器和冰箱都是透過這種方式銷售的。[22]

當美國最大的銀行全國城市銀行於 1928 年進軍個人信貸業務，使信貸購買消費性產品得到了進一步的認可。

顯然，這種槓桿作用可以在任何經濟好轉的過程中帶來許多的好處，但它也會增加經濟衰退時，違約率高於正常水平的風險。1920 年代分期貸款的迅速發展極為明顯，整體貨幣形勢並沒有特別寬鬆。當時美國分期付貸產業的發展顯示的是，即使在看似貨幣溫和的時期，新的信貸管道也會出現以提供過去沒有的信貸管道。這些發展可能會推動關鍵領域的消費牛市，即使在整體信貸成長保持在正常範圍內的情況下也是如此。

4-2　與聯準會共存：嶄新的境界（II）

「好吧，儘管耍我吧。但我不是笨蛋。我正在淘汰我的每股 12.50 美元，當我收回時將會收到每股 50 美元。然後帕特過來問我湖邊的房地產如何」艾克說。

——詹姆士·法雷爾，《審判日》

當這種相當大的技術改變促進了美國普遍的繁榮時，聯準會在做什麼？投資人是否可以期望聯準會現在就像最初立法時設想的那樣，以最後貸款人的角色使用彈性貨幣？聯準會於 1914 年到 1921 年在經濟管理上發揮的作用，並且將繼續干預以降低金本位制的可預測性，將使投資者受到鼓舞。聯準會的活動不僅是戰爭及其後果不可避免的結果，而且還為投資人帶來了一個新的、永久活躍且不可預測的變量。在 1920 年代，黃金的流入決定了寬鬆的貨幣政策，但聯邦準備委員會的大多數成員認為必須採取一些措施，以遏制與寬鬆貨幣相關的投機活動。

聯準會實施的緊縮貨幣政策將減少僅由金本位制決定的經常帳赤字的規模，進而防止黃金和流動性流向美國的貿易夥伴。黃金流動停止的時間愈長，國際金本位的重建就會愈困難。聯準會的雙重目標，也就是抑制投機和確保足夠的黃金流向貿易夥伴，將使 1927 年到 1929 年的政策反應變得複雜，因為當時的投機活動量之大前所未見。聯準會這次也相信，有特殊情況需要對彈性貨幣加以管理，而不是讓金本位制不受約束地運作。同樣的，就像 1917 年到 1921 年的情況，這使得投資這件事變得非常複雜。[22]

聯準會有充分的理由擔心允許戰後經濟過度成長。聯準會擔心黃金會隨著金本位制的重建而自然地重新分配，並且允許在美國建立永久性的信貸結構是

危險的事。當人們審視流向美國的黃金規模時，這種對允許大量信貸建立在貨幣黃金存量上的猶豫是可以理解的。自第一次世界大戰以來，美國一直坐擁貨幣的火藥桶，而 1920 年代上半葉時，「火藥」的供給大幅增加。

圖 37　各國央行／財政部持有的貨幣黃金（占全球總額的百分比）

（公噸）	1920	1925	1930
美國	3,679.3 (32.6%)	5,998.2 (43.2%)	6,358.0 (38.7%)
法國	1,622.2 (14.4%)	1,201.1 (8.7%)	3,160.0 (19.2%)
英國	863.8 (7.7%)	1,045.5 (7.5%)	1,080.0 (6.6%)
日本	837.4 (7.4%)	866.4 (6.2%)	620.0 (3.8%)
西班牙	708.6 (6.3%)	739.7 (5.3%)	709.0 (4.3%)
阿根廷	699.7 (6.2%)	678.0 (4.9%)	620.0 (3.8%)
德國	391.3 (3.4%)	432.1 (3.1%)	794.0 (4.8%)
荷蘭	385.2 (3.4%)	280.0 (2.0%)	257.0 (1.6%)
義大利	306.9 (2.7%)	498.0 (3.6%)	420.0 (2.6%)
加拿大	278.3 (2.5%)	336.9 (2.4%)	165.0 (1.0%)
Balance	1,522.6 (13.5%)	1,815.6 (13.1%)	2,286.0 (13.9%)
總計	11,295.3	13,891.5	16,469.0

資料來源：提摩西‧格林（Timothy Green），《中央銀行黃金儲備》（*Central Bank Gold Reserve*）。

　　1921 年時，只有美國和其他五個國家（古巴、尼加拉瓜、巴拿馬、菲律賓和薩爾瓦多）仍然採用金本位制。可以預料的是，當戰後經濟調整完成後，大多數國家都希望恢復金本位制。選擇匯率以恢復金本位制將是一項政治上的決定，如果其他國家的官員選擇故意低估本國貨幣的價值，那麼黃金就有可能將會大量流出美國。

聯準會制定了應對黃金大量外流的應急計畫。從 1923 年到 1929 年，聯準會進行了干預以抵銷黃金的流入，抑制了強力貨幣與貨幣總量的成長，因此抑制了信貸和經濟的成長。如果美國在沒有聯邦準備理事會的情況下運作，那麼在 1920 年代賺錢就會容易得多。然而 10 年過去了，並沒有發生原本預期黃金大量外流的情況，這可能是因為戰爭賠款和戰爭債務償還所致。正如《華爾街日報》總裁也是老闆的丈夫，休‧班克羅夫特（Hugh Bancroft）所說：

賠償與戰爭債務的清算產生了一股新的力量，對供需規律的正常運作沒有反應，每年從世界其他地方毫不留情地消耗五億美元……最後，當世界貨幣黃金存量有超過 70% 集中在美國和法國，世界上其他地方沒有足夠的黃金以維持信心……[23]

到了 1924 年底，已經有七個國家恢復使用金本位制，1925 年又有十一個國家跟進，此時美國當局持有全球 43.2% 的黃金準備。到了 1929 年，全世界已有四十八個國家恢復使用金本位制。但是一直到 1925 年之後，美國的黃金準備才開始慢慢下降，因為有些國家選擇壓低他們的匯率，最明顯的就是法國。法國壓低匯率，這個政治決策並不令人意外，而英國則是決定以高於英鎊價值的匯率恢復使用金本位制。這個造成的影響就是美國沒有大量流失貨幣準備，我們可以說，聯準會透過中和黃金流入以及降低貨幣與經濟成長，抑制了因為經常帳惡化導致本來可能會流出美國的黃金。

如果聯準會沒有運用中和的策略，我們就只能猜測美國可能在 1920 年代更早就會陷入繁榮—衰退的循環，而且不知道程度是否會像後來的繁榮—衰退那麼大。聯準會的貨幣限制從 1928 年開始逐步調高，而且 1929 年 8 月經濟高峰時的貨幣量比 16 個月前還要低。所以聯準會的行動並沒有加劇 1920 年代的投機狂潮。這 10 年間信貸成長的數字並未顯示貨幣政策過於寬鬆。

圖 38　所有銀行的總資產、貸款和投資成長（百萬美元）

	總貸款		投資額		總資產	
1921	29,236		11,169		49,633	
1922	28,000	(-4.5%)	12,328	(+10.4%)	50,368	(+1.5%)
1923	30,734	(+9.8%)	13,474	(+9.3%)	54,144	(+7.5%)
1924	32,030	(+4.2%)	13,843	(+2.7%)	57,420	(+6.1%)
1925	34,378	(+7.3%)	15,056	(+8.8%)	62,232	(+8.4%)
1926	36,658	(+6.6%)	15,562	(+3.4%)	65,079	(+4.6%)
1927	37,949	(+3.5%)	16,649	(+6.9%)	67,893	(+4.3%)
1928	39,946	(+5.3%)	18,146	(+9.0%)	71,121	(+4.8%)
1929	41,944	(+5.0%)	17,305	(-4.6%)	72,315	(+1.7%)
1921-1929 年的成長		+43.5%		+54.9%		+45.7%

資料來源：聯準會，《銀行與貨幣統計資料》。

　　圖 38 中的信貸成長數字必須從 1921 年到 1929 年的名目 GDP 成長率 42%
的角度來看，從這個數字看來，當時的銀行信貸成長並不能說是過度。JK 葛布
瑞斯（J.K. Galbraith）和其他人曾說，聯準會應該採取更緊的貨幣政策，但這麼
做對國際金本位制的重建會有嚴重的後果。如果全世界其他國家都被迫結束金
本位制，美國經濟是否仍會不受經濟混亂所影響？

　　也許無法進一步緊縮彈性貨幣與國際的考量有關，但這些是國際性的因
素，對美國有直接的影響。聯準會確實採取行動以限制貨幣成長，而且 1920 年
代的行動也相當成功。我們可以說，限制黃金在極需要時流入一些國家，是造
成 1929 年 9 月美國爆發國際性危機的主要因素。顯然聯準會要平衡好兩者並不
容易。

　　沒有證據顯示這段期間各國的貨幣政策過於寬鬆。就像 1919 年的大宗商品榮景一樣，聯準會採取的中和政策試著直接限制投機活動的地區，到了 1920 年代下半，限制的地方就是投機活動之都，華爾街。

　　早在 1925 年時，正當真正的牛市開始時，聯準會有些成員相信過多的信貸被用於「投機性」而非「生產性」目的。後來很明顯，華爾街特別會吸引愈來愈多這些所謂的投機性貸款。聯準會當時可以怎麼做？聯準會多數成員建議解決「濫用」制度的方法，就是對這些被認為過度放款買進證券的會員銀行，拒絕給予重貼現權限。當時並不完全清楚聯邦準備銀行這麼做是否合法。聯準會內部發展出兩種態度，有些人偏好這種針對投機貸款「直接」施壓的做法，另一方則相信調高重貼現率是比較適當的回應方式。雖然當時仍持續進行辯論，但到了 1928 年時牛市完全沒有減輕的跡象，聯準會採取行動的需要就變得更明顯了。

圖 39　券商貸款（按貸款來源區分）──1927 年 -1929 年（百萬美元）

	紐約銀行	外部銀行	其他	總計
1924 年 12 月 31 日	1,150	530	550	2,230
1925 年 6 月 30 日	1,150	770	740	2,660
1925 年 12 月 31 日	1,450	1,050	1,050	3,550
1926 年 6 月 30 日	1,060	780	1,090	2,930
1926 年 12 月 31 日	1,160	830	1,300	3,290
1927 年 6 月 30 日	1,130	970	1,470	3,570
1927 年 12 月 31 日	1,550	1,050	1,830	4,430
1928 年 6 月 30 日	1,080	960	2,860	4,900
1928 年 12 月 31 日	1,640	915	3,885	6,440
1929 年 10 月 4 日	1,095	760	6,640	8,525

資料來源：聯準會，《銀行與貨幣統計資料》。

圖 39 顯示全國各地的信貸被吸引並用於買股票的情形。到了 1929 年底時，美國銀行業的貸款總計高達 41.9 兆美元。1929 年，各放貸機構流入券商的總貸款金額相當於銀行放款總額的 20%。有一百間會員銀行被聯準會列為融資以供炒作，所以應予以「直接」施壓。這麼做也許可以降低銀行信貸被投入華爾街的金額，但不太可能防止信貸從其他貸款機構的湧入。在紐約證交所掛牌的所有股票與債券的總值，從 1924 年底的 270 億美元，到了 1929 年 10 月升至 890 億美元。

在那段期間，從紐約的銀行放款給券商的貸款幾乎沒有增加，而非會員銀行的放款在 1929 年 10 月時比 1925 年 6 月時還要低。如圖 39 所示，股票投機的信貸流動是來自銀行以外的機構。流入華爾街的「投機性的」貸款資金來源不是銀行體制，所以並不清楚聯準會倡議的對會員銀行「直接」施壓要如何降低投機的行為。的確有很多軼聞證據指出，來自世界各地的資金被用於華爾街的放款。一直到 1928 年 2 月，紐約聯邦準備銀行才首次升息，算是承認針對投機放款的措施失敗了。

紐約聯邦準備銀行的貼現率從 1928 年 2 月的 3.5% 到 1929 年 8 月升至 6.0%。但是如圖 39 所示，這段期間放款給券商的貸款成長加速。流入集合競價市場的貼現率上升，拆款利率從 1928 年 1 月的 4.24% 升到 1929 年 7 月的 9.23%。1929 年 3 月時，拆款利率短暫超越 20%，引發股市發生一陣小恐慌，但是當拆款利率降低至 10% 以下，一切就恢復正常。放款給券商的貸款持續成長，而股市仍持續上漲。在超額資本利得被認為是正常的情況下，即使利率明顯大幅上揚但程度還是太小，不足以抑制更多的借貸和投機。

到了 1929 年 7 月首次出現利率影響經濟的跡象，不過並沒有影響股市繼續向上飆漲。如果說利率上升有助於抑制投機活動，證據就在於這麼做會減少經濟活動、威脅企業獲利成長，並且破壞股票的基本價值。到了 9 月和 10 月，因

為聯準會的行動抑制了整體經濟活動而達到抑制投機的效果。

　　投資人原本可能預期聯準會是個沉默的組織，準備好在必要時擔任最後貸款者的角色。聯準會自從因為戰爭造成全國緊急情況而成立以來，一直都很積極。但是 1920 年代時很明顯，聯準會相信自己在貨幣政策上扮演積極的角色。於是開始有人觀察聯準會，而且 1928 年到 1929 年時，聯準會的政策目的是為了終結華爾街的投機狂潮。終結投機花了一年才成功，但是打擊華爾街的投機活動所需的大棒在這過程中也明顯傷害了經濟。

4-3 | 1929 年到 1932 年的道瓊指數走勢

當一個窮人儲蓄一點點錢，以為退休後就會有錢可以花，結果銀行卻倒閉了，這真是件很慘的事。太可惡了。而且我猜那些偷走別人錢的銀行家還不會被制裁。

——詹姆士·法雷爾，《審判日》

那麼，是什麼讓派對結束的？1929 年的夏季初，美國經濟減速變得很明顯。工業與工廠生產於 6 月時達到高峰，而汽車生產較前一年同期減少。美國國家經濟研究局對經濟擴張高峰的參考時間點是 1929 年 8 月。其他國家的經濟放緩則是早就已經開始了。澳洲與荷蘭的經濟早在 1927 年就開始惡化，德國和巴西則是到了 1928 年開始減速。阿根廷、加拿大和波蘭在 1929 年上半年開始跟進。

美國在 1920 年代繁榮的期間有經常帳盈餘，而這個國家持有全球 43%官方黃金準備，經常帳沒有赤字會限制其他恢復使用金本位制國家的成長機會。美國經濟成長更高，很自然地會造成黃金外流以及外國的放寬貨幣條件，但是當時並沒有發生這樣的情形。華爾街吸引資金流入，不論是直接投資證券，或是在有時候利率高達兩位數時放款給投資人買證券，都使情況變得更複雜。這些資金在比較正常的情況下，可能會流到其他國家，使流動性條件變得寬鬆。資本外流減緩的情形在 1929 年時變得特別明顯，這時美國的私人資金外流，比1927 年到 1928 年的平均水準還要低了 42%。

這些想要維持金本位制承諾的國家沒有別的選擇，在經常帳沒有任何改善、取得外國資金受到限制的情況下，只好採取通縮政策。1929 年 9 月和 10 月

華爾街劇烈的波動，部分原因可能是終於發現其他國家因為想要維持金本位制而被迫通縮。隨著 1929 年的情況發展，後來變得比較清楚，如果維持金本位制，美國就會面臨出口下滑，因為其他國家都採取通縮政策，而且如果取消金本位制，那麼貨幣競貶也會對出口造成類似的威脅。到了 1929 年 9 月和 10 月時，投資人開始了解到外國的經濟惡化可能暗示著美國的經濟也會惡化。24

道瓊工業指數於 1929 年 9 月觸頂，到了 10 月 28 日時已重挫了 32%，隔天被稱為「泡沫破滅」的日子。不論造成股票賣壓的因素是什麼，在 10 月最後瘋狂的那一周之前早就已經開始了。9 月過去了，新的全球貨幣體制承受著嚴峻的壓力就變得更明顯了。到了 9 月 26 日，英格蘭銀行將貼現率自 5.5% 調升至 6.5%。英國央行此舉是為了回應黃金的外流，並將利率升至 8 年高點。財政大臣菲利普·斯諾登（Philip Snowden）指出，為了避免資金外流至「三千英里外的投機狂歡」，升息是必要的。25

美國與英國的利率差異變化劇烈，也是因為紐約在 10 月的第一、二周將拆款利率由 10% 降至 5%。沒有人申請貸款買進證券，這類貸款的利率下降。隨著英鎊走強，美國愈來愈有可能發生黃金外流。因此，英格蘭銀行升息的時機幫助了美國不安的投資人。

9 月底和 10 月初的其他事件，進一步考驗投資人的神經。9 月 30 日，克拉倫斯·哈特里（Clarence Hatry）的英國商業帝國瓦解。一直想要整併英國鋼鐵業的哈特里，一直在發行新股以募集更多資金。股市對市場上的股票供給增加而開始產生懷疑，哈特里的許多間公司的股價開始自由落體般地下挫。銀行看到自己的證券價值縮水便開始限制信貸，哈特里就玩完了。一間大型企業的突然倒閉，引發市場對其他企業的基礎感到擔心。

更加打擊市場的信心的是，麻薩諸塞州公用事業部於 10 月 11 日拒絕批准

波士頓愛迪生公司，以 4:1 的比例將股票分拆，並附上一份聲明指出：「根據其獲利，我們認為沒有人會覺得買這樣的股票會有利可圖」。《時代》（TIME）雜誌的封面顯示民眾對商業和投資的高度關注；10 月 28 日，瑞典金融家艾瓦·克魯格（Ivar Kreuger）和 11 月 4 日芝加哥公用事業巨頭山繆·英薩爾（Samuel Insull）成為封面人物。到了 1932 年，克魯格在他的商業帝國崩潰後自殺，英薩爾則是因為挪用公款和郵件欺詐的指控而即將從希臘引渡，但他設法逃避引渡。

無論觸發市場下跌的原因為何，跌勢會如此嚴重的原因則是得到一致認同——牛市的狂歡開始結束。尤其是當這些資產的槓桿比率達到這麼高的程度時，股價只要有任何一點下跌，都可能加劇跌勢。

先前民眾對股市場的參與度大增。最有可能的預估認為，在第一次世界大戰之前有 50 萬的美國人名下持有股票。到了 1929 年，這個數字已經增加到多達兩千萬。不可能這些散戶都熟知股價評價的基本原則。當散戶對股市的興趣開始減弱時，價格的下跌空間可能比散戶參與度較低的時期還要更大。散戶的賣出造成了損失，一些為吸引散戶資金而成立的投資工具賣出也造成了損失。雖然我們可以假設散戶在 1920 年代沒有受過市場教育，但對於大多數「專業」投資人來說也是如此。正如休·布拉克（Hugh Bullock）在 1932 年時寫道：

投資管理在英國是一種職業。世界上大約有 20 萬檔已發行一段時間、可銷售的證券。需要專家才能找到最好的。這我們美國人來說是一門新的生意。但我相信你會看到一群像那些英國專業投資人一樣誠實能幹的人。[26]

布拉克的評論是針對那個時期投資信託的專業經理人經常疏忽，有時甚至會有欺詐行為。雖然從 1868 年以來，投資信託業務在倫敦證交所的重要性愈來愈大，但到了 1920 年，美國的投資信託最多只有 40 間，而且它們的重要性很

低。然後，在 1927 年到 1930 年間，700 間投資信託公司和投資控股公司成立，以利用民眾對投資管理專業知識的需求。光是 1929 年一年，就成立了 265 個新的投資信託基金，認購的資金高達 30 億美元。同年 9 月，透過紐約證交所募集的 12 億美元股本中，就有一半是在投資信託公司。

在市場高峰期，這個產業的市值至少達到 80 億美元。雖然這些信託中有許多是信譽良好的投資工具，但有些其他卻沉迷於可疑的行為——購買流動性差的股票、從公司自己的董事手中買進股票、操縱持股的價格、使用資金從有關聯的人手上購買無效的股票、過度負債、股票對經理的獎金分配，以及投資的極端集中。由於華爾街在經濟上行過程中資本配置不當的性質和程度，隨之而來的重大資本破壞並不令人意外。資本不可避免地遭到破壞之後會出現全球經濟蕭條，這件事則是比較難預測的。

從 1929 年 9 月 3 日的高峰到 11 月 13 日，市場下跌了 48%。到 10 月中旬左右的最初跌勢相對溫和，但從 10 月 10 日到 11 月 13 日，道瓊工業指數下跌了 44%。雖然 10 月的跌勢前所未見，但跌幅並沒有特別大（參閱圖 40）。

圖 40　二十世紀初到 1929 年的熊市——道瓊指數跌幅

1907 年 1 月到 1907 年 11 月	（44%）
1916 年 11 月到 1917 年 12 月	（39%）
1919 年 11 月到 1921 年 8 月	（47%）
1929 年 9 月到 1929 年 11 月	（48%）

資料來源：道瓊公司。

雖然價格下跌異常迅速，但很快就有證據顯示復甦也可能比平時更快。到 1930 年 4 月 17 日，市場已經收復了 52%的跌幅，回到了 1929 年初的程度。市

場此時只比 1929 年 9 月 3 日的高點低 23%。下跌的幅度並沒有異常，而且反彈比平時更快。

雖然 1929 年 10 月價格突然下跌，這件事在「大崩盤」有一定的歷史地位，但是 1930 年 4 月之後發生的事件，才是導致這段金融市場歷史對現代投資人造成重大心理陰影的主要原因。不幸的投資人相信市場復甦已站穩腳跟，並在 1930 年 4 月 17 日買入股票，隨後看到道瓊工業指數再次下挫，在 1932 年 7 月觸底之前損失了 86% 的價值。因此，到 1932 年 7 月之前，最劇烈的變化是在 1930 年 4 月之後才發生的。

如果二十世紀其他熊市與 1929 到 1932 年發生的情況有什麼重大的差異，那就是銀行體系的崩潰。銀行倒閉和相關的恐懼絕對在之前的熊市和經濟衰退中產生了一些作用。1907 年的恐慌和許多間銀行和信託公司的倒閉有關，而那次事件直接導致了聯邦準備理事會的成立。從 1916 年到 1917 年以及 1919 年到 1921 年，新的制度似乎有助於避免銀行倒閉造成的災難性後果，即使在最艱困的經濟條件下也是如此。聯準會「提供彈性貨幣」的能力似乎能防止貨幣恐慌和大規模銀行倒閉。如圖 41 所示，是銀行業的危機最終將這個「普通」熊市變成美國歷史上最大的股市崩盤。

圖 41　1929 到 1932 年的熊市，各階段及其對道瓊跌勢的影響

	期間的漲跌幅（%）	累積跌幅（%）
崩盤，1929 年 9 月 3 日到 1929 年 11 月 13 日	-48	-48
第一次反彈，1929 年 11 月 13 日到 1930 年 4 月 17 日	+48	-23
夏季跌勢，1930 年 4 月 17 日到 1930 年 9 月 10 日	-17	-36
第一次銀行業危機，1930 年 9 月 10 日到 1930 年 12 月 16 日	-36	-59

	期間的漲跌幅 （%）	累積跌幅 （%）
第二次反彈，1930 年 12 月 16 日到 1931 年 2 月 24 日	+23	-49
第二次銀行業危機，1931 年 2 月 24 日到 1931 年 10 月 5 日	-56	-77
可能穩定下來，1931 年 10 月 5 日到 1932 年 3 月 8 日	+3	-76
黃金外流，1932 年 3 月 8 日到 1932 年 7 月 8 日	-54	-89

資料來源：道瓊公司。

比較股市斷斷續續的跌勢以及整體經濟中發生的事件。圖 42 使用每個月和每季的資料，來顯示衰退的進程。

圖 42　經濟下滑的程度——1929 年 6 月底（指標為 100）到 1934 年 6 月

	GNP 固定 價值美元	實質工廠 員工數	CPI 消費者 物價指數	WPI 躉售 物價指數	百貨銷售價格 （經通膨調整）
1929 年 6 月	100	100	100	100	100
1929 年 12 月	100.6	92.3	99.7	97.9	98.3
1930 年 6 月	98.2	83.8	99.1	91.2	90.6
1930 年 12 月	87.7	73.3	97.6	83.5	87.3
1931 年 6 月	89.5	70.0	94.8	75.8	92.4
1931 年 12 月	83.9	62.2	92.1	72.2	84.3
1932 年 6 月	77.8	48.6	88.2	67.2	74.9
1932 年 12 月	70.1	57.2	84.8	65.8	69.3
1933 年 6 月	77.5	58.6	81.3	68.1	76.2
1933 年 12 月	70.2	67.4	82.7	74.3	70.5
1934 年 6 月	80.6	76.7	82.4	78.3	72.4

資料來源：美國普查局。

　　圖 42 顯示 1929 年到 1933 年的衰退，並顯示到了 1930 年中，美國經濟並沒有受到 8 個月前的股市崩盤太大的影響。從 1929 年 6 月起的 12 個月內，經濟萎縮 1.8%，消費者物價指數下滑 0.9%。相較之下，工廠員工人數、躉售物價指數以及百貨公司銷售額下滑的速度快得多。整體經濟而言，受到當年 10 月爆發第一次銀行危機的影響，1930 下半年顯著加速。1929 到 1932 年經濟萎縮期間，1931 年上半年僅出現些微復甦，國民生產毛額（GNP）和實質百貨公司銷售額增提升。1931 年 3 月，美國國內發生明顯的第二次銀行業危機，到了 5 月中，媒體開始報導歐洲的銀行業危機，中斷了這次的復甦。

　　就衰退的過程而言，以定值美元衡量的國民生產毛額（GNP）來看，到 1931 年 6 月底時，其實只有原本認為的經濟總萎縮的 35% 而已。商業周期正常的模式實質的中斷是受到第二次銀行業危機以及對匯率穩定性的擔憂增加的影響，占 1931 年 6 月到 1932 年 12 月總經濟萎縮將近三分之二。經濟下滑的說法與股市下跌有很明顯的關係。到了 1931 年 2 月，股市的跌勢比 1907 年以及 1919 年到 1921 年這兩次的跌勢還要大，但實際上並沒有那麼大。投資人即將經歷的所有可怕事件，都是在 1931 年上半年以後發生的——一直到那之前，經濟萎縮和熊市都「很正常」。

　　1920 年代時，銀行業危機經常發生，而且其中有好幾年，受到暫緩提款影響的存款價值比 1921 年嚴重衰退時還要高。

　　1920 年代銀行業危機發生頻率過高，是因為農業衰退以及銀行合併帶來的競爭壓力增加。但是雖然倒閉的銀行過多，但 1930 年第四季仍發生明顯不同的情況。到了 1930 年 10 月底，當年受銀行止付影響的存款總金額是 2.87 億美元。那個時候，商業活動萎縮似乎沒有令聯準會感到不安，雖然聯準會降低了貼現率，但這段期間一直在減少對會員銀行的信貸。

　　根據 6 月分公布的資料，人們原本預計那一年受倒閉影響的存款總額將低於 3.5 億美元，以歷史標準來看金額很高，但美國經濟並未受到 1926 年銀行停業所造成的 2.6 億美元存款的影響太大。但是 1930 年 11 月和 12 月共有 608 間銀行暫停營業，影響的存款總金額高達 5.5 億美元，使金融體系受到的損害達到新高。在 930 年第四季時，大多數停業的銀行都是農業地區的銀行，而這些銀行的實力早在 1920 年代艱困的經濟時期就已經被削弱了。

圖 43　商業銀行止付影響的存款總額（單位為百萬美元）

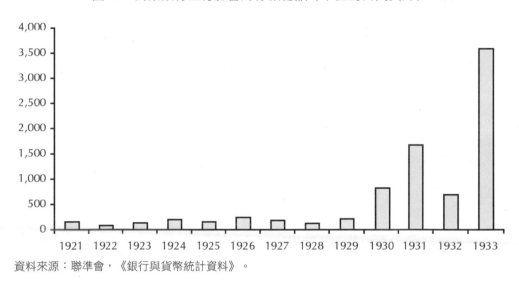

資料來源：聯準會，《銀行與貨幣統計資料》。

　　這段期間倒閉的其中一間銀行是美國銀行（Bank of the United States），這是聯邦準備銀行的會員銀行之一。這是美國歷史上最大的銀行倒閉事件。這不是一間農村地區的銀行，40 萬存戶主要都集中於紐約市。當他們失去存款後，其他地方的存戶開始感受到實質的風險。從 9 月中到 12 月中，道瓊工業指數下跌 36%，跌破 1929 年 11 月的低點。

　　民眾和銀行的行為都發生了很大的變化。一直到 1930 年 10 月，民眾在銀行存款的意願一直在持續上升。存款對貨幣的比率增加，整個 1920 年代，美國民眾繼續保持著這樣的趨勢。到了 1930 年 10 月，存款貨幣比率達到新高，這顯示就在第一次銀行業危機來臨前，人們對銀行體系的信心達到了前所未有的程度。這時有個重大的風險，那就是民眾決定將存款降至歷史「正常」水準，接著就是嚴重的貨幣緊縮也將隨之而來。

　　民眾自 1930 年開始將存款自銀行提領出來，但是也許沒有人預料到之後存款對貨幣比率的萎縮程度，從從 1930 年的 11.5 降到 1933 年的 4.4。到了民眾不再從銀行提款時，存款對貨幣比率降至十九世紀末以來的最低水準。

　　由於部分準備金這樣的銀行制度，銀行必須維持的現金餘額遠低於其存款金額，因此現金的流失對銀行產生了非常不利的影響。在這段期間，銀行必須將存款減少 14 美元，才能提供民眾 1 美元的貨幣。像這樣存款外逃以及聯準會的無能或不願意採取措施，對貨幣造成很大的衝擊，這就是 1930 年的美國經濟衰退發展成 1931 到 1932 年的蕭條的主因。

　　美國銀行業的存款總金額從 1930 年 6 月底的 598 億 2,800 萬美元下降到年底的 580 億 9200 萬美元。一開始的降幅並不大，但這開啟了一個程序，再加上聯準會的不作為，結果對銀行資產負債表產生了非常負面的影響。為了因應存款外逃的情形，銀行通常會在資產負債表上維持更多的流動資產。這這做造成的影響很大，因為銀行傾向將持有的公司債券資產轉移為政府公債。

　　自 1929 年 10 月股市崩盤以來，公司債價格一直在緩慢上漲。但是隨著 1930 年 10 月銀行業危機爆發，物價開始下跌。雖然一開始速度很慢，但這是新的價格趨勢的開始。這種趨勢要到 1932 年夏季才會出現。隨著 1931 年被迫將這些流動性投資計入市場，銀行所面臨的問題就變得更嚴重了。

1931 年初時出現了一些經濟穩定的跡象，但這只導致股市小幅反彈。在銀行業危機期間，1980 年 12 月 16 日道瓊工業指數降至 157.5 點。到了 1931 年 2 月 24 日，道瓊上漲 23%，只比 1929 年 11 月低了 2.2%。即使在這個階段，道瓊的跌幅也只略高於 1907 年和 1919 到 1921 年的熊市。這個時候第二次銀行危機爆發了，1931 年股市崩盤將近 16 個月後的 2 月 24 日這一天，如果投資人開始投資股市，在接下來的 17 個月內，道瓊將再下跌 79%。這段時間的下跌使得這次的熊市與以往任何時候的熊市都不同。

第一次銀行業危機爆發前，長期和短期利率一直在下降，Baa 級債券的報酬率也是。但是以企業信貸品質為根據的收益差則開始出現。尋找流動性的銀行紛紛拋售品質較低的債券，改買政府公債。隨著 1931 年 3 月又一次銀行倒閉潮的開始，銀行再次提高了存款準備金率。3 月時倒閉的銀行數迅速增加，5 月時奧地利最大的私人銀行聯合信貸（Credit-Anstalt）倒閉，進一步削弱存戶的信心。

奧地利當局對此採取許多措施，其中之一是外匯管制，凍結在奧地利的外國銀行餘額。由於聯合信貸握有匈牙利最大銀行的主導權，於是從五月中就開始出現擠兌潮。後來恐慌情緒蔓延到德國。奧地利實行外匯管制引起了德國銀行存戶的擔憂，他們擔心德國銀行資產負債表可能受到影響。由於一半以上的德國銀行存款是由非德國公民所持有，這些投資人失去信心產生了非常嚴重的國際後果，到了 7 月時，德國爆發了全面的銀行業危機，接著就開始實施外匯管制。

由於美國在奧地利、匈牙利和德國的銀行存款被凍結，美國銀行業的資產負債表穩定性進一步受到衝擊。對美國銀行業的資產負債表進一步的質疑，使得美國民眾不斷領出存款，以持有更多的現金。所有銀行的存款總金額從 1930 年 12 月的 580 億 9,200 萬美元，降到 1931 年 6 月只剩 560 億 9,200 億美元，到

1931 年 12 月再降到 495 億 900 萬美元。美國銀行體系在 1931 年 12 月的存款比 1924 年 12 月時還要少得多。銀行被迫再次調整資產組合，公司債被拋售導致價格進一步下跌。

美國在不到一年內遭受兩次銀行業危機的衝擊。美國的知名專家曾充滿信心地預測，聯準會將阻止這種事件的發生。在 1928 年 4 月 14 日的《周六晚郵報》中，財政部長安德魯·美隆宣布：

……銀行或企業不需要再擔心一些突然和暫時性的商業危機可能會發展成並加速金融恐慌，例如前幾年美國發生的情況……。我們不再是不斷變化的商業活動周期的受害者。聯準會就是貨幣緊縮和信貸短缺的解毒劑。[27]

但是聯準會沒有提供這樣的解毒劑。那些仍然致力於股票並期望重新延長彈性貨幣的投資人，一定很驚訝地看著央行什麼事也沒做。由於經濟衰退並發展成蕭條，聯準會調降貼現率，但並沒有試圖增加對會員銀行的信貸，而民眾繼續從銀行中領出存款，商業銀行為了爭奪流動性而拋售債券。投資人在 1921 年時面臨的主要問題之一，是聯準會信貸將從 1919 年約 35 億美元的高峰縮水到什麼程度。

幾乎沒有人能預見到這種收縮會持續到 1924 年中，當時它略低於 10 億美元。1931 年的夏天，聯準會在外流通的信貸再次非常接近 1924 年的低點。經濟在那個時期急遽擴張，顯然有足夠的空間從這些非常低的水準擴大「彈性貨幣」。然而如果像安德魯·美隆所宣稱的那樣，聯準會向銀行提供信貸的能力就是解毒劑，那麼就是醫生沒有使用這一帖藥劑。

一直到 1931 年的夏末，聯準會才開始大量購買票據並開始向會員銀行提供信貸。然而到了那個階段，民眾對銀行體系的信心已經下降，存款對貨幣比從

1930 年 10 月的峰值 11.5 跌至 9.0 以下。隨著銀行體系的根基動搖，貨幣危機出現了新的階段。到了 1931 年 8 月，美國處於歷史最高水準超過 47 億美元的貨幣黃金存量正開始外流。

美國從 1931 年 9 月開始發生破壞性的黃金流失，當時投資人對英鎊貶值感到震驚。其他八個國家很快也開始跟著貶值，10 月分又有四個國家跟進。在美國經濟問題惡化、股市下跌和銀行爆發危機的期間，外國投資人一直對美元的黃金價值有信心。從 1929 年 9 月到 1931 年 8 月，美國黃金庫存增加了 15%，其中 37%的增幅發生在 1931 年 5 月和 6 月，因為歐洲的銀行業危機導致資本逃往美國的「避風港」。英國捨棄金本位制使事情發生了重大的變化，從 1931 年 8 月到 10 月，美國的黃金庫存下降了 15%，完全抵銷了自 1929 年以來的總流入量。投資人認為，如果英國可以放棄金本位制，美國就有可能跟進放棄。

黃金準備流失再加上民眾從銀行中提領貨幣，進一步加劇了商業銀行系統的壓力，而利率上升又使這種壓力變得更大。聯準會根據金本位制採取行動，於 10 月將貼現率從 1.5% 提高到 3.5%以阻止黃金外流。在這場流動性爭奪戰中，商業銀行再次開始拋售資產。由於經濟陷入衰退，連政府公債的價格也首次出現下跌。投資人原本以為政府債券將在通貨緊縮時期能提供名目報酬，現在卻大吃一驚。

由於銀行被迫減少所持政府公債的價值，資產負債表進一步惡化。在 1931 年 8 月至 1932 年 1 月的 6 個月內，1,860 間銀行止付達高 14.49 億美元的存款——這筆金額與整個 1921 到 1929 年期間受銀行倒閉影響的存款金額相同。第二次銀行業危機的性質比第一次還要嚴重得多，不過道瓊指數比較低，但占 1929 年 9 月至 1932 年 7 月整個市場跌幅的 32%。

到 1931 年 10 月 5 日，道瓊已從 1929 年 9 月的高點下跌了 77%。即使是悲

觀的投資人也可能認為這種下跌幅度足以預示任何熊市的結束。一些跡象確實
是正面的，因為胡佛政府最終受到刺激，嘗試採用新的方法來應對危機。1931
年 10 月，國家信貸公司成立，旨在向銀行提供以聯準會認為不可接受的信貸擔
保資產為抵押的貸款。1932 年 2 月，共和黨政府成立了重建金融公司
（Reconstruction Finance Corporation），為銀行和鐵路提供貸款。

到 2 月 26 日，聯邦準備委員會對黃金外流的態度足夠寬鬆，將貼現率降低
50 個基點至 3%。2 月 17 日通過《格拉斯—史蒂格爾法》（Glass-Steagall Act），
允許以政府公債當作聯準會票據的抵押品，消除了聯準會創造更大流動性的技
術性障礙。道瓊在 1932 年 3 月時略高於 1931 年 10 月。如果投資人在此時認為
最糟糕的情況已經過去，並於 1932 年 3 月的高點買進，那麼到了在 7 月市場觸
底之前就會虧損 54% 的資金。

對市場的最後一擊占整個熊市跌勢的四分之一，主要是由於美國黃金再次
流失。從 1932 年 3 月到 7 月底，美國的黃金準備進一步減少了 12%。當時《華
爾街日報》將黃金外流原因指向國會尋求增加政府支出的法案數量不斷增加。
報導認為，迅速成長的財政赤字使外國人相信美國無法遵守金本位制。但更有
可能的是，聯準會在公開市場大規模購買政府公債的舉動引起外國人恐慌。儘
管如此，外國人在 1932 年初拋售美元的原因有很多。美國經濟學家巴里·艾肯
格林（Barry Eichengreen）認為，其他國家的貨幣貶值有可能侵蝕美國的經常帳
盈餘。

聯準會採取再通膨措施的壓力愈大，美元貶值的風險就愈大。美國失業率的
持續上升只會加劇這種壓力。由於 1932 年是選舉年，國會肯定會敦促聯準會採
取更積極的措施來因應。投機者因此出清他們的美元存款，而各國央行則是將自
己的美元準備兌換成美國黃金。[28]

　　毫無疑問，聯準會在這個後期的階段推出一項重要的公開市場操作，是出於對直接政治介入貨幣領域的擔憂。紐約聯邦準備銀行總裁喬治‧哈利森（George Harrison）告訴董事執委員會：「要阻止國會通過某種激進的金融法案，唯一的方法就是我們自己的方案要做得更多、更快。」[29]

　　投資人有充分的理由擔心，傾向於實施通貨膨脹政策的政治人物現在負責主導政策，而不是由中央銀行認同穩健貨幣的資深官員。這些投資人認為，聯準會現在的行動顯示目標是再使通貨膨脹，而不是穩健的貨幣。政策的變化尤其令在金本位匯兌制下持有美元準備的外國央行感到憂心。如果這種新的政策調整繼續下去，那麼美國更有可能放棄金本位制。

　　外國人開始從美國領走存款餘額，華爾街的許多人認為美元可能到了夏季時貶值。聯準會很晚才逆轉再通膨的政策並沒有對投資人帶來鼓舞，而在華爾街造成了最後的恐慌。在貨幣貶值的可能性愈來愈大和經濟持續惡化的環境下，股市熊市仍在繼續。道瓊經歷了 1929 年 10 月崩盤、1930 年 10 月第一次銀行業危機、1931 年第二次銀行業危機和 1932 年黃金外流的四次重創，這時即將觸底。

05 CHAPTER 1932 年的市場結構

> 「往這裡走，喬。以前是什麼讓我們有好日子過？汽車業。為什麼？因為這是新的發展。那麼我們現在需要什麼才能喚回好日子？新的、需要發展的東西。就是這麼一回事。我投資的這間公司有新的東西。電動刮鬍刀。」
>
> ——詹姆士・法雷爾，《審判日》

5-1 1932 年的股票市場

在本書介紹的四個時期中的每一個時期，股票市場的結構都發生了顯著變化。其中的牛市帶來了無數新的問題、新的技術，因而催生了新的產業。雖然 1921 到 1932 年是熊市底部之間最短的差距，但仍伴隨著股市重大的結構性變化。相較於 1921 年，1932 年可供投資人選擇的證券多了很多。

即使在經歷了崩盤和蕭條最黑暗的日子之後，1932 年底仍有 1,278 檔股票在紐約證交所上市，而 1921 年底只有 691 檔。市場交易依然活躍，這與流行的說法互相矛盾。相較於 1921 年的 59%，1932 年的上市的股票總數只有 32% 進行交易。儘管股票的周轉率下降，但 1932 年的交易量為 4.25 億股，相較之下 1921 年為 1.73 億股。周轉率降低但交易量卻增加，這因為紐約證交所的上市股票在此期間增加了 349%。

股市在 1932 年 6 月的最後幾天觸底，當時平均每周成交量僅為 3,047,183 股。由於 7 月 1 日的平均股價為 11.89 美元，紐約證交所每周平均成交金額為 3,620 萬美元。在理解市場結構時，重要的是要記住一件事，在 1932 年時優先

股仍然是一個重要的資產類別，占紐約證交所上市的普通股和優先股市值的 19%。1932 年 7 月 1 日共有 808 檔普通股，優先股則有 445 檔，在同一間公司發行的普通股和優先股之間套利的活動非常多。

到了 1932 年，平均有 50%的上市公司同時有普通股和優先股在外流通。儘管 1932 年的夏季有 1,253 檔上市股票，但在典型的一天交易中，可能會有大約 500 檔個股進行交易。1929 年 9 月，普通股和優先股的市值達到 900 億美元。隨後的 1929 年至 1932 年價值下降幾乎完全反映了平均市值下降——在 1929 年 9 月至 1932 年 6 月期間，因為普通股和優先股發行總數 1929 年 9 月時有 1,280 股，到了 1932 年 7 月只減少到 1,262 股。

1929 年 8 月，重挫前的最後一個正常交易時期，每日平均成交量為 3,677,053 股。由於每月平均最高股價為 89.13 美元，在 9 月和 10 月的恐慌將成交量推到高得異常之前，日成交量約為 3.28 億美元。因此，道瓊在 1929 到 1932 年熊市中下跌 89%的情況，必須按照上市個股數量減少 5%和每日交易量價值下降 98%的情況來解讀。

這些頭條新聞數字經常被用來顯示，到了 1932 年，股票市場不活躍，投資人不願意投資。然而事實是，32%的紐約證券交易所上市股票在 1932 年進行交易，與 1921 年相比，1932 年可供選擇的上市公司數量幾乎是 1921 年的兩倍。道瓊雖然已從高峰下跌了 89%，但整體而言，紐約證交所上市股票的市值僅比 1924 年底達到的程度低 40%，當時第一個可靠的市值資料可用。雖然上市公司 32%的營業額以歷史標準衡量可能偏低，但事實證明這個數字高於 1937 年至 1979 年達到的任何水平。

要了解 1932 年的市場結構，就一定要了解美國工業在這段期間內發生的重大變化。下頁圖 44 和第 158 頁圖 45 顯示 1929 年 9 月 1 日和 1932 年 7 月 1 日，

所有在紐約證交所上市的類股的市值。也許最令人感到意外的，就是鐵路在 1929 年 9 月時仍然是股市中最大的類股。但是實際上，從 1921 年 8 月的低點到 1929 年 9 月的高點，工業類股的表現比鐵路類股高出 86%。

　　雖然 1920 年代的牛市通常與汽車和收音機的繁榮聯想在一起，但在 1929 年 9 月的市場高峰時，市場的三大類股——鐵路、石油和化工——占總市值的 31%。包括大型企業美國電話與電報公司（AT&T）在內的通訊產業雖然只是由少數幾家公司組成，但已成為市場中日益重要的產業。即使在 1929 年 9 月，主要由投資信託組成的金融類股也不到總市值的 2.5%。直到 1920 年，美國鋼鐵公司還是美國最大的上市公司，並且是股票市場重要類股的一部分，但是到了 1929 年，整個鋼鐵類股的市值僅排名第十。

圖 44　1922 年 9 月的市值

	（百萬美元）	（占比）	（個股數）
鐵路與設備	12,778	14.25	186
石油	7,601	8.48	63
化學	7,112	7.93	72
汽車與設備	6,162	6.87	66
通訊	5,315	5.93	13
零售商品	5,192	5.79	97
電器設備製造業	5,096	5.68	19
天然氣與電力控股公司	5,045	5.63	34
天然氣與電力營運公司	4,796	5.35	38
鋼、鐵與焦炭	4,403	4.91	47
食品	4,178	4.66	86
礦業（不含鐵）	3,091	3.45	56
機械與金屬	3,010	3.36	85

	（百萬美元）	（占比）	（個股數）
美國企業海外營運	2,861	3.19	41
金融	2,221	2.48	31
外國公司——加拿大與古巴	1,951	2.18	32
菸草	1,732	1.93	40
農業機具	928	1.03	12
娛樂	926	1.03	27
商業與辦公室用品	868	0.97	12
營建	813	0.91	25
紙張與出版	805	0.90	26
航空	732	0.82	11
橡膠與輪胎	507	0.57	18
綜合公用事業	376	0.42	37
紡織	357	0.40	39
綜合商業	224	0.25	11
土地與不動產	186	0.21	8
皮革與靴子	147	0.16	20
貨運服務	87	0.10	7
服飾製造	85	0.09	13
貨運營運與營建	85	0.09	8
總計	89,670	100.00	1,280

資料來源：《華爾街日報》，1929 年 9 月。

　　在 1929 年到 1932 年的熊市期間，鐵路類股終於不再是股市中最大的類股。到了 1932 年 7 月時只占總市值的 8.7%。僅 20 年前，紐約證交所股票周轉率仍有 50%以上是鐵路股的交易。1932 年 6 月時最大的類股是石油，不過公用事業運營和控股公司合計占總市值的 15%，則成為最大的類股。

在熊市期間占股市比率大幅下降的另一個產業是汽車和配件。汽車產業受到大蕭條的影響比食品、菸草、通訊和公用事業等安全產業還要大得多。這段期間市值也相當集中，1932 年 10 個最大的產業占市值的 77%，相較之下 1929 年時則為 71%。到了 1932 年，股票市場最大的類股是公用事業、石油和通訊業，這些行業合計占總市值的 37%。

圖 45　1932 年 7 月的市值（前十大以粗體標示）

	（百萬美元）	（占比）	（個股數）
鐵路與設備	**1,364**	8.72	164
石油	**1,698**	10.86	56
化學	**1212**	7.75	76
汽車與設備	**668**	4.27	69
通訊	**1,686**	10.78	11
零售商品	**850**	5.44	103
電器設備製造業	371	2.37	16
天然氣與電力控股公司	**929**	5.94	39
天然氣與電力營運公司	**1,492**	9.54	31
鋼、鐵與焦炭	583	3.73	51
食品	**1,243**	7.95	76
礦業（不含鐵）	360	2.30	55
機械與金屬	390	2.49	92
美國企業海外營運	188	1.20	34
金融	432	2.76	48
外國公司——加拿大與古巴	252	1.61	16
菸草	**856**	5.47	35
農業機具	159	1.02	11
娛樂	51	0.33	21

	（百萬美元）	（占比）	（個股數）
商業與辦公室用品	107	0.68	11
營建	97	0.62	34
紙張與出版	89	0.57	28
航空	58	0.37	10
橡膠與輪胎	88	0.56	21
綜合公用事業	90	0.58	31
紡織	71	0.45	40
綜合商業	42	0.27	11
土地與不動產	25	0.16	8
皮革與靴子	162	1.04	20
貨運服務	5	0.03	8
服飾製造	8	0.05	9
貨運營運與營建	9	0.06	9
總計	15,635	100.00	1,244

資料來源：《華爾街日報》，1932 年 7 月。

　　市場結構變化究竟有多少是由於股價表現而不是公司商業活動造成的，只能從 1926 年 6 月開始評估，因為這時才開始有詳細的產業資料。我們看不到整個 1921 年到 1929 年牛市期間類股價格表現的影響，但我們可以看到 1926 年到 1929 年，也就是「咆哮的二〇年代」最繁榮時期的情況。

　　1920 年代的牛市通常與汽車行業或美國無線電公司（Radio Corporation of America，RCA）股票的表現有關，但真正的明星是化學用品和電氣設備。美國家庭和企業的電氣化在這 10 年間加速，為電氣設備製造商創造了繁榮的條件。在一些可疑的金融工程的幫助下，電氣化業務也提振了公用事業股的表現。在

後來的蕭條中，許多公用事業控股公司都倒閉了，而他們的首席執行官——例如明尼亞波利斯一間控股公司的負責人威廉‧佛謝（William Foshay）和中西部公用事業公司（Middle West Utilities）的負責人山繆‧英薩爾最終被起訴。

圖 46　主要類股的表現——1926 年 6 月到 1929 年 9 月

化學品	+369%
電氣設備	+349%
公用事業	+326%
金融	+275%
商用設備	+264%
啤酒	+259%
服務	+223%
鋼鐵	+180%
汽車	+174%
電信	+157%
道瓊工業指數	+149%
食品	+102%
零售	+95%
運輸	+85%
營建	+83%
菸草	+64%
石油	+48%
紡織	+15%
服飾	+42%
煤炭	+39%
批發	(65%)

資料來源：肯尼斯‧法蘭奇（Kenneth French），《產業組合數據》（*Industry Portfolio Data*）。
備註：總報酬率包含股利再投資。

　　整體經濟繁榮令化工產業受惠，但到了 1920 年代，投資人對新石化產業的前景愈來愈感興趣。玻璃紙自 1919 年開始在市場上銷售，但當杜邦公司於 1927 年在產品中加入防水塗層後，可應用的範圍就大增增加。隨著 1920 年代的發展，合成甲醇和合成硝酸鹽開始商業化生產。

　　投資人可以將石化產品的發展視為合成原料生產大幅增長的途徑。其他突破一直到 1930 年代初才出現，例如氯丁橡膠、有機玻璃、聚乙烯和尼龍。然而到了 1920 年代後期，光是石化產品在商業市場上的成功就有助於提振化工類股的股價。

　　金融類股受到投資信託股的熱潮所推動，績效也相當好。由於許多信託的資產價值溢價大幅上升，並使用槓桿來提高報酬率，金融類股在牛市中能創造很好的報酬率並不令人意外。

　　1917 年到 1919 年時，在前一次大牛市領漲的大宗商品類股卻在 1920 年代表現落後。因為這段期間整體而言並沒有通膨，許多商品的價格其實是下降。1919 年到 1921 年的熊市期間，投資人抱著石油股不賣並不會得到回報——石油是 1920 年代表現最差的類股之一。

　　下頁圖 47 顯示的跌幅雖然大，但也必須考量到同一段時期，躉售物價指數也跌了 33%。除了這種抵消的因素外，大部分的公司在這整段期間都設法維持某種形式的股利。科爾斯基金會提供市場上最廣泛的股利資料，顯示從 1929 年到 1932 年，股利支付減少了 48%。

圖 47　主要類股的績效──1929 年 9 月到 1932 年 6 月

菸草	(38%)
電信	(70%)
服飾	(75%)
煤炭	(74%)
石油	(74%)
食品	(72%)
公用事業	(82%)
化學	(85%)
啤酒	(86%)
汽車	(88%)
道瓊工業指數	(89%)
運輸	(90%)
金融	(91%)
電器設備	(91%)
鋼鐵	(92%)
遊戲	(93%)
批發	(94%)

資料來源：肯尼斯・法蘭奇，《產業組合數據》。
備註：總報酬率包含股利再投資。

　　公用事業和食品類股這些看似具有防禦性質的類股，幾乎沒有為投資人的資金提供保護。部分是因為 1929 年 9 月所有股票估值過高，也因為經濟衰退的規模導致電力和包裝食品等基本產品的銷售量減少。包裝食品在 1920 年代是一個相對新的概念，因此需求有很大的空間可以下降。到了 1932 年，美國人吃的麵包中有 85%是在家裡自製的。菸草業則是 1929 年至 1932 年唯一可以投資的類股，因為銷量增加、原料價格暴跌、售價卻不變。

5-2　1932 年的債券市場

莫伊藍神父怎麼說？他知道銀行都在幹什麼。把美國人的錢借給歐洲。如果他們把美國人的錢留在美國，而且本來就應該這麼做，經濟根本就不會蕭條。

——詹姆士‧法雷爾，《審判日》

1932 年 6 月 1 日，共有 1,587 檔債券在紐約證交所上市，票面價值總計為 521 億 9,300 萬美元，市值為 368 億 5,600 萬美元。紐約證交所上市的債券，按照市值為以下主要類別：

圖 48　紐約證交所交易的債券市場組成，1932 年 6 月 1 日

	%	市值（百萬美元）
美國政府	40.5	14,929
外國政府	30.5	11,242
鐵路	13.4	4,953
公用事業	7.7	2,811
工業	4.9	1,812
外國企業	3.0	1,109
總計	100	36,856

資料來源：《華爾街日報》，1932 年 7 月 11 日。

雖然只有 11 檔政府公債，卻占紐約證券交易所上市債券的大部分。這段時期債市的每日平均成交量約為 1,000 萬美元，其中約 40% 是美國政府公債。其他 1,576 檔股票的每日總交易金額約為 600 萬美元。1932 年 5 月，也就是債券

開始上漲前一個月，紐約證交所債券的總成交額為 1 億 6,900 萬美元，是 1918 年以來 5 月總成交額最低的一次。債券的跌幅並沒有股票那麼大。1929 年 9 月 1 日，紐約證交所上市債券的總價值為 467.41 億美元，債市的價值在股票熊市期間僅下跌了 21%。

但是總市值和發行數量這種相對較小的跌幅，其實並非表面看來如此，因為在這段期間美國政府債券價格穩定，而其他類別的債券價格則是下跌。1929 年 9 月 1 日，有 1,543 檔非美國政府債券發行，市值約為 338 億 900 萬美元，到 1932 年 6 月 1 日，已降到 1,574 檔債券，總計 219 億 2,700 萬美元。

價格急遽下跌是通貨緊縮導致企業資產負債表普遍惡化的產物。雖然許多公司的資產負債表處境艱困，但許多公司的資產負債表在長期的經濟萎縮中出現顯著改善，這也是事實。1932 年的「美國超級強權」（American Superpower）是一間公用事業公司，而不是像字面上看來那樣是個地緣政治實體，雖然以現在的標準來看，這間公司的資產負債表其實非常保守，但在當時卻被描述為「投機性債券」。

雖然顯然是一個投機性的債券，但是對於準備長期不領取報酬的投資人來說，美國超級強權的普通股仍具有一定的吸引力。這間公司沒有融資債務，而且到了 1931 年底，光是持有的美國政府公債就超過 2,665 萬美元。[30]

即使是進行這種資產負債表調整的公司，其債券的價值也因為經濟惡化而受到傷害。圖 49 顯示 1929 年 9 月和 1932 年 6 月主要產業的報酬率，有助於了解這段時期債市的轉變。

圖 49　依債券主要類別區分的殖利率，1929 年 9 月及 1932 年 6 月

（%）	政府	工業	鐵路	公用事業
1929 年 9 月	3.70	4.10	5.38	5.16
1932 年 6 月	3.76	6.80	9.14	7.21

資料來源：聯準會，《銀行與貨幣統計資料》。

在外流通的債券市值溫和下降是因為政府債券價格在這段期間內沒有多大的變化。財政部在 1931 年發行了三次 22 億美元的債券，這是 3 年來的第一次，也提振了債券的總市值。人們預計通貨緊縮時期的政府債券會上漲，這個情況確實也發生了，至少一開始是這樣。

政府公債的牛市從 1929 年 9 月一直持續到 1931 年 6 月的第二次銀行業危機，當時報酬率達到 3.13%。隨著 1931 年底貨幣貶值恐慌加劇，就連政府公債的價格也下跌了。但是實際情況是政府債券的價格從 1929 年 9 月到 1932 年 6 月，大致上沒有什麼變化。

其他類別的債券則很不同。雖然一開始經濟衰退保持正常規模，但債券價格上漲。從 1929 年 9 月到 1930 年 9 月的反彈的高點，工業債券收益率降低了 33 個基點。然而在 1930 年 9 月，一切都變了──第一次銀行業危機發生後，工業債券價格急遽下跌。早在 1930 年 12 月，工業債券價格就已經低於 1929 年 9 月的程度。

這種從 1929 年 9 月到 1930 年 9 月上漲然後大幅拋售的模式，也發生在鐵路和公用事業債券。公司債券價格在 10 月股市崩盤後連續上漲 11 個月，這是另一個因素顯示股市崩盤本身可能並不像人們以為的那樣，對後來的蕭條造成重大的影響。

圖50　美國政府公債每月殖利率──1929年1月至1933年1月

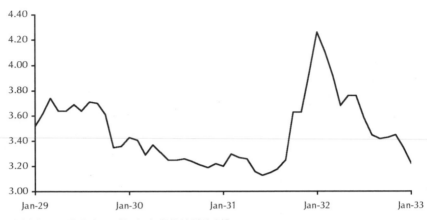

資料來源：聯準會，《銀行與貨幣統計資料》。

圖51　Baa級公司債殖利率──1929年1月到1933年1月

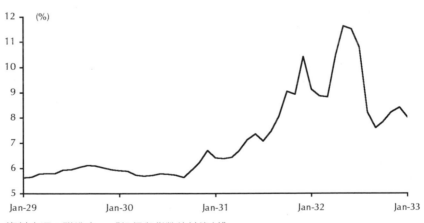

資料來源：聯準會，《銀行與貨幣統計資料》。

　　雖然債券價格一直在下跌，但是績效仍明顯優於股票，而且即使在股市觸底之際，投資經理人投資於債券的金額仍相當高。1932年7月11日的《華爾街日報》定期刊登以下新聞：

　　富達基金（Fidelity Fund, Inc.）的經理人安德森與克倫威爾（Anderson & Cromwell）的報告指出，6 月 30 日投資組合的投資如下：債券 65%；股票 28.6%；現金、應計費用等 6.4%。

　　另外必須單獨提到外國政府債券。1932 年 6 月，這些債券的市值超過了國內商業債券的市值，這可能會讓大多數現在的投資人感到驚訝。儘管在紐約證交所上市的國內公司債券數量更多，但外國政府發行的債券通常要多更多。在 1920 年代，當英國仍在從戰爭中恢復時，美國成為全球資本的主要提供者。外國政府在紐約證交所募集資金的數量急遽增加，顯示了重要性正在上升。到了 1926 年 1 月底，共有 116 檔外國政府債券在紐約證交所上市，總市值達 30.24 億美元。

　　到了 1929 年 9 月股市對高點時，共有 202 檔這類型的債券，總市值達 160.12 億美元，占紐約證交所上市的所有債券總值的三分之一。除了英國、法國和加拿大等主要國家的債券外，美國投資人還可以投資巴伐利亞、玻利維亞、波爾多、布里斯班、布達佩斯、哥斯大黎加、古巴、海地、紐倫堡、奧斯陸、巴拿馬、鹿特丹、華沙、維也納或橫濱。到了 1932 年 6 月 1 日，在紐約證交所上市的外國政府公債，市值已下降到僅 112.42 億美元，比 1929 年 9 月的程度少了 30%，發行數量小幅增加到 214 檔債券。一些 1929 年最高和 1932 年最低價的債券，可以看出報酬率的範圍。

　　如下頁圖 52 所示，通貨緊縮對大多數主權公債的價格造成嚴重的打擊。各國政府一開始還試著履行對金本位制的承諾並償還美元債務。但是隨著國內失業率上升和金融體系崩潰或接近崩潰的情形發生，維持金本位制的要求造成各國內部通縮，使得這些國家無法再維持金本位制。到了 1932 年，雖然美國仍維持金本位制，但非常多其他國家卻被迫貶值——玻利維亞、保加利亞、加拿大、捷克斯洛伐克、丹麥、埃及、愛沙尼亞、芬蘭、德國、希臘、匈牙利、印度、

日本、墨西哥、紐西蘭、尼加拉瓜、挪威、葡萄牙、薩爾瓦多、瑞典、英國、委
內瑞拉、南斯拉夫。

圖 52　紐約證交所交易的外國政府公債

	1929 年 9 月 3 日	1932 年低點
澳洲外債 5 年期	94 3/8	46 1/2
澳洲 4.5 年期	85 1/2	41
玻利維亞外債 7 年期	84 1/2	2
波爾多 6 年期	100	98 1/4
巴西 6.5 年期	88 1/8	14
布里斯班 5 年期	90	32
加拿大 4.5 年期	97 1/4	86
加拿大 5 年期	101 1/8	87
哥倫比亞 6 年期	77 7/8	13 1/2
丹麥外債 6 年期	103 1/4	47 1/8
芬蘭外債 6.5 年期	85	40
法國外債 7 年期	109	109
德國外債 7 年期	105 1/4	41 1/4
義大利外債 7 年期	95 3/8	82 1/2
日本外債 6.5 年期	100	52 1/2
米蘭 6.5 年期	84 1/2	57 1/8
新南威爾斯	92	30 1/2
挪威 5 年期	94 1/8	63 1/4
紐倫堡	83	15
波蘭外債 5 年期	94 3/8	43 1/2
羅馬 6.5 年期	86 1/2	62
聖保羅 6 年期	83 1/8	7

	1929 年 9 月 3 日	1932 年低點
瑞典外債 5.5 年期	103 1/4	75
東京外債 5.5 年期	84 1/2	36
英國 5.5 年期	102	90
橫濱	91	40

資料來源：《華爾街日報》。

　　不意外的，各國靠著讓自己的貨幣兌換黃金和美元貶值來償還美元債務的能力顯著降低。那段期間表現最佳的主權信貸是法蘭西共和，法國於 1928 年時以低於其價值的貨幣加入金本位制，所以可以維持金本位制直到 1936 年。當然，結束金本位制未必表示會造成主權信貸的價格崩盤。英國與加拿大到了 1932 年時就已經結束金本位制了，但是仍設法採取足夠健全的貨幣政策，使得其公債價格高於義大利公債，而義大利一直到 1936 年才放棄金本位制。

06 CHAPTER 熊市觸底：1932 年的夏天

> 最近一次前往白宮時，我發現官員之間普遍有著相同的希望，我的結論是，我們都必須支持總統並向上提升至下一個繁榮時期的來臨。
>
> ——詹姆士‧法雷爾，《審判日》

1932 年的夏季，投資的泥淖很深、充滿泥濘。但是在我們深入探討泥淖的策略時，我們要先從策略的角度看一看投資人稱為「長期」的這個戰地。

1932 年和二十世紀的其他重大熊市的底部有很多不同點。最重要的差異在於證券從價格過高到價格過低的速度。

正如我們看過的，股票到了 1921 年時變得非常便宜，主要是因為經濟和企業獲利都在成長，但股價卻一直在區間盤整。在 1919 年到 1921 年的熊市前，道瓊的高點達到 119.6 點。雖然美國經濟在那之前的 20 年相當繁榮，但是道瓊並沒有比 1909 年 11 月的 110.5 點，或是比 1906 年 1 月的 102.7 點還要高出多少。然而 1929 到 1932 年的熊市前夕，情況非常不同，道瓊在 1929 年 9 月已經達到381.2 點，從 1921 年的低點漲了 500%。股票價值並不是慢慢回跌，而是在不到3 年的時間內，股價經歷從過高到過低的崩盤過程。

我們已經回顧了美國在 20 年間的經濟成長，之後道瓊工業指數在 1921 年時幾乎沒有變化。做這樣的比較有助於顯示美國經濟長足的進步，這段時間股價波動劇烈，但實際上幾乎沒有變化。在一段很長的股市牛市後，1929 年時的情況非常不同，這時道瓊比前一次牛市 1919 年 11 月的高點還要高出近 220%。

由於股價的漲勢如此戲劇性，1929 到 1932 年不會只是跌勢的最末段，加劇市場的價值下跌而已。1920 年代期間，股價評價從非常低的水準不斷上漲。

然後在 1920 年代末期一直到 1930 年代初期，股價非常戲劇性地從價格過高跌到價格過低。我們將會看到，這個戲劇性的股價評價的轉變，和本書中所探討的所有其他熊市那種慢慢變熱、評價下滑、最後才重挫的情況可說是天壤之別。因為 1929 年到 1932 年的熊市仍深植於投資人的心態中，所以我們還是會認為這就是所有熊市的模式。但是就股市投資人對真實價值的發展來說，這次的熊市是很大的例外。

1920 年代的牛市有一個主要的動力，那就是股票投資人終於開始完全參與美國經濟的成長。圖 53 的數字顯示 1921 年熊市底部開始到 1929 年牛市結束，這段期間的經濟發展速度。

圖 53　美國的經濟變化──1920 年到 1929 年底

	1920	1929
人口（單位為百萬）	107	122
每年移入的人口	430,001	279,678
出生時預期壽命（年）	54.1	57.1
醫生人數	114,977	152503
平均時薪（製造業）	56c	57c
工會總人數	5,034,000	3,625,000
躉售物價指數	154.4	95.3
名目 GDP（單位為十億美元）	87	104
實質 GDP（單位為十億美元）	607	865
入學人數（單位為千）	23,277	27,810
農場數目（單位為千）	6,518	6,512

	1920	1929
農場的牛隻數目（單位為千）	66,640	58,877
以現今美元價值計算的礦產價值（百萬）	6,084	4,908
礦產的體積指數	51	73
原油生產（千桶）	442,929	1,007,323
新建築開工許可的價值（指數）	88	187
住宅開工數（千）	247	509
香菸生產（百萬）	48,091	122,822
鋼錠和鑄模生產（千長噸）	42,132	56,433
鐵路哩數	406,580	429,054
汽車登記（千）	9,239	26,704
電話數（千）	13,329	20,068
發電廠淨發電量（百萬千瓦時）	56,559	116,747
出口（百萬美元）	8,664	5,441
進口（百萬美元）	5,784	4,755
貨物與服務價值（百萬美元）	3,523	1,148
平均工時實質私人 GDP（以 1929 年為 100）	78	100
銀行總資產（百萬美元）	53,094	72,315
總存款與現金（百萬美元）	39,555	54,790
紐約證交所股票交易量（百萬／年）	227	1,215
人壽保險（百萬美元）	40,540	102,086
聯邦政府支出（百萬美元）	6,403	3,298
公共負債（百萬美元）	24,299	16,931
現役軍人總人數	343,302	255,031

資料來源：美國普查局。

報導的 GDP 數字非常有助於我們了解 1920 年代重要的通縮趨勢。那段時間的實質 GDP 成長 43%，而名目 GDP 成長則為 20%。這次通縮大部分是發生在 1921 年的大宗商品價格崩盤時，但是 1929 年 GDP 縮水的幅度則是比 1921 年底時還要小。如圖 53 所示，也許除了農業之外，那 10 年的經濟成長非常高。然而圖 53 所示的經濟指標中，在那段期間沒有一個指標的增幅和股市一樣快。

這和我們已經看過的前幾十年的情況很不同，之前的經濟榮景並沒有帶動股價上漲。那麼整體經濟成長與股價之間的關係，為什麼會忽然轉變？企業獲利成長大幅超越經濟成長，使得道瓊工業指數從 1921 年 8 月一直到 1929 年 9 月將近 500% 的漲勢是合理的嗎？對投資人來說，報酬要高到什麼程度才值得更高的股價評價？

那段期間最好的企業獲利成長資料，是科爾斯基金會所編纂的資料。在將 1920 年代的獲利成長量化時，因為 1921 年的獲利崩盤，選擇開始日期會對結果有很大的影響。圖 54 提供從 1916 年到 1929 年的一連串獲利資料，並顯示那段期間的獲利波動。

圖 54　標普綜合股價指數的獲利（以 1929 年為 100）

1916	95
1917	80
1918	62
1919	58
1920	50
1921	18
1922	43
1923	61
1924	58

1925	78
1926	77
1927	69
1928	88
1929	100

資料來源：羅伯・席勒，《市場波動性》。

這份資料顯示評估 1920 年代期間上市公司獲利成長很困難。很明顯，1916 年是戰爭獲利年，1921 年則是通縮年，這些都不是與 1929 年比較的好起點。本書為了解決這個問題，我們認為經周期性調整的獲利是最適合了解上市公司獲利的方式。我們選擇的周期性調整是計算 10 年移動平均獲利數字，這是羅伯・席勒教授在他的著作《非理性繁榮》（*Irrational Exuberance*）中的建議。

但即使是用這個方法來計算這個時期的正常獲利也還是很複雜，因為 1915 到 1917 年的獲利水準高得異常。就連 1921 年的 10 年平均都被這些戰時的獲利膨脹了，並且顯示 1921 年到 1929 年的經周期性調整獲利只成長 11%。預估獲利成長比較簡單但明顯更主觀的方式，就是觀察經濟從 1922 年到 1923 年的衰退後復甦一直到 1929 年市場觸頂，這段期間的獲利成長。利用這個方法以及圖 54 的數字，我們可以說，1920 年大牛市期間的上市公司獲利成長一倍。

重要的是，1920 年到 1929 年這段期間，企業公布的獲利成長比經濟成長還要快，這與 1871 年到 1921 年的情形完全相反。一般來說，1920 年到 1929 年期間經濟擴張 43%，企業獲利成長一倍。但是股市比前一次高點還要高 22%，而且比 1921 年 8 月的低點高出五倍。1920 年代預示著股票的新時代。公布的獲利成長終於跟上甚至超越經濟成長，而且在這個大環境下，股價評價上升也許就不令人意外。最後，一些證據顯示，股東直接參與美國的經濟成長，光是這一點

就證明了股價評價顯著更高是合理的。

投資人參與經濟成長的信心增加,將股價評價推升至極端的程度。如本書的其他資料,我們都是根據經周期性調整的本益比和 Q 比率來評估股價評價。利用十年移動平均獲利數字來計算周期性調整,標普的本益比從 1921 年 8 月的 7.4 倍升到 1929 年 9 月的 31.6 倍。從 1881 年 1 月到 1929 年 9 月,平均周期性調整後的本益比只有 15.3 倍,而前一個高點是在 1901 年,當時則有 26.5 倍。

顯然 1929 年的股價評價中有些東西顯示,未來獲利成長的「新時代」已經發展成形。Q 比率顯示到了 1929 年的股價評價也有類似的極端情形。由於只有年底的資料,而且股市到了 1929 年 12 月 31 日時已經重挫,所以這份資料並沒有顯示 9 月高點時的 Q 比率。但即使是利用年底的資料,Q 比率仍前之前記錄的高點 1905 年時還要高出 20%,比 1900 到 1920 年平均高出 80%。

圖 55　標普指數本益比(經周期性調整的獲利)

資料來源:www.econ.yale.edu/~shiller/data.htm。

在 1929 年到 1932 年熊市的前夕，股價非常貴，這與 1919 年的情況完全不同。

Q 比率背後的邏輯基本上非常簡單。它比較了對美國公司價值的兩種不同估計。第一個是華爾街所說的公司價值，第二個是公司的基本價值。對於整個股票市場，基本價值就是今天替換所有上市公司的所有資產的置換成本。如果我們必須從頭開始並重新做，公司的價值就是創造公司的成本。若要計算公司的基本價值，我們需要計算出這個成本是多少。

因此，總價值衡量的是公司在資產（實體資產和財務資產）減去負債的價值。這個估計通常被稱為淨值。為了找到 Q 比率，我們將公司部門的淨值與股票市場對公司股票的總價值進行比較。兩者的比例就是 Q 比率。

——摘錄自安德魯·史密瑟與斯帝芬·萊特的《估值華爾街》

當市場在 1919 年 11 月觸頂時，也就是 1919 年到 1921 年熊市前夕，經周期性調整的本益比僅為 10.6 倍，比 1881 年到 1919 年的平均水平低 33%。正如我們將在第三部分和第四部分中看到的那樣，1919 年到 1921 年，股價評價緩慢下降，最後急遽下滑，比從高估到低估的快速變化更為普遍。

民眾把 1929 年到 1932 年的熊市視為典型的熊市，當時價格快速下跌導致價格過低。在某種程度上這造成一種大原則，也就是股票價格經過大幅下跌後就等於便宜。1921 年以及我們將看到的 1949 年和 1982 年的證據顯示，情況未必是如此。1921 年的例子更為典型，當時股價從過高到過低的過程花了十多年。三年的價格下跌使得價格過高的股票變得便宜，這是熊市的例外而非常態。

1929 年 9 月至 1932 年 7 月的價值縮水只是其中一部分而已。1929 年到 1932 年的熊市見證了道瓊下跌 89%，獲利暴跌扮演重要的角色。從 1929 年 9 月到 1932 年 7 月，標普指數的獲利降低了 68%。股價評價縮水和獲利下滑，使得道瓊指數在 1932 年 7 月 8 日降至 41.2，略高於 1896 年 5 月 26 日該指數推出時的 40.9。按實際價值計算，標普指數 1932 年 7 月公布的獲利低於 1873 年 10 月公布的獲利，名目獲利則是回到 1880 年 12 月的程度。

獲利的跌幅超過了經濟活動的跌幅。以名目價值來計算，GDP 跌回到 1917 年左右的程度，實質價值則是跌回到 1922 年左右，分別比 1929 年萎縮 43% 和 26%。1929 年到 1932 年熊市的策略情況是市場從近期歷史最高價值與獲利萎縮的組合，這個規模比經濟萎縮的規模還要大得多。1932 年夏天，對第一線的投資人來說，策略情勢中最重要的組成部分就是股票市場現在的交易價格是否低於「公平價值」。

到 1932 年夏天，上市公司的獲利已降至 1880 年的程度，顯然不足以評估與這些獲利相關的市場「價值」。問題在於正常化收益的正確程度，到了 1932 年，評估這個程度變得愈來愈困難。一些投資人認為，羅斯福政府的左派政策將導致企業獲利能力的結構性下滑。早在 1932 年 5 月時，甚至在小羅斯福（Franklin D. Roosevelt）獲提名為民主黨候選人之前就曾表示，未來的資本必須接受相對於勞動力而言較小的報酬。也許現在已無法從過去的獲利水準來預測未來了。市場獲利下降 68% 是否預示著一個獲利能力較低的新時代？

搞不清楚這種基本獲利的程度，就是 1932 年 7 月熊市底部前後股價評價參數有著巨大差異的原因。

雖然公布的獲利回到 1880 年的程度，但市場在 1932 年 7 月的本益比甚至只有 10.2 倍，比 1871 到 1932 年的月平均本益比還要低了 26%。

但是在 12 個月內，市場對企業收益的估值為當前收益的 26.3 倍，在此之前只有 1 個月曾超過這樣的本益比（1894 年 12 月），直到 1998 年 3 月才再次出現。這仍然是有紀錄以來最顯著的 12 個月期間市場本益比變化，這是因為指數上漲和 1932 年 7 月市場觸底獲利下降 13%所造成的。

1933 年本益比的急遽上升通常被認為這表示股票價格昂貴——其實並非如此，股價非常便宜。1932 年 7 月，本益比顯示 10.2 的本益比表示市場很昂貴，這是不真實的，因為市場正在利用 1881 年首次達到的獲利水準。只有最忠誠的共和黨人才會相信「新政」將美國公司的獲利能力降至如此低的水準。到 1933 年，公布的本益比確實成為了一個非常具有誤導性的價值指標，因為接近歷史高位，但股市的牛市還有很長的路要走。根據公布的獲利，本益比顯示股票在 1932 年 7 月相對於長期平均本益比被低估了約 26%。在任何形式的調整後獲利中，交易價格都低於公平價值。

以 10 年移動平均獲利來計算，1932 年 7 月的市場本益比較 1881 年到 1932 年的平均水準低了將近 70%。Q 比率也顯示股票非常便宜。在 1932 年 7 月的市場底部，Q 比率可能已降至不到 0.3 倍。與 1921 年 8 月一樣，股票現在的交易價格比其資產的重置價值低超過 70%。

1932 年夏天，對深陷泥淖的投資人來說，好消息是股票非常便宜，除非有人相信羅斯福打算摧毀美國的資本主義。壞消息是，使用經周期性調整的本益比為價值衡量標準時，自 1931 年中期以來，股價評價一直低於其長期平均價值。後來道瓊又跌了將近 70%。

股票也跌破了先前因帳面價值的問題而被投資人接受的所有限制。《華爾街日報》提供一張很有用的表格，將 1932 年 5 月 18 日道瓊 30 檔個股中的 21 檔個股的股價淨值比和股價營運資金比，和 1921 年的低價進行比較。

圖 56　道瓊工業指數的主要成分股、股價淨值比以及股價營運資金比

	股價淨值比降幅		股價營運資金比降幅	
	1932	1921	1932	1921
聯合化學	56	61	114	425
美國罐頭	61	12	----	----
美國煉鐵	15	22	----	----
伯利恆鋼鐵	9	16	----	----
伊士曼科達	67	144	158	151
奇異電器	100	73	252	150
通用汽車	60	81	512	----
固特異	33	108	----	----
國際收割機公司	26	41	47	69
國際鎳公司	48	37	----	804
利吉特邁爾斯公司	123	242	138	922
麥克圖克	19	85	34	708
席爾斯羅巴克	39	75	80	140
加州標準石油	39	115	273	728
紐澤西標準石油	41	71	508	238
德州公司	256	77	263	203
德州海灣硫磺公司	126	124	269	206
聯合碳公司	68	82	275	241
美國鋼鐵	13	28	----	----
西屋電器	25	51	58	122
伍爾沃斯	154	184	507	583

資料來源：《華爾街日報》，1932 年 5 月 19 日。

註：這 21 檔個股 1932 年和 1921 年的低價是以帳面價值（不包括無形資產）和營運資金權益（扣除所有先前債務的面值）的百分比顯示。

簡單平均來說，圖 56 中的數字顯示 21 檔工業股的股價淨值比為 0.66 倍，相較於 1921 年的低點為 0.82 倍。當然，5 月 18 日並非市場的底部，道瓊在觸底前還會再進一步下跌 22%，到了此時道瓊的股價淨值比就會大約在 0.52 倍。

認為 1921 年 0.82 倍低點就代表 1932 年股價淨值底部的投資人，後來又經歷了股票價格進一步下跌 27%。

投資人對於構成價值的感受，可能是根據股市在頂部時的價格所做出的反應。

在牛市奔騰的年代裡，缺乏一間公司的完整資訊使這間公司的證券具有一定的「神秘」價值。長期的蕭條已大幅消除了股票「神祕性」的價值。[31]

1929 年夏末時，投資人因為「神祕性」而推升股價，但是到了 1932 年夏季，他們則是要求實質硬資產 50%的價格。

6-1　好消息與熊市

「我知道，好的。我告訴你，我知道時機會好轉，而且我不只是用猜的而已。」「發電報告訴胡佛他的事，讓他知道這個祕密」，史塔茲說。

——詹姆士·法雷爾，《審判日》

到了 1932 年的夏季，社會對整個金融體系的信心隨著股市一起崩潰。當卓別林（Charlie Chaplin）結束世界巡迴演出後，他對媒體說：「眾所周知，我是個喜劇演員，但在看到世界的金融狀況後，我決定我也是經濟學家，就像金融家是喜劇演員一樣。」[32]

1932 年 5 月 12 日，《華爾街日報》的一則頭條新聞標題是〈靈感關閉〉，彷彿總結當時普遍的情緒。這則新聞指的是靈感銅礦公司（Inspiration Copper）關閉亞利桑那州的一座礦山，而不是美國的普遍的經濟問題。雖然經濟周期性的反彈需要很長時間，但仍然有人在等待反彈。自 1854 年以來，經濟衰退從高峰到谷底平均持續的時間只有 20 個月。

到了 1932 年 7 月時，美國已進入第 35 個月的經濟衰退期。1921 年股市觸底與經濟觸底同時發生——美國國家經濟研究局的參考日期 1921 年 7 月證實了這一點。然而，1932 年的情況並沒有那麼明確。經濟研究局對經濟衰退觸底的參考日期是 1933 年 3 月。股市觸底的時間似乎比經濟早了 9 個月。

經濟復甦始於 1932 年的夏季，但卻因為第三次銀行業危機而中斷，這次是在羅斯福於 11 月當選總統之後。與第三次危機相關的經濟萎縮，將經濟活動減少到甚至正好低於 1932 年夏天的程度。的確，未來的聯準會主席亞瑟·伯恩斯

（Arthur Burns）在與威斯利·米歇爾（Wesley Mitchell）合著的一本書中將 1932 年夏季和 1933 年 3 月這兩個時期描述為代表經濟的「雙重底」。[33]

圖 57　道瓊工業指數──1932 年 5 月到 9 月

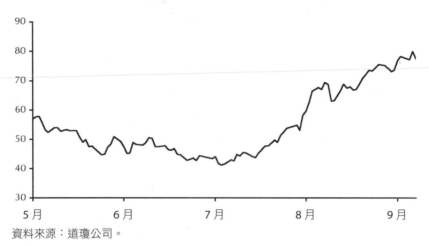

資料來源：道瓊公司。

　　理論上來說，股市比經濟先復甦，但是說市場觸底和經濟第一次觸底同時發生，這也可以說是正確的。

　　1932 年夏季時深陷投資泥淖中的投資人一定要記住，當時看似是地平線上的曙光並非真的希望。經濟復甦到了 1932 年時已逐漸枯竭，到了 1933 年 3 月時已經恢復到 1932 年 6 月時復甦剛開始的時候的狀態。但是第三次銀行業危機並沒有讓道瓊指數回到 1932 年 7 月的低點。指數從 1932 年 7 月 8 日到 1932 年 9 月 7 日上漲上 94%，到了 1933 年 2 月 27 日時，也就是當年的低點，還是比 1932 年 7 月 8 日熊市的底部高出 22%。股市究竟是領先經濟復甦還是同時復甦還是很難說。但很明顯的是，投資人對市場的信心完全沒有減弱到 1932 年 7 月的程度。

在第一部分中，我們聽到 1921 年熊市觸底時不同消息來源的一連串好消息，但是投資人似乎只專注於負面消息。1932 年時則不同。到了 7 月時，股市已經重挫了 89%，那時已發生過兩次銀行業危機、躉售物價指數下跌 40%，而且工業生產減半。當時大部分的投資人都沒有經歷過銀行驚傳倒閉及其後果。

即使是 1907 年的大熊市及尼克伯克信託公司（Knickerbocker Trust）的倒閉，都沒有這麼嚴重打擊投資人（1907 年 10 月 21 日當天，國家商業銀行〔National Bank of Commerce〕拒絕支付尼克伯克信託的支票，引爆紐約幾乎每一間信託公司的擠兌潮）[34]。也許不令人意外，1932 年 7 月，史上最嚴重熊市與經濟萎縮開始三十四個月後，市場上已經沒有樂觀氣氛了。相較之下，1921 年時報紙刊登的大部分都是好消息，1932 年時的好消息則非常少。

但我們應該要強調一點，那就是即使是美國資本主義最黑暗的時期，也不是每一則新聞都是不好的，也不是每個評論員都看壞市場。

本書中，我們都把焦點放在熊市觸底前後兩個月的新聞，以大致了解當時對市場的看法。一個很普遍的迷思認為，市場觸底時完全沒有好消息。如果這樣的說法是真的，那麼在大蕭條期間應該也會是這樣。但是在 1932 年夏季時，《華爾街日報》也有很多正面的經濟消息：

5 月 9 日：4 月的新車銷售量好轉，幅度超過正常的季節性成長。七個州公布的資料顯示，銷售量較 3 月成長 36%。前 7 年 3 至 4 月的平均漲幅為 30.5%。

5 月 10 日：福特汽車公司在諾福克的工廠 4 年來首次於周六開工。

5 月 16 日：洛磯山脈以東三十七個州的 4 月建築合約總額比前一個月成長

8%，而 1931 年同期 3、4 月則是下降了 9%。至於公共工程方面，4 月比 3 月成長了 93%。

5 月 16 日：那些有能力買得起新車但一直沒有買的人現在正在進場。

5 月 16 日：新罕布夏州各地的工業逐漸改善。

5 月 17 日：美國 4 月時，五百六十八個城鎮的建築許可比 3 月增加 19.7%，正常的季節性預期則是下降 3.3%。而四月的總數比 1931 年 4 月的總數低 30%。

5 月 21 日：十六個主要工業團體中，有八個公布就業人數增加。

5 月 22 日：福特產量逐步增加，已有好幾季產生了顯著影響。

5 月 24 日：紐約資本家威廉·古根漢（William Guggenheim）在賓州大學的同學聚會演說中指出：「帶來希望之光的微光正在從工業混亂和陰霾中出現。必要的調整即將完成。」

5 月 24 日：斯特茲汽車（Stutz Motor Car Co.）有許多新的訂單，將立即開始執行每周六日的營運。

5 月 25 日：庫存正在低點，任何重大需求都會清空貨架上的庫存。

5 月 30 日：聖保羅市校長斯坎德瑞（H. A. Scandrett）指出，道路所在地區的農業條件從來沒有這麼好，如果這種情況繼續下去，糧食運輸就會提早進行。

6 月 11 日：雪佛蘭銷售曲線上升。

6 月 13 日：底特律——一般商業活動反映汽車銷售持續回升。

6 月 15 日：根據全國零售乾貨協會主席，波士頓的 P.A.歐康納在匹茲堡組織的年度大會上指出，消費性產品供給即將耗盡，顯示價格可能出現提早上漲的趨勢以及商業活動復甦。

6 月 17 日：托雷多一間主要的五金批發商負責人宣布，最近當地經銷商的需求明顯回升，正在累積庫存。他指出，在經歷之前的嚴重蕭條時期後，在一般商業活動改善之前，相同來源出現了類似的需求上升。他認為這個轉變最為明顯。

6 月 18 日：在經歷了沒有利潤的第一季後，開拓重工（Caterpillar Tractor Co.）的業務於 4 月開始好轉，5 月的淨利總額為 73,826 美元，相當於每股 4 美分。

6 月 20 日：5 月就業人數較 4 月減少 3.2%，薪資總額下降 3.9%。在十六個就業類別中，有十個就業和收入雙雙出現下滑。汽車業的就業人數增加了 1.5%，就業人數增加 13.5%。

6 月 21 日：費雪的大宗商品價格指數再創新低，但全國肥料協會的批發價格指數從 59.6 升至 60，為 2 個月來首見上漲。價格上漲的商品數量高於過去幾個月的任何一周。價格上漲的商品包括棉花、粗麻布、豬油、麵粉、糖、玉米、小麥、牛隻、豬隻、錫和汽油。

6 月 25 日：目前的跡象顯示芝加哥區域的季節性商品零售和批發都在改

善。

7 月 3 日：根據厄文·費雪（Irving Fisher）教授公布的美國每周批發商品價格指數，商品價格在過去一周延續前一周開始的漲勢。截至 7 月 1 日為止的當周，該指數上漲 0.1 至 59.6，歷史新低則是 6 月 17 日創下的 59.3。這至少代表該指數自去年 3 月以來一直持續的長期跌勢暫時告終。

7 月 6 日：自從短暫的「尤金妮」帽熱潮結束以來，丹伯里的製帽業一直處於休息狀態並於今天突然甦醒，兩間最大的工廠開始生產營運。

7 月 6 日：湯瑪士·愛迪生之子暨愛迪生工業公司負責人查爾斯·愛迪生（Charles Edison）在結束為期六周的美國之旅後返回時表示，他相信商業活動蕭條已經觸底了。

7 月 7 日：全國肥料協會批發價格指數連續第三周上漲。

7 月 7 日：自 5 月 1 日起關閉工廠的艾西諾夫與子（Asinof & Sons, Inc.）、奇科皮（Chicopee Mass.）等羊毛服飾製造商宣布，本周將全面復工，為約七百五十人提供就業機會。

7 月 8 日：糖價創新高。

7 月 8 日：道瓊工業指數觸底。

7 月 9 日：世界大宗商品市場回應於洛桑達成的賠償協議，外部的興趣增加，其中以豬隻和糖為首的大宗商品價格大幅上漲，兩者皆創下新高。

7 月 11 日：根據《美國銀行家》報導，過去一周的銀行倒閉數從前一周的 41 間減少到 24 間。

7 月 14 日：交通部門副總亨利・拜爾斯（Henry W. Beyers）指出，芝加哥與西北鐵路公司地區的農作物情況顯示出展望創下新紀錄，而且本季已經持續了一段時間，唯一可能出現的變化應該是價格。

7 月 14 日：過去 10 天的生皮價格上漲，較不久前的低點高出 35%，應該有利於美國皮革公司的生意。

7 月 16 口：胡佛自己減薪 20%，閣員減薪 15%。

7 月 21 日：中西部的水泥價格從每桶 40 美分上漲至 50 美分，這是自 1929 年以來的首次價格上漲。去年 5 月為最後一次降價，使價格降至 15 年來的最低水準。

7 月 21 日：儘管無線電業務正在經歷一年中最平靜的時期，但許多經銷商對業績都感到驚訝。

7 月 22 日：「上個世紀每次發生經濟危機，最後商品和債券價格都會上漲。這兩種跡象現在都很明顯。」巴奈特富爾斯公司（Barnet, Fuerst & Co.）。

7 月 26 日：一項調查顯示，由於過去幾周的業務激增，新英格蘭地區超過一萬五千名失業者被公司回聘或找到新工作。

8 月 1 日：汽車製造商的業務代表有全國各地情況的第一手情報，他們發現

商業活動普遍穩健，民眾的心態更加樂觀。

8月1日：鋼價比景氣蕭條開始以來的任何時候都好。

8月1日：對不久的將來過分自信的結論可能會是錯的。但在目前的情況下則是不必要的；此外，由於復甦終將到來已有明確可觀察的跡象，所以不需要過分自信。

8月2日：二手車庫存之類的過剩運輸正在迅速減少。6月分美國二手車庫存減少 10%，7月的前 20 天又減少了 16%。

8月2日：由於對新流線型系列的需求，威利斯歐沃藍（Willys-Overland）7月的生產計畫較原先計畫的提高了 20%……今年較去年 7 月上半月增加了23%。

8月3日：商務部公布當前的商業活動調查顯示，儘管 6 月和 7 月初的商業活動繼續減弱，但最近的一些建設性發展已帶動情緒改善。

8月3日：根據達拉斯聯邦準備銀行的月報，過去幾個月貿易和一般商業活動出現了許多有利因素。

8月3日：貨架全空，製造商、中間商和零售商指出，貿易出現任何一點好轉都會使補貨的需求變得急切，許多行業可能難以滿足需求。

8月3日：8月1日的白氏（Bradstreet）大宗商品批發價格指數連續第二個月上漲，增幅為 1.0%。在之前的所有商業周期中，最先出現改善的是非常敏感的原物料，接著各商品逐漸出現改善接著擴及半成品，然後影響到成

品。這似乎是商品價格目前的走勢。

8 月 6 日：新任商務部長洛伊 D 查平（Roy D. Chapin）表示，毫無疑問「蕭條已經結束」，「現在的工作是釋放購買力」。

8 月 8 日：來自工業中心的消息，雖然整體而言工業仍處於低迷，但詳細的資訊顯示對復甦的希望很高。

8 月 8 日：倫敦經濟學家相信美國已經度過了危機，發現信貸擴張政策是有益的，民眾的心理也變得更加穩定。

8 月 9 日：芝加哥報導——道富集團、社區和乾貨店的經營者一致相信業務正經歷基本的改善……。主要產品線的價格仍在進一步上漲。

8 月 13 日：聖路易報導——過去幾天乾貨的訂單明顯大增，單位數量超過今年為止任何類似期間的預訂量，也較一年前的銷售額高。

8 月 15 日：汽車產業正感受到商業活動情緒改善的初步影響。零售銷售受到刺激，買氣更加旺盛。人們對高價汽車的興趣正在改善，報導指出銷售量也在增加。

8 月 17 日：聯合雜貨製造公司（Associated Grocery Manufacturers）總裁保羅 S 威利斯（Paul S. Willis）表示，美國食品雜貨業的前景明顯更加光明，他發現民眾正在轉向優質商品而非廉價產品。

8 月 19 日：西屋電氣製造公司總裁梅利克（F.A. Merrick）表示：「經濟復甦的自然力量已經開始產生作用，令人欣慰的是，發揮作用的證據愈來愈明

顯。大宗商品和證券價格的提升以及較小單位業務會先好轉，然後才是整個商業界全面正常運作。」

8 月 19 日：「整體買氣旺，強烈反映出所有領域的商業活動信心正在穩步改善。前景比過去六個月的任何時候都好，一些活動的前景比過去兩年的任何時候都還要好。」——《鄧氏評論》。

8 月 19 日：雖然批發價上漲持續了兩個多月，但零售價格漲勢一直落後，但如果批發價得以維持，物價很快就會開始普遍上漲。

8 月 20 日：「過去的兩周已經出現明顯的上升趨勢跡象……。18 個月來，我們刻意不做任何預測。現在我們覺得已有明確的基礎絕對可以感到樂觀。」汎德奇（A. Vanderzee），道奇兄弟汽車公司（Dodge Brs. Corp.）業務經理。

8 月 22 日：每周鋼鐵貿易評論的基調更加令人感到振奮。雖然最近一周的營運僅成長 1%，但有明確跡象顯示需求增加，尤其是輕鋼。

8 月 22 日：過去一周芝加哥的許多貿易領域都明顯出現信心改善、活動增加以及明顯的情緒改善。

8 月 22 日：關於底特律製造業問題的報告顯示整體業務有所改善。

8 月 22 日：美國就業服務局指出，7 月分工業活動出現了今年迄今為止首次真正明顯的成長。

8 月 23 日：近期大宗商品價格上漲讓許多零售商「缺貨」，令零售業者緊

急補充已降至極限的庫存。

8 月 29 日：辛德斯（W. L. Hinds），電氣製造商克魯斯辛德斯（Crouse-Hinds Co.）副總裁指出，經濟好轉的其中一個最多人認同的跡象，就是經濟榮景總是先降臨新英格蘭地區。「由於地區產業的特色，新英格蘭地區總是比全國更早走出商業衰退。」

8 月 29 日：部分產線出現了明顯的好轉，尤其是人造絲和紡織業。

8 月 29 日：為因應一般業務的改善，貨車銷售量開始回升，尤其是輕型貨車。汽車業的貨車部門首先感受到普遍的業務復甦。由於使用困難，換新的需求率先上升。

8 月 30 日：愛荷華州的商業活動氣氛隨著豬隻價格的穩定上漲而增強。昨日豬隻價格為連續第 17 次上漲。

9 月 2 日：過去三周內，芝加哥商業協會收到對該地區生產的產品詢價增加了逾 35%。

9 月 3 日：目前為止，秋季產品線中消費者購買最多的是品質較好的產品。這個趨勢推升了工業的營運，許多閒置了數月的工廠又開始營運了起來，因為工廠預估老舊的日常服務用品將必須替換，以及為了尋找購買機會而將開始動用的閒置資金，將帶動一股購買潮。

9 月 5 日：由華特·雷頓爵士編纂的《倫敦經濟學家》（*London Economist*）認為，美國看到顯著經濟復甦的可能性，「因為運用受控制通膨所帶來的激勵支撐著現有自然力量的結果。」

　　光是新聞報導仍不足以提供證據，證明這時是買進股票的時機。但是回顧這些報導時，任何投資人都必須再次思考是否所有的新聞都一定要是壞消息，才表示股市已觸底。即使在 1932 年最黑暗的時期——當時經濟糟到胡佛總統拒絕為士兵減薪，以防發生革命需要士兵鎮壓——即使是這樣，還是可以看到有不少好消息。

**　　就像 1921 年時，並非市場上只有壞消息，而是投資人忽視好消息的能力仍是 1932 年熊市結束時的特徵。**

　　1921 年和 1932 年時，汽車產業在復甦消息的前端，而且新英格蘭地區情況改善的消息特別明顯。在這兩段時期物價下跌的環境下，需求增加的證據首見於高品質、高價格的產品。但是這兩段時期最明顯類似之處在於，當大宗商品市場價格恢復穩定後，就開始了一連串正面的事件。正是從當天新聞中看得出來的這些價格趨勢提供了最精準的指標，預示著股市熊市快要結束了。

6-2　價格穩定與熊市

「比爾，你看那個漂亮的黑可麗餅。只要十二元。現在衣服也好便宜。」

——詹姆士・法雷爾，《審判日》

就像 1921 年時，1932 年物價穩定的跡象和熊市觸底同時發生。和 1921 年一樣，某些大宗商品價格愈來愈穩定而擴及更多商品價格的穩定，最後躉售物價指數也穩定了下來。

我們在第一部時談過，在金本位制下，物價調整對商業營運周期的重要性。大宗商品價格的穩定性在 1932 年及 1921 年時扮演重要的角色，即使當時美國是少數仍採行金本位制的國家之一。不論其他貨幣自由流動使得評估金本位制的展望變得有多複雜，看來若要判斷經濟循環何時觸底，大宗商品價格的穩定似乎仍非常重要。從 1929 年 9 月開始的熊市後，大宗商品與躉售物價指數只要一出現上漲的跡象，股市就穩定了下來而且繼續上漲。

1932 年 7 月和 1921 年 8 月兩者之間主要的差異在於，1932 年的躉售物價改善並未持續下去。1932 年 11 月時經濟成長開始停滯，到了 1933 年 3 月時，經濟活動也許只比 1932 年 7 月時的水準低一點。躉售物價也有類似的趨勢，差別在於物價明顯降至 1932 年 7 月的低點之下。勞工局的躉售物價指數於 6 月時達到 1932 年的低點，但是到了 1933 年 2 月時，隨著 11 月反彈結束，指數達到 6.6%，低於 1932 年 6 月的水準。但是即使在 1933 年的低點，股價仍比 1932 年 7 月的水準還要高。躉售物價於 1933 年 3 月開始持續上漲，這段時間同時也是股市牛市漲勢最誇張的期間，而且一直持續到 1937 年。

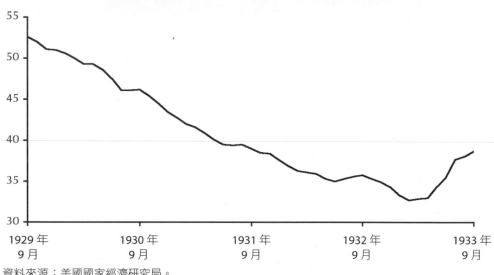

圖 58　美國躉售物價──1929 年 9 月到 1933 年 9 月

資料來源：美國國家經濟研究局。

　　1921 年到 1932 年的情況給投資人的教訓是，大宗商品與躉售物價愈來愈穩定是股市即將觸底的指標。1921 時，這種價格穩定的跡象是製造商不願意預先出售產品，而美國的庫存量非常低。正如前面摘錄自《華爾街日報》的報導，1932 年時也有類似的考量。1932 年 5 月 15 日，《華爾街日報》列出更多的因素，標題是〈抗通膨的力量擴散〉，指出大宗商品價格會穩定下來。這些因素包括：

· 聯準會購買政府公債。

· 紐約的資本報酬率過低。

· 近期內紐約的重貼現率可能下降。

· 英格蘭銀行願意配合。

· 英格蘭銀行連續降息，自 6% 降至 2½%。

· 英國財部門自 3 月以來累積 1350 萬英鎊的黃金。

‧巴黎、瑞士及其他「中立」國的閒置資金增加。

‧許多國家暫緩金本位制及貨幣貶值。

‧黃金持續流出印度。

　　1921 年時，觀察這些情況改善的跡象比較簡單，而不是事先挑選一個調整過程必須結束的價位。1921 年時，許多人預測通膨必須將物價帶回戰前的水準。這件事並沒有發生，而且物價和股市比價格調整還要早觸底。1932 年的情況也很類似，幾乎無法事先判斷物價調整會到什麼程度才會結束。躉售物價指數跌破 1921 年的周期性低點，比 1913 年戰前水準還要低，而且還一直跌直到 1907 年的水準。

　　除了這些下跌的平均標準外，有些製造商還必須面對更嚴重的調整。1932 年 6 月初時，寶僑將象牙肥皂的價格降低至 1879 年推出時的價格。糖價恢復到 1895 年的水準，銅、鉛和鋅則是創下 50 年低點。棉花市場的情況更糟，一直到 1848 年的水準才觸底。[35] 在這樣的環境下，比起預測「正確」的物價才能使商業恢復運作，觀察物價穩定的主要跡象要簡單得太多了。

　　1932 年夏季時，通膨結束的跡象後來證明是對股市非常看好的指標。一如以往，有些評論者比其他人更有先見之明。很幸運在 7 月 8 日出生的洛克斐勒（John D. Rockefeller），在生日這天股市觸底時所宣布的話聽起來非常樂觀。他說：「這種時候許多人都很洩氣。」

　　在我 93 年的歲月裡，經濟蕭條總是來了又走。繁榮的時候總是會回來，以後也會是這樣。現在，在我生日的這一天，我想要再次確認我對這個國家立國基本原則的信念：自由、為公益無私奉獻，以及相信神。[36]

　　他敦促美國人「謙遜地認識自己奢侈、自私和冷漠的錯誤，讓我們帶著對上

帝、對自己和人類的信念向前邁進，勇敢地下定決心，在建設一個更美好的世界中盡一己之力」。以今天的價值來衡量，洛克斐勒獲取的財富超過 2,000 億美元，這個金額比比爾·蓋茲（Bill Gates）和巴菲特（Warren Buffett）資產的總和還要多。毫無疑問，美國人民聽到「為公益奉獻」是讓他們度過艱難時期的其中一個主要原則而感到很有趣。也許他們還記得當時九十歲的洛克菲勒在 1929 年 10 月 30 日星期三發表的一份聲明中的告誡。

相信國家的基本狀況健全，商業情勢並沒有任何東西可以證明價值觀已破壞殆盡……我與小犬幾日來一直在購買體質健全企業的普通股。[37]

6-3　流動性與熊市

> 如果放在家裡，可能會被搶劫。如果存進銀行，銀行可能會倒閉。如果拿來
> 買股票，股市可能會崩潰。天啊，這個世界變得多麼愚蠢啊。
>
> ──詹姆士‧法雷爾，《審判日》

　　希望股市熊市結束的投資人通常會從聯準會的行動和流動性的改善中尋找
跡象。在第一部中，我們看到了預測新的彈性貨幣的劇烈波動有多困難。就算
考量金本位制的可預測性，評估流動性的變化也已經夠困難了，但是由於 1914
年聯邦準備理事會的成立，流動性預測這件事就變得非常複雜。1918 年到 1920
年，由於聯準會試圖支持政府的戰爭融資活動，彈性貨幣的擴張遠超出了幾乎
所有人的預測。不幸的是，對於觀察聯準會的人士來說，股市和經濟在 1921 年
夏季觸底後，彈性貨幣還是有很長一段時間仍在繼續緊縮。

　　股市觸底 3 年後，那些等待聯準會在外流通的信貸穩定以顯示流動性改善
和股市展望更好的人，到了 1924 年中期仍在持續等待。市場評論員過去無法預
測聯準會的活動及其對流動性的影響，這可能是 1932 年夏季媒體對流動性缺
乏正面評論的原因。在之前引述自《華爾街日報》對美國經濟前景的所有正面
評論中，只有倫敦的《經濟學人》（*The Economist*）提到流動性的改善是一個重
要因素。[38] 考慮到聯準會於 1932 年 4 月在股市觸底前開始真正向金融體系注入
流動性，人們普遍不認為更容易取得的流動性是股市的指標，這一點尤其有
趣。

　　《華爾街日報》試著向讀者解釋聯準會的新政策如何結合聯準會購買政府
公債並為此開出支票。

買債券用的支票會存在銀行裡，然後再回到聯邦準備銀行不是做為支付過去的重貼現，或是記在會員銀行在聯邦準備銀行的帳戶中，這筆錢將做為準備金的基礎，可能用於擴張會員銀行的貸款，或是投資於至少十倍這筆錢的資金。[39]

這聽起來很直接，可能也是為什麼財政部長安德魯・美隆相信聯邦準備理事會是商業周期的解藥。但是我們該如何預測聯準會何時會使用解藥？投資於股票以及仰賴解藥以治癒經濟蕭條的人，到了 1932 年初時早就已經虧損了大部分的資金了。聯準會內部對於透過購買政府公債的方式把資金投入市場中，長期以來一直都有爭論。

一個知名的例子就是紐約聯邦準備銀行於 1929 年 10 月底時，將 1.6 億美元的資金用來大舉買進政府公債，但其實聯邦準備理事會只授權購債規模 2,500 萬美元而已。聯準會非常反對這樣的行為，而且普遍認為這樣的行動會延後必要的賣壓而且會鼓勵炒作。紐約聯邦準備銀行仍繼續遊說**延伸彈性貨幣**的好處，從 1929 年 11 月開始一直到 1931 年 9 月英鎊貶值而導致擠兌美元為止。

但是因為任職很久的總裁班傑明・史壯過世，使得紐約聯邦準備銀行的說服力下降。聯準會忽視紐約聯邦準備銀行忽籲採取安德魯・美隆的解藥。所以，1929 年到 1932 年時，投資人若想要尋找流動性反轉的訊號，就必須要知道聯準會內部的這個爭論，而且也要知道聯準會的意見比紐約聯邦銀行的意見影響力更大。

聯邦準備理事會的成立是為了當國家陷入這類全國性金融緊急情況時拯救國家，而當時正在發生這種緊急情況。但是，有鑑於聯準會於 1914 年成立以來就一直積極作為，所以，1929 年到 1932 年聯準會相對不作為就變得很難理解和預測。聯準會的決定仍優於紐約聯邦準備銀行，而聯準會在外流通的信貸沒有增加的跡象，一直到 1931 年夏末。後來從 1931 年 8 月到 1931 年 10 月，聯邦準

備銀行所持有的所有債券和證券，從原先的 9.3 億美元升至 20.62 億美元。

　　但是因為英鎊的貶值，這個政策很快就被迫終止。就連紐約聯邦準備銀行也接受，這時不能繼續執行這個昂貴的公開市場政策，因為黃金正在開始流出美國。一直到 1932 年 1 月時，又是紐約聯邦準備銀行再次敦促聯準會展開公開市場購債計畫。4 月時，聯準會再次授權重大的購債方案，這主要是因為擔心國會可能立法採取行動，而不是因為聯準會接受紐約聯邦準備銀行的論點。由於國會於 7 月 16 日休會，而聯準會就停止擴張信貸，這進一步顯示國會根本就沒有迫使聯準會改變政策。

圖 59　聯準會重貼現公債與證券的高點和低點

	（單位為百萬）
1920 年 10 月高點	$3,358m
1924 年 7 月低點	$827m
1928 年 12 月高點	$1,766m
1931 年 7 月低點	$906m
1931 年 10 月高點	$2,062
1932 年 3 月低點	$1,635m
1932 年 3 月最高點——1933 年 3 月	$2,407m

資料來源：聯準會，《銀行與貨幣統計資料》。

　　圖 59 顯示聯準會在 1931 年 7 月以前一直沒有向銀行體系提供流動性。但股市對 1931 年 8 月至 10 月挹注的流動性並沒有反應，可能是因為央行在公開市場購債的行動正好遇上美元的國際地位惡化以及英鎊脫離金本位制。當聯準會在 1932 年 4 月嘗試類似政策時，由於市場在秋季時沒有明顯的反應，因此投資人對效力抱持懷疑。另一個原因則是聯準會的行動只抵消了黃金外流的影

響。聯準會採取行動時，正好芝加哥也發生了一連串大型銀行倒閉的事件，導致現金進一步從銀行體系中被提領出來。

從 6 月 8 日到 7 月 6 日，由於民眾從銀行提領出更多資金，在外流通的貨幣新增了 3,200 萬美元。對支票徵收 2 美分的稅金，似乎也在鼓勵民眾持有更多現金而不要把錢存在銀行裡。公開市場購債的新政策，即使對於這些負面因素有一定的抵消作用，但還是沒有成功。人們的判斷很準確，這項政策是短期的政治權宜之計，商業銀行在使用新的資金時也很謹慎。

現在很明顯，在對稅收和預算情形還不清楚時，銀行不願意使用聯準會提供銀行使用的盈餘資金。[40]

各銀行都在為自己不採取行動辯護。擔保信託公司（Guaranty Trust Company）於 6 月 1 日的一份報告中解釋，銀行很樂意提供更多的商業貸款以及提供信貸額度給有資格的企業，並預測當國內消費回升時就會開始這麼做。

民眾恢復正常購物後，銀行貸款就會迅速增加。銀行貸款必須在民眾購物之後，不能比正常購物還早。

這個理由可能是正確的。《華爾街日報》6 月 16 日的報導指出，就連當舖也是滿手的現金。

紐約市的當舖老闆說，由於目前的經濟環境以及典當物品價值縮水，使人們不願意在此時背負債務，導致當舖的業務急遽減少。他們的錢大部分都閒置著。

到了 1932 年 6 月，聯準會的會員銀行準備金增加的金額，是第二次銀行業危機開始以來虧損的一半。商業銀行的財務狀況改善並未顯著影響銀行發放貸

款的意願，市場很快就知道這表示「雖然聯準會採取控制信貸擴張的政策，但通貨緊縮仍持續明顯」。[41]

對於信貸政策的即時評估後來顯示是正確的。幾周下來情況已有所改善並引起市場的興奮，但是貸款每個月都在下降直到 1933 年 4 月。這個帶動經濟的機制故障了。然而在蕭條的這個階段，由於大宗商品的價格開始上漲而且經濟也開始復甦，所以的確發生了一些事情。

顯然我們很難將大宗商品價格的反應直接連結至聯準會的公開市場購債行動，因為這些行動並沒有成功創造信貸。但是這的確可能造成了間接的影響，值得注意的是，民眾持有的貨幣數量在 1932 年 7 月達到頂峰，直到年底前的存款貨幣比率略有改善。維持存款程度的意願顯示了人們對銀行體系的信心改善，可能是因為聯準會為創造流動性所採取的行動。

民眾恐懼的減輕可能有助於穩定大宗商品價格，並在 1932 年夏天開始經濟復甦。無論是否如此，投資人學到的教訓是，僅根據聯準會放寬流動性的行動來判斷股市底部，這麼做本質上風險很高。我們可以推測聯準會的行動間接穩定了大宗商品價格以及促進經濟活絡，但沒有證據顯示聯準會透過促進信貸的創造而對經濟產生了預期的直接影響。

投資人若是認為聯準會的新政策會透過間接穩定消費者情緒並促進經濟復甦而產生作用，根據 1931 年 8 月至 10 月推出的類似政策沒有得到這樣的結果來看，這會是一個很冒險的賭注。如果在聯準會於 1931 年 8 月首次採取這個政策時進場，結果道瓊從這時會再下跌 69%。也許這位勇敢的投資人會在 1932 年 4 月第二次重大公開市場購債啟動時，毫不受影響地進場。但是從 4 月到 7 月，投資人就會虧損三分之一的資金。1931 年 8 月至 1932 年 7 月，當聯準會的公開市場操作顯示流動性更寬鬆時，那些在此時進場的人就會遭受嚴重的虧損。

　　我們在第一部時分析了整體資金成長和信貸成長的變化，以尋找熊市底部的指標。在尋找 1921 年時沒有發現什麼跡象，1932 年的成果更少。1935 年時，美國商業銀行體系的總貸款觸底之前，以及信貸成長回升。集中研究整體資金供給成長，也找不到在 1932 年 7 月時買進股票的因素。如果要根據名目或實質數字來判斷，則是要到 1933 年第一季末才能說整體資金開始出現改善。

　　也許這時並不能期望貨幣分析得出所有的答案。人們要如何分析貨幣統計資料，以評估心態是否好轉，因為使用貨幣這件事本身就有問題？南卡羅萊納州的情況顯示民眾失去信心，當地的工廠工人同意接受以布料作為每月加班一周的報酬。附近的商家和農民同意「盡可能」接受布料代替貨款。[42] 整個文明世界對黃金的渴望從未如此強烈。

　　如果根據美國雙鷹金幣在巴黎的場外交易支付將近 25%的「溢價」（請注意，是以法郎支付）來判斷，那麼在沒有金幣的情況下，從金塊上切下的碎片也要支付溢價。[43]

　　在這樣極端的情況下，仔細研究貨幣統計資料以尋找金融穩定的證據，恐怕只是浪費時間。

6-4 ┃ 牛市與熊市

　　他想到自己的股票現在只剩下十塊了，他必須決定要繼續持有還是賣出。從兩千元跌到到八百元，而且艾克·杜根說過會有波動。那混蛋下次再遇到斯圖茲·羅尼根的時候，就會知道什麼叫做波動了。

——詹姆士·法雷爾，《審判日》

　　和 1921 年一樣的是，1932 年時對股市走向的預測非常多。同樣也和 1921 年時一樣，1932 年時那些認為價格穩定代表著市場轉捩點的投資人，後來被證明看法是正確的。和 1921 年時一樣，試著透過分析流動性來判斷股市的底部，這麼做有很多問題。但是在投資的泥淖中，評估戰爭進展的方法通常會比策略方法更具戰略性，1921 年和 1932 年之間有很多地方可以加以比較。

圖 60　道瓊工業指數──1932 年 5 月 8 日到 10 月 8 日

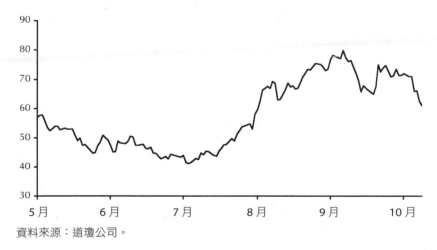

資料來源：道瓊公司。

以下摘錄自《華爾街日報》的文字顯示 1932 年夏季時投資泥淖中的觀點。

5 月 9 日：缺乏上漲力道是因為放空數極少而且缺乏吸引重要買盤的原因。

5 月 9 日：幾個月來最劇烈的漲勢，原因是胡佛要求平衡預算。

5 月 12 日：在回顧市場過去一個月的情形時，重要的是，當交易量高於平均水準時價格一直在上漲，但是交易量少的時候大多是在下跌，而交易量達到較低的水準時，並沒有出現因交易量較低而反轉的傾向。

5 月 13 日：如果政府的計畫如最後提出的那樣有明確的通膨政策，那麼股價絕對會上漲。

5 月 17 日：參議院民主黨領袖的行動受到歡迎，他們與共和黨人一起敦促迅速頒發稅收法案，稍後帶動股市反彈。

5 月 21 日：昨晚宣布成立一個由十二名銀行員和企業家所組成的委員會，以協助使用聯準會信貸擴張政策挹注市場的大量資金，為經濟注入了新的希望。新成立的委員會將推出什麼樣的方案目前仍不清楚，其努力的任何影響很可能首先反映在債券市場上。雖然其他事態發展可能會暫時激勵證券市場，但在華府傳出更有建設性的消息之前，很難看出任何進一步的反彈。

5 月 25 日：走勢最疲軟的是食品和菸草類股，在長期的跌勢中是到目前為止表現最好的類股。這些個股的走勢連續幾季疲軟的主要原因是股票被拋售，當其他證券走勢疲軟遭到賣壓時，這些個股的表現最好。食品類股已創下多次新低。

5 月 26 日：昨日的交易量急遽增加，顯示市場可能正在接近高點。

5 月 27 日：美國電話電報公司跌至新低點。

5 月 28 日：奇異電氣單季股息縮減 60%，撼動了假期前平淡的股市。

5 月 28 日：早盤股市交易清淡。

6 月 2 日：消息傳出將成立一個新的穩定公司。聯準會控制信貸擴張的政策允許大多數重要的銀行積累大量的超額準備金。有跡象顯示，其中至少會有部分的準備金將透過購買這間新公司的債券來擴張信貸。受參議院終於通過稅收法案的激勵，股市昨天早盤暴漲。如果研擬的經濟措施通過，應該就能達到預算平衡。自 3 月 8 日以來，道瓊工業指數、鐵路股和公用事業股的跌幅，已從原本的 50%左右跌至 60%以上。下跌的深度似乎顯示市場即將轉向。

6 月 6 日：在證券價格長期下跌的期間，市場的復甦也和其他市場一樣短暫反轉。之前每一次的反轉都是明確的轉振點已經到來的希望，但之後的反應又使希望破滅了。

6 月 11 日：今日股市出現了驚人的漲勢，但漲勢卻導致過多買盤和投資人對漲勢感到不安而放空作收，顯然是因為奧本發生的不幸事件所導致的。一開盤上漲約 5 點的奧本持續穩定上漲，而且一度上漲逾 20 點。其他持有大量空頭餘額的股票則突然上漲，尤其是 J.J. Case、哥倫比亞炭，以及國際商業機器公司（IBM）。

6 月 11 日：今日並非所有的消息都是正面的，但市場很少關注不利因素。

6 月 13 日：整體而言，歐洲似乎正在當地市場購買美國公債，減輕了外國穩定的資金流出潮，這是過去幾周紐約市場疲軟的因素之一。

6 月 15 日：股價普遍走高，有時市場明確顯示有轉強的傾向。美元兌外幣升值推動了股價上漲，這是主導當天交易的最主要動力。

6 月 16 日：市場當天的表現非常重要。市場拉回時交易量下跌，大盤上漲時則交易量回升。此外，龍頭股表現最好並且顯示一致的買盤，值得留意。

6 月 17 日：華爾街這幾天從債市得到啟發，因為交易者發現，如果債市不上漲，股價的漲勢就無法持續下去。

6 月 21 日：整個五小時的交易量降至約 40 萬股，這是自 1924 年 6 月 2 日以來所有全天交易日的最低水準。周一的 40 萬股與 1929 年 10 月 29 日股市暴跌當天創下的 1,641 萬股形成強烈的對比。這一天，通用汽車普通股的成交量創下 97 萬 1,300 股（單一個股的紀錄），是周一總成交量的兩倍。

6 月 23 日：儘管一些企業龍頭股價創新低，但面對這些跌勢，其他個股仍持穩。

6 月 24 日：個股再次出現賣壓，尤其是在盤中創下新低的美國罐頭公司和美國電話公司。美國電話公司在前一次低點之上，但午盤大幅回漲，且當天漲勢頗佳。

6 月 25 日：「股價下跌」還算是溫和的說法，跌勢導致逾五成的個股以低於每股 10 美元的價位出售。周四共有 422 檔個股進行交易，其中 226 檔個股價格不到每股 10 美元……沒有任何一檔普通股的價格超過 100 美元。

6 月 28 日：工業類股水準的突破非常令人不安。光是這一點並不是決定性的訊號，但如果鐵路股也證實這一點，那麼根據道氏理論，這就清楚地表示長期通縮尚未結束。（道瓊工業指數突破 5 月低點）。

6 月 29 日：通用食品（General Foods）公司的股票並未因單季股息從原本的 75 美分降至 50 美分的影響。創新低的個股包括：美國鋼鐵、可口可樂、通用汽車、國家餅乾、席爾斯羅巴克、聯合太平洋鐵路和美國電話電報公司。

6 月 30 日：盤中在芝加哥舉行的民主黨祕密會議幾乎沒有提供會影響股市的新聞……。來自洛桑的消息證實了前一天的新聞，會議幾乎完全中斷，沒有為解決迫在眉睫的歐洲經濟問題做出任何結論。

7 月 2 日：這類股票代表了健全企業的股票，這些公司的財務健全且營運基本面良好，即使在目前的環境下仍有獲利能力，在目前的市場價格來說，這類個股非常具有長期的吸引力。以下是我們認為這類個股的清單：美國電話電報公司、聯合瓦斯公司、聯合瓦斯改善公司、太平洋瓦斯和電力公司、切薩皮克和俄亥俄州、美國菸草 B、美國菸草公司、寶僑、美國家庭用品公司、大陸罐頭公司、E.I.du Pont de Nemours、小威廉萊利、美國奇可公司、波登公司、玉米產品公司。

7 月 3 日：6 月 27 日工業類股收在 42.93 點，比 5 月 31 日創下的前一個低點 44.74 點還要低。對於採取道氏理論的投資人來說，跌破工業類股的均線是一個警告，但並非明確的信號，因為鐵路股並沒有確認跌勢，而且一直都沒有。鐵路類股在 6 月 1 日創下新低 14.10 點，6 月 27 日又跌至 13.76，略低於前一個低點，但至今未跌破 6 月 1 日低點……。鐵路股的賣壓出現明顯的抗跌阻力。即使面對 5 月令人憂心的財報結果，鐵路股價仍有支撐。鐵路股中的支撐證據和指數僅略低於阻力，對研究大盤的投資人來說意義重

大。

7月8日：道瓊觸底。

7月11日：雖然華爾街通常比較注意可能出現的利空消息，而不是注意有長期改善潛力的具體行動，但國內外都出現了投資的買盤。

7月11日：幾檔龍頭股在本周稍後跌破之前的低點，包括美國電話、可口可樂、伊士曼柯達、聯合太平洋、紐澤西州公共服務、國際鞋業和IBM。

7月11日：可口可樂普通股遭大量放空……這種賣空的交易者認為酒精含量高於0.5%的啤酒很快就可能恢復銷售。可口可樂總裁羅伯 W 伍德羅夫指出，在允許銷售酒精飲料已有一段時間的蒙特屢，可口可樂的銷量是美國人均銷量的兩倍多。

7月12日：1931年12月31日RCA股東人數為10萬3,851人。一年多前的6月30日，總人數則為9.3萬人，1928年的同一天則為2.5萬人。

7月12日：儘管事實上在7月5日星期二收盤時，道瓊指數的所有個股都在當年低點和經濟蕭條時低點的半點左右的範圍內，紐約證交所上市的許多股票和債券比當年度的低價上漲了50%或更多（清單顯示67檔股票比7月8日市場觸底那天的1932年低點高出50%或更多）。

7月14日：英法協議同意在影響歐洲福利的政治和金融問題上達成一致，這是今日盤中的主要議題。根據消息人士指出，過去幾天外國對美股的買盤增加……。從3月初到6月下旬的幾個月，除了偶爾放空外，市場上的外資交易量相對微不足道。

7 月 15 日：面對許多利空的發展，股票的表現尤其令人鼓舞。毫無疑問，國會休會的希望可能會刺激反彈，這仍然是上漲的主要因素（國會隔天休會）。

7 月 20 日：即將公布期中財報。華爾街正在接受一個事實，大多數公司不會提供好消息，但是另一方面，很明顯大多數已公布財報的公司，股價早已反應了預期。

7 月 22 日：美鋁（Aluminium Co.）周四收盤價較今年低點 22 美元高出 80%，而海灣（Gulf）的股價比低點 22 美元高出 39%。道瓊工業指數從 1932 年的低點漲了 13%。

7 月 22 日：美國電話電報公司（AT&T）出現空頭回補。AT&T、奧本、杜邦、奈許、全國餅乾、歐帝斯電梯、加州聯合石油和聯合水果公司等公司的財報顯示，這些公司獲利均未達季配息水準，這些公司股價在最後一、兩個交易日大幅度上漲。

7 月 25 日：AT&T 股東人數量為 10 萬 745 人。1929 年 12 月 31 日則有 5 萬 3,594 人。截至 1921 年 12 月 31 日的第一份年報指出股東人數為 846 人。

7 月 25 日：股市下挫使成交量大幅下滑，市場守住了最近的漲幅，但沒有出現明顯的回跌。

7 月 25 日：股市開始感受到債券近期漲勢的重要性。在許多情況下，債券被放入當成抵押品的保證金帳戶中，債券的任何大幅漲勢都會給此類帳戶更多購買力。

7 月 26 日：盤中價格略為下跌時，活動急遽減少。隨著價格走高，成交量急遽上升。市場走勢與 3 月初至 6 月初的長期下跌形成強烈的對比，當時股價的任何漲勢都使成交量變少，下跌時成交量則是增加。

7 月 26 日：雖然懷疑論者認為目前的價格上漲主要是專業的炒作，因此不必太當真，但仍然有大量買盤認為他們最喜歡的股票相對於企業目前獲利而言仍便宜，雖然沒有立即改善業務的前景。

7 月 30 日：1929 年 9 月的趨勢線終於被打破，我們認為這是明確的技術分析證據，顯示這絕對不是主要熊市的小幅反彈，而是熊市已被牛市取代了。

8 月 1 日：股價大漲已經好幾季沒有出現顯著的拉回，股票穩步上漲，獲利了結與賣壓很快就被買盤吸收。去年春季資金逃離美元期間，空頭急於回補遠期美元匯率中持有的未平倉空頭部位，是造成匯價中斷的直接原因。大多數情況下，這些部位從未平倉，因為預計美國將出現進一步的利空⋯⋯。以前投資人相信美國正走向經濟混亂，現在看到證券價格上漲後，投資人堅信美國才是資本投資和增值的最佳機會。

8 月 5 日：儘管有證據顯示，許多華爾街人士看到上漲就繼續放空，而且整個盤中都出現賣空和獲利了結，但在大多數情況下，價格在最活躍的市場中創下了 1931 年 10 月以來的新高。

8 月 6 日：雖然午盤時回跌，但很明顯跌勢遇到巨大的阻力，沒有證據顯示這次拉回的跌勢擴大。

8 月 8 日：華爾街認為，許多股票的空頭部位仍與一個月前一樣大，交易所

截至 8 月的空單餘額就是證明。

8 月 9 日：歐洲各國首都在過去一周交易美國的證券量可能比過去一年多來還要多，而且肯定比 1929 年崩盤以來都多。

8 月 12 日：這是自經濟蕭條以來總證券價值的最大單月漲幅，7 月的已知證券貸款總額下降了 1.12 億美元，降至歷史最低水平。自 1929 年 9 月 30 日達到 132.05 億美元的最高點以來，已知的擔保貸款總額已減少 85.18 億美元。

8 月 13 日：股市無視最近不佳的商業活動數字，並將焦點放在任何顯示秋季情勢好轉的指數……。很長一段時間以來，市場會立即對利空做出反應，並沒有低估樂觀的發展前景。

8 月 16 日：市場幾乎無視杜邦每季普通股利從 75 美分降至 50 美分。到目前為止，沒有商業活動發生任何重大變化的跡象，但債券和原物料大宗商品價格在約 2 個月內表現強勁。

8 月 16 日：因為提議進行戰爭貸款轉換以及國會休會，英國恢復對華爾街的興趣。一般據信，大約一個月前，倫敦就開始帶動華爾街的漲勢。7 月 26 日發佈的一份倫敦券商的傳單，內容列出 15 檔美國績優股和英國工業普通股的兩份名單，顯示美國股票的平均報酬率為 10.4%。

8 月 17 日：紐約證交所一個席位以 15 萬美元的價格售出，較上次出售價高出 25%，而今年的低點則為 6.8 萬美元。

1932 年夏季的情勢確實不佳，但仍然有許多人看多市場。但是從上述評論

中可以明顯看出的一個關鍵變化是，**當壞消息公佈時，整個市場不會再有負面的反應，尤其是某些證券價格更是如此。這段期間市場似乎非常平靜，對好消息或壞消息都沒有什麼反應，一個微妙的轉變正在開始發展。**

儘管大盤跌勢持續，很明顯無視愈來愈多的利多，但部分個股已經開始因為特定利多而應聲上漲。大盤在 7 月 8 日觸底當天，有 67 檔個股的交易價格比 1932 年的低點高出逾 50%。在 1932 年初夏最熱的幾天，交易量通常不到 450 股，因此這些股票的走勢當然被視為重要的走勢。這些股票都不是道瓊成分股，而且很難描述其特徵。但這些個股的一個共同特徵就是將受益於整體商品價格上漲，尤其是糖價的漲勢。也許這麼多的股票能夠在市場平均觸底之前反彈，這就證明了購買力正在增強。

在熊市的最後幾天，多位評論者特別指出的一個特點是美國電話電報公司的走勢疲軟。這是市場上最多人持有的股票，單日大跌足以成為頭條新聞。就連這檔個股也會「暴跌」，這也許這個跡象顯示那些堅守市場的小投資人現在正在認輸。美國電話電報公司的跌勢是否代表最後一頭牛變成了熊？同樣值得注意的是，雖然許多特定股票在熊市的最後幾天大漲，但是被視為「安全」的菸草和食品類股卻崩盤。

5 月分食品股的平均加權價格下跌 23.2%，菸草類股下跌 21.3%。在熊市的 33 個月中，這些類股的單月平均價分別下跌 3.4% 和 1.3%。但是不能單獨將這些「安全」類股的暴跌視為市場正在觸底的保證。1930 年 9 月，食品類股單月暴跌 27.9%，菸草股下跌 21.3%。將這個視為最終觸底跡象而於 10 月 1 日買進股票的投資人，到了 1932 年 7 月就會損失一半的資金。如果所謂安全的類股突然下跌真的是熊市即將結束的證明，那麼一定要結合其他指標一起考慮。

1921 年時被視為利多的一個發展是交易量傾向在市場疲軟時下降，在市場

上漲時增加。早在 1932 年 6 月時這個特徵就明顯與之前的情況再次形成鮮明的對比。市場下跌時，成交量低被認為代表準備出脫部位的投資人較少。上漲市場的成交量增加，則是因為所謂的「大戶」的進場。

1921 年時成交量的增加，部分原因也是在不斷上漲的市場中空頭回補所造成的。儘管 1932 年夏季時，部分個股的確也發生這種情況，但由於沒有明確的熊市跡象，因此很明顯這是熊市底部。雖然空頭在 1921 年時很快就回補，但空頭部位從 7 月 8 日的市場底部持續增加到 1932 年的 7 月 27 日。頭部位一直到 8 月 3 日，才低於 7 月 8 日的水準。在這段期間道瓊上漲 29%，因此，空軍必須忍受相當大的痛苦才會考慮投降。

空頭未在 7 月回補是一個正面的訊號，這顯示這種特殊的漲勢可能會持續到 7 月之後的原因。空軍不願投降，或其他人不願意借錢和投機都是一個正面的訊號，顯示股價剛剛開始的復甦可能會持續下去。

圖 61　底部的成交量與道瓊工業指數

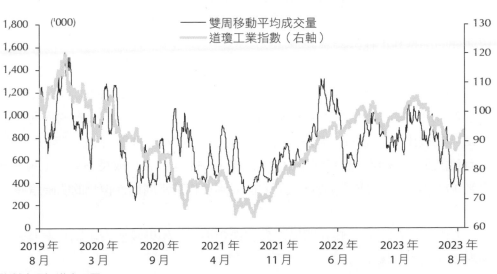

資料來源：道瓊公司。

　　我們在第一部分探討過的股市格言說，熊市會以所謂的「投降」作結。這種事通常被描述為，隨著最後的多頭拋售導致高成交量的市場最終急跌。我們看到 1921 年時，市場的最終急跌發生在低成交量的情況下。1932 年時很明顯也發生過類似的情況。

　　如圖 61 所示，在股市跌勢的最後幾個月，成交量一直在下降。在市場底部時，雙周日均成交量略低於 65 萬股。截至 7 月 23 日，雙周移動平均成交量仍不足 75 萬股。從 7 月 25 日開始，連續四天的成交量超過 100 萬股，這是自 1932 年 5 月初以來的最高水準。

　　證據再次顯示，市場最後的跌勢是發生在成交量愈來愈低的情況下。只有在市場初步上漲後，成交量才會更高。這種模式在 1921 年時也很明顯，比普遍認為的大量「投降」事件更能代表熊市底部已出現。

　　1932 年 7 月時，在重返股市之前等待獲利復甦的投資人錯過了市場的底部。科爾斯基金會編纂的標普指數資料顯示，企業獲利在 1932 年 12 月時觸底。有鑑於財報公布的延遲，要到 1933 年第二季的某個時候，當時的投資人才會明顯看出獲利正在改善。

　　即使 1933 年時也很難宣稱收入成長會持續下去。根據以往的經驗，隨著經濟復甦，投資人應該會期待企業強勁的獲利成長。但是 1933 年公布的獲利只比 1932 年的高出 7%。因此，等待獲利改善的投資人就會一直等到 1933 年初夏，但更有可能是 1933 年一整年都不出手。的確，1934 年的獲利成長率只有 11%，一直到 1935 年獲利才成長 55%，人們才能看到獲利正常周期性復甦的明確證據。

　　上市公司在經濟蕭條期間從沒公布過虧損。但如果我們看美國企業整體，情況就完全不一樣了。

　　圖 62 中的資料顯示，美國企業在 1932 年公布虧損，而標普的上市類股資料則是顯示 1932 年獲利，但是比 1929 年的高點低了 75%。關於企業公布獲利的百分比數據，有助於我們了解關於公司利潤開始復甦的時機。

圖62　所有美國企業的淨利（百萬美元）

3Q 1929	1,696
4Q 1929	1,406
1Q 1930	984
2Q 1930	727
3Q 1930	357
4Q 1930	132
1Q 1931	84
2Q 1931	(34)
3Q 1931	(185)
4Q 1931	(407)
1Q 1932	(361)
2Q 1932	(569)
3Q 1932	(677)
4Q 1932	(662)
1Q 1933	(604)
2Q 1933	(142)
3Q 1933	370

資料來源：哈洛・德波格（Harold Borger），《美國收支報告 1921-1938》（*Outlay and Income in the United States 1921-1938*）。

　　等待獲利回升跡象的投資人，不會在 1932 年 7 月或在股市接近底部時進場。即使是最輕信跡象的投資者，也不可能在 1933 年第二季前就認為獲利成長

會持續下去，而且因為類股的獲利欲振乏力，投資人很可能要一直等到 1935 年，才會認為獲利成長會持續下去。道瓊於 1932 年 7 月 8 日跌至 41.22 點。

在 1933 年初夏進場的投資人所支付的價格是兩倍。然而一直到 1935 年 3 月左右，牛市才開始下一段的路程。從 1935 年 3 月到 1937 年 2 月，牛市的第二階段幾乎又漲了一倍。只把焦點放在獲利成長的投資人，很可能會參與到第二階段的反彈。他們還是可以賺到兩倍的錢，而那些在 1932 年 7 月的投資人則很幸運地獲利四倍。

1921 年和 1932 年時，很多人研究上市公司的股東人數。如果股東人數開始創下新高，就會被視為一個重要的利多訊號。一般預期在熊市中投資人興趣降低，股東人數就會減少。實際情況正好相反。1932 年 5 月時，在 RG Dun & Co.公司觀察的 346 家公司中，股東人數自 1930 年 5 月以來增加了 42%。所有人都知道這種趨勢，特別是龍頭股，所以市場二十多年來都是根據美鋼持股的分散程度來預測未來走勢。

圖 63　公布獲利的企業百分比

3Q 1929	94.3
4Q 1929	89.8
1Q 1930	84.1
2Q 1930	83.0
3Q 1930	71.6
4Q 1930	65.2
1Q 1931	67.2
2Q 1931	63.1
3Q 1931	53.3
4Q 1931	50.9

1Q 1932	45.7
2Q 1932	40.2
3Q 1932	39.5
4Q 1932	41.8
1Q 1933	38.6
2Q 1933	52.3
3Q 1933	70.0

資料來源：G.H. 摩爾（G.H. Moore），《商業周期指標》（*Business Cycle Indicators*）。

　　在仔細選擇基準點的線圖上可以看得出來，當美國鋼鐵的股價低於股東人數時，市場就是在買進。這張圖在 1903 年、1914 年、1920 年和 1923 年都是準確的買進訊號。在 1921 年到 1929 年的牛市中，美國鋼鐵股東人數沒有變化。1929 年到 1932 年，股東人數幾乎增加了一倍。根據推測，這代表投資人從更多的投機股中搶著回到美國其中一間最大企業、被認為是安全的地帶。就股東人數相對於股價而言，美國鋼鐵線圖上的下一個買進訊號是在 1931 年初，當時的跌勢還有一段很長的路。

　　不意外的，跌勢這種特殊的分析方法變得備受質疑。然而根據 R.G.Dun 的資料，1932 年美國企業的股東人數比 1929 年還要多，這一點仍然是不可否認的。這個事實再加上 1932 年時，幾乎三分之一在紐約證交所上市的股票都有交易，顯示人們對市場的興趣高於普遍認為的程度。投資人若是在等待民眾對股市完全不信任的證據，就還會繼續等待 1932 年股市觸底。

　　有趣的是，即使是 1920 年代經濟榮景時期的龍頭股 RCA，在 1929 年到 1932 年的熊市中，股東人數也大幅增加。兩次熊市的趨勢都一樣，股票轉移至小散戶，而華爾街重挫，當時被稱為「大戶」的投資人減持。在底部時，與 1921

年一樣，職業買方、券商和富裕的資本家回到市場，標示著市場底部已到。隨著牛市的發展，股票的走勢從散戶手中轉移到專業投資人手中。1932 年和 1921 時年一樣，股票重新集中在大戶手中，這代表多頭市場回來，而不是散戶的熱情回來了。

　　從投資人當時的評論可以看得出來一個主要的錯誤，就是把焦點放在不斷惡化的財政狀況。《華爾街日報》不斷提到財政前景的變化以及對股市正面或負面的影響。《華爾街日報》的版面顯示，導致股價最終暴跌的罪魁禍首是預算不平衡的展望。道瓊在 1932 年 3 月至 7 月的四個月內跌掉一半。不管是用什麼標準來看熊市，那都是一次惡性而且迅速的最終跌勢。這次最後的跌勢，程度超過 1929 年 10 月金融危機和兩次銀行業危機的規模。毫無疑問，正如以下摘錄自《華爾街日報》的內容所顯示，政府的行為正在破壞民眾的信心：

　　紐澤西州議會對好鬥的立法委員塞隆・麥坎貝爾（Theron McCampbell）採取「退席抗議」，麥坎貝爾堅持讀完「紐澤西州議會是瘋人院嗎？」這個問題的一千五百字講稿，儘管先前已經有各種阻止他的動作，包括恫嚇聲、歡呼聲、唱歌、關燈。最後的手段則是宣佈休會，但他還是演講直到結束。

　　　　　　　　　　　　　　　　　　　《華爾街日報》，1932 年 5 月 25 日

　　「我們有政府嗎？」這句話「真難唸」。華府以前有這麼不要臉、低級的政客嗎？再次攻擊他們，但是這次火力要更強。你太客氣了。

　　　　　　　　　　長島東方鎮的查爾斯・湯姆森（Charles N. Thomson）先生的信，
　　　　　　　　　　　　　　　　　　　《華爾街日報》，1932 年 5 月 17 日

　　結果在股市或債市出現任何改善之前不斷呼籲達成預算平衡，是 1932 年做出的最錯誤的投資判斷。

　　1931 年時，預算赤字僅占 GDP 的 0.60%，國會中有許多遊說團體支持支出，他們在 1932 年初制定了一系列擴張性的法案，顯示財政將進一步惡化。當時認為這導致最後的跌勢。國會於 1932 年 7 月 16 日休會後，這些法案持續失效以及胡佛總統的平衡預算聲明被視為股市的利多。當時，市場的情況改善是因為沒有掉入財政深淵。

> 當政府的支出超過政府的收入時，就會出現**財政赤字**。收入赤字通常通過發行債券借錢來彌補，不過，出售政府資產是另一種選擇。金融從業者將財政赤字視為一個負面因素。然而，至少自金本位制廢除以來，幾乎沒有證據能證明財政狀況惡化會導致或加劇股市熊市。

　　同樣在 7 月，民主黨支持羅斯福代表黨參選總統。羅斯福也大聲疾呼要求達到預算平衡倒是頗令人意外。如果這是 1932 年 7 月開始的股票市場回漲的原因之一，那麼後來發生的事表示這是被誤導了。在 1930 年代之前，美國已經習慣了和平時期的聯邦財政盈餘。1837 年可能是美國有紀錄以來最大的經濟萎縮，當時的財政赤字也只 GDP 的 0.68%。在這個背景下，1931 年和平時期 0.60%的預算赤字足以讓 1932 年的投資界嚴重恐慌。

　　然而赤字在 1932 年上升到 GDP 的 4.6%，在 1933 年上升到 4.61%，並在 1934 年達到 GDP 的高點 5.50%。當時似乎不太可能有人預期會發生美國股市史上其中一場最大規模的牛市，會發生在這種前所未見的財政惡化中進行。那些呼籲把預算平衡當作股市回漲的重要先決條件的人，顯然是大錯特錯了。全

世界各地的政府都迫切希望平衡預算的做法可能是錯誤的，摩拉維亞的養鳥人可能白白繳了稅。

為募集資金以支付市政開銷，摩拉維亞的海亨斯塔特市決定對所有寵物鳴鳥課徵 2.97 美元的稅金，對金絲雀和畫眉等動物課徵的稅額則較低。[44]

股票在 1932 年至 1937 年的重大財政惡化期間上漲，顯示市場從 1932 年 3 月至 1932 年 7 月最末端跌勢並不是對財政惡化的擔憂所引起的。此時美國黃金準備大量流失顯然壓低了股市，但還有其他潛在的因素導致黃金外流。《華爾街日報》的一些評論員將股市下跌歸咎於華府政治局勢惡化，導致黃金準備枯竭和市場崩潰。

不意外的是，後來被總統杜魯門（Harry S. Truman）稱為「共和黨聖經」的《華爾街日報》將信心下降歸咎於民主黨總統當選的可能性愈來愈大。但是黃金流出美國還有一個更根本的原因——美國幾乎所有的主要貿易夥伴的貨幣都在貶值。這些貨幣變化對貿易狀況的影響有多大，到了 1932 年初就變得很明顯，當時英國在今年前 4 個月僅進口了 396 輛汽車，而 1928 年全年則進口了 5,188 輛汽車。同一段期間，英國總計出口 8,771 輛汽車，比 1928 年同期成長約 50%。[45] 從 1930 年到 1931 年，美國的貿易順差已經減半。

貿易狀況明顯日益惡化，以及可能使美國對金本位制的承諾產生的影響，在這段時期對美國的資本外逃產生了一定的作用。事後看來，聯準會在 1932 年 4 月改變貨幣政策很可能也是導致黃金外流的因素之一。在許多圈子裡，看似迫於政治壓力的提高流動性的舉動肯定是放棄金本位制的前兆。這一點特別讓外國投資者相信，持有以美元計價的資產的風險愈來愈大。

從 1932 年 1 月到 7 月，貨幣黃金存量減少 12%至 36.5 億美元。黃金外流結

束的時間，幾乎與聯準會結束公開市場操作以及國會休會同時。當時認為平衡預算對於穩定股市是必要的觀點是錯誤的，將市場最後一段暴跌歸咎於華府發生的事件可能也是錯誤的。貿易狀況惡化和聯準會啟動挹注流動性，是促使許多人相信美國即將脫離金本位制的關鍵因素。正是在這種環境下，股價可能在短短四個月內跌掉一半。

市場對聯準會行動的負面反應，對那些認為聯準會握有解決商業活動衰退良藥的人來說，肯定是一記沉重的打擊。儘管包括紐約聯邦準備銀行在內的許多人，多年來一直主張對經濟體系挹注流動性，但是證據顯示，受到金本位制的影響，挹注流動性到了最後可能會導致資本外逃，因而抵消挹注流動性帶來的正面影響。在經濟剛開始萎縮時，當美國貿易順差較大而且其他國家剛開始將貨幣貶值時，這樣的行動可能會產生正面而非負面的反應。然而到了 1932 年 4 月時，人們對金本位制承諾的信心已經動搖，聯準會的行動進一步削弱了這種信心，進而加劇了股市的跌勢。

投資人面臨的關鍵問題是：是什麼最終阻止了 1932 年 7 月的暴跌？事後看來，1932 年有一個獨特的事件幫助緩和黃金外流並提振了股市——在洛桑就德國的戰爭賠款達成的國際協議。從當時的媒體報導來看，談判顯然沒有突破的機會。

德國自從簽署《凡爾賽條約》後就一直要求減少賠款。其他國家反對任何的刪減，尤其是法國。這是一個存在很久的分歧，市場已經習慣了外交妥協與模糊。德國的賠款於 1921 年達成一致，但這時德國拖欠還款並獲得一年的延期償付。在到期之前，比利時和法國占領了工業化的魯爾區，不久後惡性通膨便橫掃德國。

1924 年的道威斯計畫重新安排德國的債務償還時程，而德國也繼續透過向

美國借款來支付賠款。從 1921 年 10 月到 1930 年 7 月，德國在美國發售 135 種以美元計價的債券——1932 年 8 月在外流通的債務面值不到 10 億美元。儘管債務問題獲得解決，但 1929 年時需要進一步減輕德國的負擔，揚恩計畫（the Young Plan）實現了這個目標。然而大蕭條時期經濟萎縮的負擔，使德國的經濟問題惡化，胡佛總統遂於 1931 年夏季宣布暫停盟國支付戰爭債務和德國賠款一年。

由於暫緩還款即將到期，各方在洛桑會面，並且通過廢除德國的賠款義務以換取債券的協議，大出所有人的意料。該協議實際上減少了德國約 90% 的財政負擔。法國長期以來反對減少賠款，此時卻不知為何不再反對（沒有公開的是美國將取消其歐洲盟友所積欠戰爭債務的非正式協議，但後來美國國會拒絕履行這個協議）。

傳出賠償事務有了明顯的突破，對大宗商品市場的影響特別正面。投資人認為，國際金融僵局已經打破，德國和債務國的消費可能會提升。6 月 24 日的《華爾街日報》展示了該協定帶來的積極後果。

法國現在與荷蘭、瑞士並列為三個以黃金為單位流通的國家之一。世界經濟復甦至少部分取決於將黃金從這些國家轉移到債務國和出口國。這最終會透過經濟的發展實現，但如果政治領導人能夠為目前的政府間債務問題制定出某種解決方案，就可以加快實現。[46]

洛桑協議帶來全球經濟復甦加速的展望。特別是因為這個協議是幫助穩定大宗商品價格的關鍵因素，而大宗商品價格又是穩定股市的重要因素。同樣在當時，當協議達成後，瑞士法郎貶值的壓力被認為是全球金融市場一個非常重要的正面指標。資本被吸引到瑞士，因為瑞士完全支持黃金貨幣。在洛桑協議之後，瑞士貨幣的疲軟被認為是這種「未運用的資本」正在世界其他地方重新

被使用的跡象。

德國的國際前景進一步改善。隨著國家社會黨的崛起似乎不太穩定，人們對在美國廣泛持有的德國政府債券的前景愈來愈樂觀。1932 年 4 月，阿道夫・希特勒在總統大選中被總統保羅・馮興登堡擊敗。儘管一些評論員認為希特勒若當選將對商業活動有利，但《華爾街日報》毫不猶豫地稱他為整個時期「差勁的領導者」。華爾街對於納粹黨未能在隨後 7 月 31 日國會選舉中增加選票這件事，普遍感到認同，並認為這將提高一個被內亂打亂的國家恢復「秩序」的機會。《華爾街日報》對希特勒的未來展望做出悲觀的評價。

然而，愈來愈多的意見認為，希特勒運動在德國已達到頂峰，納粹黨將繼續成為那些尋求秩序政府的麻煩分子，希特勒先生將無法確保繼續執政。[47]

對世界來說不幸的是，希特勒的權力並未因為他沒有通過民主的程序而停止發展。

與 1921 年一樣，道氏理論在 1932 年非常成功。股價一度跌至新低，但《華爾街日報》的道氏理論專家明確指出，這可能是一個非常看漲的信號。

雖然最近鐵路和工業指數同時跌到新低，可能被視為重要的下跌趨勢將延續的徵兆，但根據道氏理論，這種解釋仍有待進一步的市場行為才能證實。通常指數必須跌破或漲破之前的低點或高點夠多，才能符合確定的信號，而且有時候突破雖然可能證明是往同一方向進一步移動，但也有可能解釋為雙重底或雙重頂，這個意義和真正突破的意義完全不同。[48]

很快就證明了這是看漲的雙重底。《華爾街日報》對道氏理論的分析再次顯示熊市即將觸底。威廉・彼得・漢密爾頓於 1929 年過世，但是他身為道氏理

論領導者，並沒有將這個工作接棒給報社的下一任編輯。結果是由研究《華爾街日報》刊登的道氏和漢密爾頓的道氏理論社論的獨立評論員羅伯特・雷亞（Robert Rhea）成為新的道氏理論大師。1932 年 7 月 21 日，雷亞預測大熊市的底部，結果這次道氏理論又對了。

悲觀者可能會注意到，紐約郡的共和黨諮詢委員會已敦促立法禁止產物保險公司購買普通股。股市在這份報告發布後的兩周內觸底。恐慌情緒可能很普遍，但值得記住的是，在 1932 年夏季，並非人人都關心普通股未來的走勢。

詹姆士・斯提爾曼（James A Stillman）20 歲的兒子艾歷克斯・斯提爾曼（Alex Stillman）宣布，他計畫於明年飛越大西洋。他解釋說：「市場崩盤後，爸爸只剩下大約 6,500 萬美元，所以我可能得去找工作了。」[49]

6-5　債券與熊市

「我記得 1907 年和 1893 年的恐慌，當時情況很糟糕。但沒有現在那麼糟。我不知道街上有幾百萬的人。」

「那些年的大蕭條是怎麼結束的？」

「這個嘛，蕭條總是會結束的。有漲就會有跌，然後又會再漲。當一個東西上升，就一定會下降，然後當它下降時，又一定會再上升。」

——詹姆士・法雷爾，《審判日》

在這種通貨緊縮的蕭條環境下發生了一件怪事——美國政府公債的價格下跌。1932 年 1 月，長期政府公債的日均殖利率為 4.26%，而 1929 年 9 月時則為 3.70%。同一段時間，躉售物價指數下降了 31%。由於整體價格水準下降以及與其他投資相關的信用風險上升，大多數投資人原本預期政府公債在經濟萎縮的時候應該會上漲才對。

這確實就是 1929 年 9 月至 1931 年 6 月的趨勢，當時殖利率從 3.70% 降至 3.15%。然而，事實證明，1931 年 6 月是政府公債市場的高點，隨著美國爆發第二次銀行業危機而且危機國際化，公債價格下跌。儘管從 1931 年 6 月到 8 月價格走低，但隨著英鎊脫離金本位制，政府公債價格真的重挫。

英鎊脫離金本位制導致外國央行出脫美元資產、黃金庫存下滑。國內存款人對商業銀行倒閉又開始激增感到震驚之餘，又發生這種流動性外部流失，存

戶試著持有更大比例的美元資產而不是存款。聯準會開始捍衛金本位匯率，使美國商業銀行出脫資產的壓力變得更大。10 月 16 日，紐約聯邦準備銀行將再貼現率從 1.5% 上調至 3.5%。利率上升使債券價格進一步承壓。

1931 年 9 月之前，銀行一直在清算品質較低的公司債券，這些工具的殖利率從 1930 年第三季就已經開始上升了。

到了 1931 年 9 月，公司債和美國政府公債都被拋售，這兩種工具的殖利率率現在都走高了。直到 1932 年 2 月，政府公債價格才明顯趨於穩定。雖然對財政赤字擴大的恐懼可能壓低了政府公債價格，但是因為 1932 年 2 月市場反彈，所以這一因素可能並不重要，幾年前財政上還沒有恢復正常的希望。然而值得注意的是，公債市場的穩定的時間就是 1932 年 1 月重建金融公司成立的時候。

政府支持的重建金融公司擁有 15 億美元的借貸能力（根據 1932 年 7 月 21 日的緊急紓困和建設法案而增加到 33 億美元），並負責向銀行和其他機構提供貸款。新增的信貸額度減輕了銀行出脫公債的需求，在穩定公債市場方面似乎比任何財政狀況的變化都要來得更重要。另一個刺激債券價格的因素是聯準會於 1932 年 4 月開始購買公債，目的是要挹注流動性到金融體系中。

公債價格迅速暴跌，回漲速度卻很緩慢。直到 1934 年 4 月，公債的殖利率才回到 1931 年 6 月的水準。若要了解這次崩盤，就要從公債長期牛市自 1920 年 8 月開始的背景來理解。在這段長期的牛市中，公債殖利率從 8 月分的 5.67%，到了 1920 年降低到 1946 年 6 月只有 2.16%。在這種情況下，1931 年 6 月到 1932 年 1 月的跌勢（亦即殖利率率從 3.13% 上升到 4.11%）可說是似乎微不足道。

然而在通貨緊縮處於歷史上偏高的期間，公債價格的暴跌肯定大大擾亂了

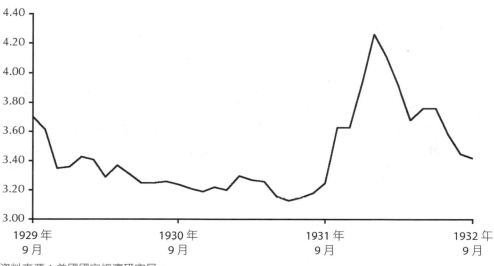

圖 64　美國政府長期公債殖利率──1929 年 9 月到 1932 年 9 月

資料來源：美國國家經濟研究局。

投資人對金融資產「公平價值」的看法。在價格和收益下降但無風險利率上升的時候，對金融資產估值的影響特別不利。因此證明了即使在最嚴重的通貨緊縮時期，公債價格也可能會暴跌。而金融市場還有哪些令人意外的反應？

　　公司債市場的投資人也對熊市的規模感到震驚。這個市場的表現或許是投資人預期 1929 年 10 月崩盤後會出現正常經濟萎縮的最佳跡象。市場中信貸品質最低的 Baa 級公司債券的殖利率，從 1929 年 9 月的水平一直持續到 1930 年的大部分時間。直到 1930 年第三季爆發第一次銀行業危機，Baa 級公司債券的價格才開始首次下跌。

　　1929 年 9 月 Baa 級公司債券的平均月殖利率為 6.12%，到 1930 年 9 月殖利率已降至 5.65%。儘管在 1929 年 10 月的崩盤後將近一年，人們對這項資產一直保持著信心，但這種信心很快就被摧毀了。到 1930 年 11 月，Baa 的殖利率已經

超過 1929 年 9 月的程度。到了 1930 年 12 月，平均殖利率超過 6.7%，並一直保持在這個水準的附近，直到 1931 年 4 月。就在那時，隨著第二次銀行業危機和危機擴散到國際間，公司債真正劇烈的熊市開始了。1931 年 4 月至 12 月期間，平均 Baa 殖利率從 6.72%躍升至 10.42%。

公債券市場和 Baa 級公司債市場都在 1932 年第一季開始穩定下來。然而，雖然這種穩定象徵著公債新一輪牛市的開始，但公司債市場即將面臨另一場最終崩盤。Baa 級公司債券市場在 1932 年 6 月觸底，當時市場的日均殖利率達到 11.52%。AAA 級公司債市場價格走勢與 Baa 級公司債市場非常相似，只是變動的程度比較小。

雖然熊市使公債價格回升到 1924 年的程度，但公司債的熊市規模更大得多。按發行者品質區分的債券殖利率的歷史資料並不多，但 Baa 級殖利率為 11.52%，比 1919 年有紀錄以來的最高殖利率高出三分之一。1932 年 6 月分 AAA 公司債的平均殖利率為 5.41%，自 1921 年 12 月以來的最高點。自 1914 年開始編纂的四十種公司債道瓊指數跌至新低。

不論是什麼在 1932 年 1 月和 2 月穩定了公債市場（很可能是重建金融公司的成立），都沒有對公司債市場產生同樣正面的影響。AAA 級和 Baa 級公司債券一直到 1932 年 6 月才觸底。

1932 年夏季時，《華爾街日報》充斥著公司債的拋售潮可能結束的跡象。與 1921 年一樣的是，信貸完全沒有成長導致商業銀行買進愈來愈多債券。雖然銀行最初購買的可能是安全的政府債券，但這些工具的價格反彈使公司債券變得更有吸引力。公司債券價格急遽下跌，道瓊二級鐵路債券平均指數從 1931 年的高點下跌了 49%。商業銀行加入了企業買進自己的公司債熱潮，因為他們可以用低於面值一半的價格取消部分債務。

圖 65　Baa 級公司債殖利率──1929 年 9 月到 1932 年 9 月

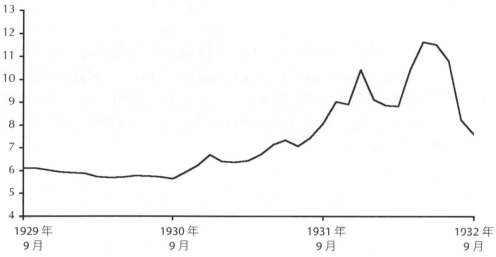

資料來源：美國國家經濟研究局。

圖 66　AAA 級公司債殖利率──1929 年 9 月到 1932 年 9 月

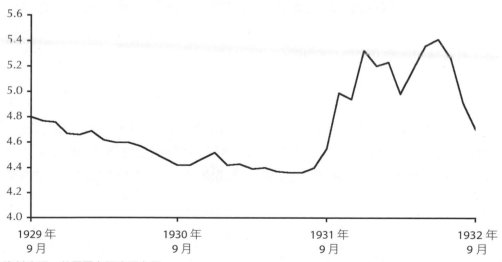

資料來源：美國國家經濟研究局。

最被廣為宣傳的債券新買主，是美國幾間最大的商業銀行所組成的美國證券投資公司（American Securities Investment Corporation）。成立的想法是這個「資金池」會買進債券，因此擔心風險的銀行家可以將風險分散。這個團體成立的消息公布後市場大漲，而公司實際買進的少量債券，價格遠高於 1932 年的低點。決斷金融公司（Resolution Finance Corporation，RFC）則對**債市的買進支撐力道整體的成長**扮演非常重要的角色。當然，投資人傾向低估政府徹底改變市場的能力，但是決斷金融公司提供有財務困難的銀行以及鐵路公司資金，無疑減輕了公司債市場的賣壓。

同樣的，許多評論員指出這段期間，借入便宜、短期資金以買進最佳品質公司債，是很好的投資智慧。和 1921 年不同的是，1932 年時壓抑債券價值的一個主因是財政情況惡化。1932 年時，國會可能通過所謂的「加納計畫」（Garner Plan），這是對債市真正的威脅，這個計畫「打算發行價值 10 億美元的債券，為公共建設募集資金」。債市總是為了像這樣債券供給增加可能對價格造成影響而感到憂心。加納計畫後來並沒有立法，但是接下來的幾年財政赤字爆增，卻沒有對債市造成任何大型的賣壓。對於財政持續惡化可能造成負面的影響，債券投資人的擔心是錯誤的。不論《華爾街日報》報導投資人有什麼樣的擔憂，事實是債券的發行總是愈來愈被超額認購。

顯然洛桑會議同意取消德國的賠償，顯然對大宗商品市場造成很大的衝擊，而且衝擊在債市也很明顯。一般認為，取消德國的負擔再加上盟國減輕對美國的負債，可以降低國際貿易與需求的僵局。德國債券在洛桑的協議宣布後幾天內漲了 10 點。這個協議同時也帶動美國債市上揚。債券價格的回升非常明顯。

圖 67　道瓊公司債券指數

	星期六收盤	低點以來的漲幅
十個第一級鐵路股 [1]	88.47	17.10
十個第二級鐵路股 [1]	70.14	22.42
十個公用事業股 [1]	91.49	8.99
十間工業公司債券	77.29	17.67
四十種債券	81.85	16.07

[1] 當年新高。

資料來源：《華爾街日報》，1932 年 8 月 22 日。

公債市場於 1932 年 1 月觸底，公司債卻是到 6 月 1 日才觸底，比股市早了大約五個星期。

　　但是財政惡化達到了 1932 年 6 月時未曾想到的程度，但是在此時開始的債券牛市卻一直持續到 1929 年才結束。雖然債券投資人可能以為國會休會是 1932 年重要的牛市因素，但國會復會後將提出更大的支出方案、而且赤字更大，但債券的牛市卻仍持續。6 月初時，還有別的理由使債市觸底，同樣的，大宗商品價格穩定下來並且上漲所扮演的角色很重要，到了 5 月底時，這個穩定的跡象才變得明顯。

　　《華爾街日報》最早從 5 月 24 日就開始報導，「少數大宗商品」出現「維持在目前價位的傾向」。到了月底時財報導許多大宗商品價格上漲，而費雪躉售物價指數在 7 月中時連續三個星期上漲。到了 8 月底，市場普遍相信物價上漲是會持續的，因為「躉售物價上漲已經持續超過 2 個月了」。

　　公司債市場觸底的時候，就是幾個大宗商品價格回升後，兩周後更廣泛的

指標躉售物價指數就出現改善。通縮的過程對企業償還固定的債務造成特別嚴重的傷害，所以物價普遍上漲被投資人認為是好跡象。到了月中時，洛桑的消息顯示全球金融體系將出現徹底的變化，將進一步支撐大宗商品價格。[50]

幾個一次性的事件也對穩定債券價格扮演了重要的角色，最明顯的一個就是決斷金融公司的「債券資金池」。公司債市場觸底時，正好有傳言指出美國證券投資公司（American Securities Investment Corp，ASI）成立。由於聯準會買進公債的方案未能帶動信貸成長，美國證券投資公司的成立將聚集商業銀行的資金，運用部分由聯準會所創造的流動性以買進債券投資組合，並將買方的風險分散。光是這樣的組織成立的消息，就足以帶動債券顯著反彈。這間公司不需要開始買進任何債券，債市就開始反轉了。

當債券上漲、經濟情況改善，而且大宗商品價格上揚的時機，支撐價格的行動提供了價格上漲必要的刺激動力。如果說私人部門支撐債券價格的行動穩定了 1932 年的金融市場，那麼公共部門的支撐行動就扮演了更重要的角色。雖然金融市場的因果總是很難說得清楚，但是決斷金融公司的成立不只協助了銀行的流動性、穩定了公債的價格，也帶動諸如商業的信貸品質改善，尤其是讓鐵路業能取得更多的信貸。除了這些支撐價格的行動外，也有人說，英國 20 億英鎊 5%的戰爭貸款轉為 3.5%的永久性貸款，也對美國債券價格穩定造成了影響。就在美國公司債市觸底後兩個月，《華爾街日報》於 7 月 2 日刊登報導如下：

倫敦證交所今天經歷了 1928 年繁榮期間以來尚未發生過的瘋狂景象……。本周稍早只有少量的轉換，今天交易商卻面對有史以來最大額的單筆轉換……。交易於上午 10 點 30 分開始，英國基金價格開始出現前所未見的飆漲。金邊債券（英國公債）通常單次漲幅不到一點，但是今早一開盤，利率為 4%的債券就飆漲 8 點，價格來到 110 英鎊……就連主要的工業、礦業和石油業普通股也加入整

體的漲勢。

　　從 1932 年夏天的《華爾街日報》就可以明顯看得出來，在英國轉換之後，評論員更常提到所有美國證券的「外資買進」。由於利率下降，轉換確實有可能將資金轉移到海外，倫敦對轉換的熱絡就發生在美國股市觸底前幾天。因此，在 1932 年夏季初期，各種重要的一次性因素影響了公司債券市場。然而，與 1921 年一樣的是，穩定債券市場的關鍵因素似乎是特定大宗商品的價格穩定，然後才是一般躉售價。

6-6 羅斯福大政府與熊市

「但是回來說到政治，真是的，今年春天只是 1932 年總統大選的預演。然後從白宮到每個街區的街道清潔工都會是民主黨員。而且日子會更好過，」瑞德得意地說著。

——詹姆士·法雷爾，《審判日》

　　如果不討論白宮競選，就無法分析影響 1932 年夏季金融市場的因素。在民主黨選出羅斯福作為總統候選人幾天後股市就觸底，這只是巧合嗎？共和黨和民主黨都在 1932 年 6 月召開了全國代表大會來選擇候選人。共和黨人一定會支持他們的現任總統赫伯·胡佛（Herbert Hoover）。對他們來說，有爭議的問題在於，他們改變禁酒令的程度將有多大。

　　隨著民眾公開違法，以及與販酒行業有關的組織犯罪的增加，顯然更寬鬆的立場只會有助於民主黨的選舉展望。在民主黨大會上，法蘭克林·羅斯福顯然是贏得提名的大熱門人選。然而，他的競選活動管理並不佳，儘管大會於 6 月 27 日開始，但 7 月 1 日的結果仍不確定。《華爾街日報》在 7 月 2 日報導僵局引起市場的興奮之情：

　　由於前三輪投票幾乎陷入僵局，人們對於找到令商界有信心、妥協的候選人寄予厚望，而且因為後來羅斯福州長正在失去實力的建議，整體股價明顯走高。

　　根據《華爾街日報》的說法，羅斯福可能成為總統這件事壓低了股價，而不是支撐股價。市場對妥協下選出的候選人的興奮之情很短暫，因為羅斯福在第二天發表他接受提名的演說。因此，7 月 2 日開始，羅斯福成為下一任總統的可

能性愈來愈高。民眾對經濟蕭條的不滿很可能會導致政權易主。羅斯福的副總統競選夥伴約翰‧南斯‧加納（John Nance Garner）公開表示，如果民主黨能夠「乖乖坐著別說話」，就可能贏得總統大選。當然，共和黨人可能希望民眾不要將大蕭條的責任歸咎於現任總統，而《華爾街日報》白費力氣地就這一點提出爭論。

7 月 14 日：這次 1932 年的總統競選是自 1916 年以來最充滿不確定性的一次。然而，沒有中立的，而且只有少數黨派人士在梳理了所有可能性後，願意在此時嘗試做出的預測……。然而，任何與選民交談過的人都會發現，他們對民主黨眾議院的憤怒可能更甚於對胡佛先生的不滿，而民主黨眾議院領袖是羅斯福的搭檔副手……。這個國家的心態是嘗試新人和新措施。然而，那些將決定選舉的部分似乎並不希望這種變化將他們帶向激進主義甚至先進的自由主義，這正是同僚和羅斯福州長的話似乎正在引導他的方式。

但是同樣是《華爾街日報》報導的事實，卻駁斥了這種樂觀的觀點：

6 月 15 日：巴布森統計組織對全國政治傾向的調查顯示，全國現在有 60% 的民主黨人和 40% 的共和黨人，但「最近情況改變了，現在顯然有利於胡佛總統」。

8 月 23 日：過去幾周，胡佛總統連任的機會明顯增加。不過此時還不能說胡佛比他的民主黨對手法蘭克林‧羅斯福更有優勢。

8 月 30 日：洛杉磯市中心共和黨俱樂部放棄了晚餐和集會的計畫，因為對成員的民意調查顯示 70% 的成員支持羅斯福州長擔任總統。

9 月 1 日：羅斯福可能勝選。

距離總統選舉還有四個多月的時間，一切都還不確定。然而，到 1932 年夏天，羅斯福極有可能成為下一任美國總統。歷史紀錄顯示，羅斯福的提名和羅斯福可能當選總統，此時正好美國股市觸底。在他被提名之前，政府債券價格、批發價格和公司債券市場一直在上漲，但後續仍強勁上漲。

股市對於 7 月 1 日傳出羅斯福可能敗選的消息反應相當良好，顯示了金融市場初步復甦與羅斯福勝選的可能性愈來愈大只是巧合。1932 年的夏季，人們仍不清楚羅斯福對商業界的打算。在他的競選期間，羅斯福陣營發出了兩種截然不同的消息。一方面，他和妻子都傳達了結構性改革的激進訊息，《華爾街日報》報導如下：

5 月 23 日：羅斯福州長在喬治亞州亞特蘭大歐格爾索普大學的畢業典禮上發表演講，要求進行大膽的試驗以實現國民收入的分配，並指出未來資本必須滿足於較小的報酬，如果現代制度要生存下來，勞工的收入就必須按照比例增加。

7 月 9 日：總統候選人法蘭克林・羅斯福的夫人在紐約州肖托夸（Chautauqua）的演說中指出，大企業過度集中是經濟蕭條的因素之一，這顯示農業與城市工業與貿易，以及全球貿易中所有國家是互相依存的。

另一方面，羅斯福也明確承諾會平衡預算，他批評胡佛政府的花費過多，並於 10 月 19 日在匹茲堡承諾政府將刪減 25% 的開支。因此，羅斯福贊成國民收入再分配，但卻希望在刪減政府開支的同時實現這一目標。在 1932 年 5 月支持「大膽實驗」和「國民收入再分配」的政策之後，競選期間提出的政策似乎更加保守。

1932 年競選的矛盾是，羅斯福公開反對支出、反對不平衡的預算和過於膨脹的官僚機構，而胡佛則為赤字支出和實驗性措施辯護——就好像這些演講被混淆了一樣。[51]

市場真的期望在羅斯福當選總統後會採行自由主義和激進的政策嗎？在民主黨全國代表大會前夕向客戶提交的一份報告中，擔保信託公司指出：「總統選舉仍然是一個令人不安的因素。」很大程度上是虛構的，因為它的實際經濟影響並不重要。根據當時的評論，羅斯福若是當選似乎降低了信心，或是根據保證信託（Guaranty Trust）的報告，對金融市場沒有產生實質性影響。

雖然在金融市場上總是很難區分因果關係，但正反面的證據顯示的是，羅斯福可能當選並不是 1932 年 7 月股市牛市開始的關鍵原因。事實上，牛市的第一次下挫從羅斯福 11 月的當選開始，一直持續到他 3 月的就職典禮。這時羅斯福的整體政策，尤其是他對金本位制的承諾，存在很大的不確定性。正如我們將在第三部分中看到的那樣，市場發現羅斯福採取了一些非常激進的政策，但是並沒有阻止美國歷史上最大的股市牛市之一。

小結

從來沒有像 1929 年到 1932 年那樣的熊市。股市重挫 89%，幅度遠超過 1857 年和 1907 年恐慌期間最嚴重 45% 的跌幅。與 1921 年一樣，股票價格直到比資產重置價值還要低 70% 之後才止跌。在 1932 年 7 月的股市底部與 1921 年夏季出現相同的正面信號，但有一些明顯的差異。這一次，聯準會貼現率的首次下調正好發生在熊市開始時，而不是在熊市結束時。另一個主要的差異是 1932 年的經濟和股價復甦並不會持續。

然而道瓊仍高於 1932 年 7 月的低點，投資人在接下來的 5 年獲得可觀的回

報。雖然一直到 1921 年和 1932 年之前的事件之間有著令人難以置信的差異，但我們的熊市底部指標再次預言熊市的死亡和牛市的誕生。到了下一個熊市谷底時，新政改變了美國經濟的結構，金本位制被取消了。在那種環境下，使用相同的指標能不能看得出來從熊市到牛市的轉變？

III

PART

1949 年 6 月

　　他坐在一位壯漢的旁邊，壯漢就住在他的旅館裡。他們很少說話。

　　「大盤如何？」胖子問，放下手上的報紙。

　　「表現不錯，應該會上漲。」

　　「嗯，真是好消息。我有一點錢想投資。但我想投資在安全的東西。你知道什麼是安全的嗎？例如會上漲的東西？」

　　「這個嘛，這個問題很難回答。現在還很難說。糖的表現很好」，羅伯特·霍爾頓說。對於這些問題，他總是一再說同樣的話。沒有人在意他說了什麼。他們會向認識的人重複這件事，說他們在華爾街的一個朋友建議他們買糖，但他們覺得現在不是買糖的時機。

　　「你不是當過兵嗎？」壯漢突然問道。

　　羅伯特·霍爾頓點點頭。

　　「退伍很久了嗎？」

　　「一年多了。」

　　　　　　　　　　　　　　——高爾·維多（Gore Vidal），

　　　　　　　　　　　　《黃色樹林裡》（*In a Yellow Wood*）

當我們把股票投資最賺錢的四個時期分開來看時，1949 年 6 月在我們的清單排名第二，僅次於 1932 年 7 月，但遠超過 1942 年，當時道瓊指數在更低的位置。這是因為把時間範圍拉長到 40 年的話，1949 年的投資人可以從 1982 年到 1989 年的牛市中獲益。這並不是說應該忽略 1942 年 4 月的熊市底部——這是 Q 比率極少跌至 0.3 倍以下的一段時期，所以是一個值得納入更廣泛研究的時期。

　　1940 年代是對大蕭條和這場災難對投資人情緒的負面影響的回應，股票交易價格在這 10 年全都低於公平價值。那麼人們要如何確定，直到 1949 年股市才會真正開始美股史上最長的牛市呢？正如我們即將看到的，我們可以從 1921 年和 1932 年兩次熊市的底部學到許多教訓，顯示價格和股價評價只會提高。

07 CHAPTER 邁向 1949 年 6 月──美國史上最長的牛市

　　1949 的世界和 1932 年時很不一樣。在 1932 年的德國總統選舉中失利的希特勒，這時已經死了，在世界上最血腥的衝突中有 5500 萬人喪命。在這段期間，美國的常備軍人從 1932 年的 25 萬增加到 1945 年的 1,200 萬以上。離開美國去參戰的人中，約有 30 萬人沒有活著回來。

　　到了 1949 年，超過 1,000 萬美國人退伍進入民間就業。金融業方面，主要的變化是，此時政府在經濟活動中所占的比例大幅增加，民眾再次成為政府公債的主要持有者。

　　股票市場在戰後初期有如一潭死水。紐約證交所的每日股票交易量通常低於 50 萬美元，而民眾的投機熱情（一如過去）主要集中在房地產市場。

　　到 1949 年夏天，另一個原因壓抑了投資人對華爾街的興趣──創新高的熱浪。1949 年 6 月 13 日，道瓊工業指數跌至戰後低點，當天《紐約時報》（*The New York Times*）的頭條新聞指出「150 萬人在紐約的海灘消暑；氣溫升至華氏 89.1 度，僅比歷史高點低 0.7。」就在 3 天後，紐約的傑克・拉莫塔（Jake La Motta）在底特律加冕世界中量級拳擊冠軍；在曼哈頓，金・凱利（Gene Kelly）和法蘭克・辛納屈（Frank Sinatra）正在拍攝《錦城春色》（*On The Town*）。

　　從 1932 年 7 月開始的大牛市，一直到 1937 年 3 月才結束。道瓊工業指數從 41.22 點升至高點 194.15。就 1932 年到 1949 年期間的總資本報酬而言，到 1937 年已經全部結束。道瓊直到 1945 年 12 月才超過 1937 年的高點，從 1937 年 3 月 6 日的高點到 1949 年熊市底部的總和，它只在 1937 年高點上方停留了 32 周。1946 年 5 月達到 212.5 的高點，比 1937 年的高點高出不到 10%，隨後股

圖 68　道瓊工業指數——1932 年 7 月到 1949 年 7 月

資料來源：道瓊公司。

市即進入熊市，最後道瓊在 1949 年 6 月 13 日以 161.6 點觸底止跌，結束了熊市。每月市場交易量是用來評估這段期間，投資人對股市的興趣變化很好的指標（參閱圖 69）。

　　交易量的減少顯示投資人參與股市的意願銳減。從 1929 年創新高的交易日到 1942 年的交易低點，紐約證交所的成交量下降了 99%。1942 年的總交易量比 1932 年低 70%，這時熊市已經觸底了。1942 年，紐約證交所股票的美元交易量低於 1901 年的水平。雖然交易量下降的部分原因是市場價值下降，但市場興趣普遍下降也造成進一步的影響。1929 年，股票交易總數占紐約證交所全部上市股票的 119%。

　　直到 1937 年的市場成交量最高還有 30%。但是到了 1942 年，全年交易量僅占所有上市股票的 9%，到 1949 年僅上升到 13%。之前 1921 年和 1932 年的

圖 69　紐約證交所每月股票交易平均價值（單位為百萬美元）──1937 到 1949 年

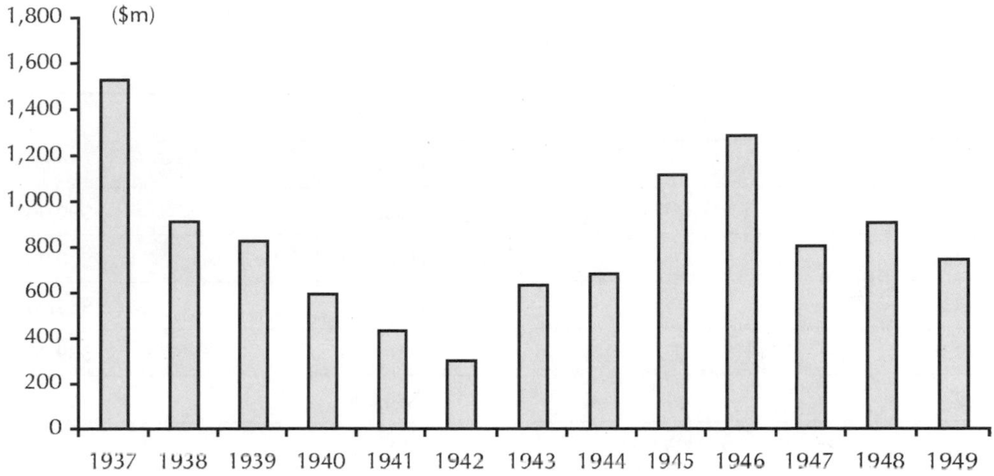

資料來源：紐約證交所。

熊市時，這個比例分別為 59%和 32%。因此，以交易量來說，1949 年市場普遍不感興趣的情形甚至比大蕭條最糟糕的時候還要嚴重。1949 年紐約證交所上市股票的市值超過了 1929 年底時的市值，但幾乎沒有人想進場。

對股票的信心危機是因為長期報酬率很差，還有關於市場與經濟曙光的假象。雖然投資人的熱情在 1932 到 1937 年的牛市中重新燃起，但經濟和市場無法產生正常、可持續、周期性的復甦，削弱了人們對股票長期展望的信心。

不意外的，二戰期間的交易量嚴重減少。在 1942 年最交易量最低的一天，只有價值 20 萬 6,680 美元的股票交易。從 1945 年 8 月 15 日戰勝日本紀念日開始，投資人又對股票重新產生興趣一直持續到 1946 年，但隨著熊市的回復，交易量再次下滑。

紐約證交所會費調降，顯示內部人對市場的熱情減弱特別明顯。

圖 70　紐約證交所會費價格——1932 年到 1949 年

年分	高	低
1932	$185,000	$68,000
1933	$250,000	$90,000
1934	$190,000	$70,000
1935	$140,000	$65,000
1936	$174,000	$89,000
1937	$134,000	$61,000
1938	$85,000	$51,000
1939	$70,000	$51,000
1940	$60,000	$33,000
1941	$35,000	$19,000
1942	$30,000	$17,000
1943	$48,000	$27,000
1944	$75,000	$40,000
1945	$95,000	$49,000
1946	$97,000	$61,000
1947	$70,000	$50,000
1948	$68,000	$46,000
1949	$49,000	$35,000

資料來源：紐約證交所。

雖然道瓊在 1932 年觸底，但這只是紐約證交所會員資格熊市的開始。從 1929 年的高點到 1932 年的低點，會員費降了約 90%——幾乎與市場同步。然而從 1932 年到 1942 年，道瓊工業指數漲了一倍，紐約證交所的會費價格又下跌了 75%。1929 年價值 49 萬 5,000 美元，1942 年跌至 17,000 美元，從 1942 年到 1946 年有所回升，然後在 1949 年價格再次跌至谷底然後才開始長期回升。紐約證券交易所席位價格的長期下跌，進一步證明了民眾對股票的冷漠情緒在擴大，這種冷淡在大蕭條最嚴重的時期結束後，仍維持一段很長的時間。

投資人對股票的長期資本報酬的擔憂，從紀錄來看似乎是合理的。到了 1949 年，道瓊位於 1926 年 2 月首次觸及的程度。在 1949 年 6 月 13 日的底部，道瓊仍比 1929 年 9 月創下的近 20 年歷史高點還要低 57%。從 1932 年到 1949 年的重大底部，在這漫長的 17 年裡，共有兩次完全不同的牛市以及兩次完全不同的熊市。

既然大盤在 1949 年並沒有跌破 1942 年的低點，那麼為什麼我們要觀察 1942 到 1946 年的牛市和 1946 到 1949 年的熊市？這難道不是代表牛市是從 1942 年開始的嗎？從某些衡量的指標來看，很可能是這樣沒錯，1942 年 4 月是 Q 比率降至 0.3 倍以下這種非常罕見的情況。但是我們選擇與估值參數相關的熊市底部，主要是與後續的報酬有關。後續 1949 年的長期報酬明顯超過 1942 年，Q 比率在 1949 年 6 月回到 0.3 倍以下。對於長期投資人而言，1949 年是比 1942 年更好的投資時機。

7-1 1932 年到 1937 年的道瓊指數走勢

1932 年 7 月至 1937 年 3 月這段期間，是美國史上其中一次最重大的股市大多頭。在 GDP 平減指數的最佳估計值顯示價格上漲 11%的期間，道瓊漲了 370%。除了這一個驚人的資本利得外，根據 1932 年實際支付的股利來計算，在 1932 年 7 月在底部買進的投資人，就會獲得 10%的股利報酬率，到 1937 年股利成長了 60%。

金融體系從 1933 年開始持續提升的償債能力，支撐著 1932 年到 1937 年的牛市。這種看似破產的金融體系的穩定有助於將股價評價推升到更正常的水準。不只是全國恢復償債能力，而且經濟和企業獲利還出現明顯的改善。實際上，從 1933 年的經濟低谷到 1937 年的高峰，國民生產毛額以每年 12%的速度成長。這樣的經濟成長率在美國之前或之後都是前所未有的，獲利成長更是充

圖 71　道瓊工業指數——1932 年 7 月到 1937 年 7 月

資料來源：道瓊公司。

滿活力。從 1932 年的低點開始,標普指數的獲利資料顯示,到 1937 年獲利成長 176%,速度幾乎是名目 GDP 的三倍。

儘管經濟成長強力反彈,但整個經濟體系中的產能過剩導致低通膨,利率在這段空前的經濟成長過程中開始下降。因此,股票價格具有很棒的正面因素——獲利飆升、股利大增和利率下滑。

企業獲利和股利的復甦非常快,但都不到能創新高的程度。儘管 1932 年到 1937 年的報酬成長 176%,但標普的資料顯示,1937 年的市場的獲利仍低於 1929、1928、1926 和 1925 年以及 1917 和 1916 年公布的程度。1937 年高點時的市場報酬率仍然比 1929 年的高點還要低 30%,股利則是低了 49%。在 1937 年 3 月達到最高點時,大盤仍比 1929 年 8 月創下的歷史高點低 49%。

因此,雖然這可能是美國史上最重大的 5 年牛市,但只有那些在 1928 年 3 月之前或 1930 年 10 月之後買進的人,才能賺到一點資本利得。那些幸運地在 1932 年 7 月在底部買入的人,就會經歷道瓊指數在不到 5 年的時間內上漲 376%。在獲利飆升和利率下降的支撐之下,股票價格從 1932 年被嚴重低估的程度大幅上漲,這似乎並不奇怪。但要記住的是,同時間,這些動能超越了許多美國資本主義看似負面的發展。

1932 到 1937 年的大牛市期間,許多華爾街評論員說這是將「社會主義」引入美國。對一些人來說,這些負面的力量已經在 1932 年底開始打壓價格。

雖然道瓊在 1932 年 7 月觸底,但剛開始的經濟復甦在當年 9 月就開始逐漸減弱。當時投資人認為原因主要是與小羅斯福總統任期有關的不確定性增加,到了 1932 年 9 月似乎已經底定了,並於 11 月 8 日獲得確認。在美國歷史的那段期間,就職典禮直到 3 月 4 日才舉行。「跛腳鴨」政府有很長一段時間,對羅斯

福的政策有很多猜測。特別是民眾愈來愈相信羅斯福會終止金本位制，而且總統當選人也拒絕否認這些謠言。美國民眾在大蕭條期間首次賣出美元，買進黃金。流動性開始進一步緊縮。

在這個過度期，經濟復甦、大宗商品價格穩定、債券價格回升都結束了。這一時期還發生了第三次銀行業危機，從 1932 年 11 月持續到 1933 年 3 月。內華達州於 1932 年 10 月、愛荷華州於 1 月、路易斯安那州和密西根州於 2 月宣布銀行休假。到 1933 年 3 月 3 日，南部有半數的州被迫暫停運營。

雖然這是大蕭條時期最嚴重的經濟癱瘓，但道瓊下跌 50 點仍比 1932 年 7 月的低點高出近 10 點。無論市場如何憂心羅斯福的政策，都沒有令股價跌破 1932 年 7 月的低點。根據美國國家經濟研究局的資料，經濟在 1933 年 3 月達到最低點，略低於 1932 年 6 月的水準，並為股市牛市的開始打好了基礎。

美國股市的大牛市正好遇上革命性的「新政」。到了 1933 年 3 月就職時，幾乎沒有人懷疑小羅斯福打算對美國金融機構和金融市場進行重大變革。小羅斯福在 1933 年 3 月的就職演說中說：「匯兌商人已經放棄了在我們文明聖殿中，穩坐高位的地位。我們現在可以恢復古老的真理。」幾周後，小羅斯福就針對華爾街採取第一個立法行動——1933 年的證券法——並且在國會通過，緊接著的是 1933 年的《格拉斯-斯蒂格爾法案》（*Glass-Steagall Act*），也就是證券交易法、1934 年的銀行法和 1935 年的《公用事業控股公司法》（*Public Utility Holding Company Act*）。雖然大環境仍不斷立法侵蝕和監管，牛市仍如火如荼地持續下去。

這次的牛市，正好是美國對其貨幣制度的基石——金本位制——進行重大實驗的時候。在上任第二天時，羅斯福就下令「臨時」禁止黃金出口。證據顯示這麼做確實是暫時的，因為一些銀行在 3 月和 4 月就獲得了出口黃金的許可。

然而在 4 月 19 日當天，羅斯福向全世界宣布將批准農業調整法案的湯瑪斯修正案，該修正案授權總統自行決定發行無擔保貨幣。美國已經放棄了金本位制，預算主任路易士‧道格拉斯私下說：「這是西方文明的終結」，可以說是總結許多人美國的看法[52]。

小羅斯福後來禁止民眾私囤黃金，並廢除承諾以黃金支付的政府合約。直到 1934 年 1 月中旬發表國情咨文時，總統才宣布美國將恢復金本位制。那個月底通過了適當的授權立法後，美元終於穩定下來。1933 年 3 月，美國財政部將每盎司黃金定為 20.67 美元，但是到了 1933 年 1 月，購買相同量的黃金需要 35 美元。儘管自 1879 年以來一直為金融體系定錨的主要貨幣目標出現了這樣的變化，而且大多數專家發出了可怕的警告，但股市的牛市仍在繼續。

由於新的信念認為立法可以使金融市場更安全、波動更小，民眾為大蕭條的爆發尋找其他的理由。幾乎就在股市底部，胡佛總統要求國會調查證交所。於是在 1932 年 4 月召開參議院銀行委員會聽證會，因為委員會的首席律師名為費迪南德‧培科拉，這個聽證後來就被稱為「培科拉」聽證會。

聽證會持續到 1934 年 5 月，兩年多來一直是聳動的頭條新聞。華爾街的不當行為證據充足，民眾深感驚訝。1930 年代的許多華爾街業者被提出刑事訴訟。有些人直到 1940 年代才被定罪——許多被懷疑導致股市崩盤和大蕭條的人卻沒有受到懲罰。雖然調查與審判非常高調，但股市牛市仍在繼續進行。

從 1932 年到 1937 年，美國有少數人認為國家正在朝向社會主義發展，對金融市場進行意識形態的「攻擊」。確實有充分的證據顯示這種趨勢。除了加強對銀行和金融市場的監管，還成立了政府機構來提供私人部門無法提供的服務。

　　政府持續進入私人部門的領域，而且發展非常快速，包括 1932 年成立的聯邦住房貸款銀行、1933 年的屋主貸款公司、1933 年田納西河谷管理局、1934 年聯邦農場抵押貸款公司等等其他公司的成立。由胡佛所建立並由小羅斯福大規模擴張的重建金融公司成為全世界最大的公司。由於開始徵收社會福利稅以及其他政府措施，而開始了全國最低工資標準，使得勞動力成本進一步上升。

　　政府對經濟的干預愈來愈多，導致公共赤字不斷增加。在小羅斯福政府之前，美國政府公布的最大財政赤字（非戰爭融資）是 1837 年經濟崩潰時占 GDP 的 0.7%。1932 年赤字占 GDP 的 4.7%，並在經濟復甦期間上升至最高點 1934 年占 GDP 的 5.5%。

　　前民主黨總統候選人艾爾·史密斯（Al Smith）在 1936 年 1 月的一次演講中譴責民主黨政府，並且比較民主黨政府與莫斯科政府，成為知名的事件。

　　首都只能有一個——華府或莫斯科。只有一種政府氣氛：自由美國的清新空氣，或是共產主義俄羅斯的臭氣。[53]

　　雖然社會上對於國家赤字、新政以及朝向社會主義甚至共產主義的發展，充滿許多的擔憂，但股市牛市仍在繼續發展。無論小羅斯福的政策在理論上或實踐上對美國的自由市場體系造成何種損害，股票市場都認為這些不如金融體系的穩定以及企業獲利和股利的大幅復甦重要。就算美國經濟體系的效率出現任何結構性的問題，股市的反應是，這個問題的重要性遠低於強勁的周期性經濟復甦。

7-2 　1937 年到 1942 年的道瓊指數走勢

1937 年的經濟強勁復甦，實質 GDP 略高於 1929 年，但人口快速成長則代表著人均 GDP 並未恢復到 1929 年的高點。即使是在 1937 年的復甦高峰期，失業率也還是高達 14.3%，是 1900 年到 1930 年的前一個高點的一半。正常的經濟復甦似乎只是剛開的階段，隨後經濟開始倒退。經濟復甦在這麼早的階段就中斷，動搖了投資人對商業周期確定性的信心。

1937 年經濟復甦的突然結束是財政因素還是貨幣因素並不清楚。但明顯的是，經濟下滑的確是在聯準會於 1936 年 8 月開始提高準備金要求之後才發生的。

聯準還會利用銀行法授予的新權力，將購買證券的保證金從 25%提高到 50%。由於商業銀行體系的超額準備金達到這麼高的水位，而且幾乎沒有貸款，人們認為提高準備金的要求，是聯邦準備體系重新控制貨幣最有效的方法。到了 1937 年，聯準會可能希望能夠有效緊縮貨幣政策是有原因的：躉售物價強勁上揚，而股市上漲則是引起對於投機的擔憂。

由於金融體系缺乏活力，一般認為聯準會的措施不會對經濟活動產生負面影響。聯準會將後來經濟萎縮歸咎於財政政策的變化。財政政策可能真的是一個原因；聯邦赤字與 GDP 的比率從 1936 年的 4.2%下降到 1937 年的 2.8%。另一個原因則可能是 1937 年初企業獲利能力急遽下滑，這與總體成本上升，尤其是勞動力成本上升有關。在華爾街，人們尋找其他罪魁禍首，以遏制來自華府令人窒息的商業活動監管形式來遏制周期性復甦。無論是否因為聯準會的另一個判斷錯誤，工業生產從 1937 年的高點下降了三分之一，一直到 1938 年的低點，標普指數的獲利減少將近 50%。

圖 72 道瓊工業指數——1937 年 3 月到 1942 年 5 月

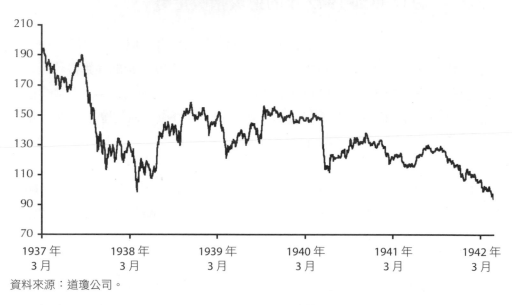

資料來源：道瓊公司。

　　不論衰退的原因是什麼，周期性的低點發生在 1938 年 6 月，就在聯準會第一次降低準備金要求的 2 個月後。在經濟復甦對就業產生任何有意義的影響之前，這種急遽的經濟萎縮一點也不正常，對於預期經濟會繼續成長直到出現產能限制和通膨跡象的人來說，這非常令人震驚。從 1937 年 3 月 31 日起的 12 個月內，道瓊下跌 49%，跌回 1933 年中的程度。股市的成交量顯示，經濟大蕭條期間意外的經濟衰退，比大蕭條本身更令人們對股票這個投資媒介愈來愈感到厭惡。

　　雖然經濟從 1938 年 6 月開始復甦，但熊市並沒有因此減弱。股價沒有跟著企業獲利的反彈而回升，這顯示人們對經濟恢復到 1929 年之前的正常狀態的能力失去信心。從 1938 年的低點開始到 1941 年 12 月，標普指數的獲利增加了一倍，但道瓊並沒有發生變化。在對經濟展望的信心減弱的時候，就算是最強勁的獲利復甦，股價可能也不會有所反應。

更重要的或許是，歐洲愈來愈有可能爆發戰爭，這個時候對於判斷金融展望有很重要的作用。這並不是表示股市一定會因為可能發生戰爭而低迷。在英國對德國宣戰的那天，華爾街並沒有出現恐慌性拋售——正好相反。在 1939 年 9 月的前八個交易日，隨著德軍橫掃波蘭，道瓊卻漲了 15%。投資者還記得 1917 年美國在第一次世界大戰中的中立態度，當時外逃資本流入美國，「戰爭新娘股」從歐洲的訂單中大幅受惠。這次這種有益的因素組合會持續多久？由於德軍似乎愈來愈有可能稱霸戰場，使得來自戰敗歐洲的物資訂單的可能性愈來愈小，股市於是開始下跌。

希特勒在 1940 年 5 月 10 日對西歐發動**「閃電戰」**，短短幾天之內就看得出來這個戰術的成功。從 5 月 10 日到 5 月 25 日，隨著荷蘭和比利時投降以及英國軍隊從敦克爾克撤退，道瓊重挫了 23%。由於德國鎖定歐洲的資金，而美國的戰爭訂單現在似乎只可能來自英國，因此外逃的資本減少，不過英國很有可能以信用品質不佳的欠條來支付。到了 5 月底，很明顯造成 1915 年到 1916 年牛市的兩個正面因素不太可能再出現。

閃電戰改變了所有情勢，熊市的步伐變快了。英國最初以現金、黃金和證券的形式購買軍備，和第一次世界大戰時一樣。因此，從 1940 年中到 1941 年 3 月，與歐洲戰爭有關的資金加速流入美國。隨著美國繼續實行金本位制，這些資本流動導致貨幣成長加速。

在英國黃金流入的支持下，一整個夏季的不列顛之戰（Battle of Britain）期間，股市有所恢復，但到了 1940 年 9 月，隨著美國將五十艘過時的驅逐艦所有權轉讓給英國，很明顯美國會愈來愈被捲入英國的戰事。從這個階段開始，市場對現金支付會因有利於白條而被稀釋的擔憂有所增加。1940 年 12 月 16 日，羅斯福在一次廣播講話中表示美國將「出借」物資給英國，美國參與的新形式的性質變得更加清楚。租借方案於 1941 年 3 月開始。

為了換取物資，美國政府這時向盟軍取得的是信貸或服務，而不是現金或黃金。股市對這個消息的反應並不好。從 1940 年 9 月到 1941 年 12 月 6 日，隨著美國增加租借方案，道瓊下跌了 14%。戰爭還在美國產生直接的通膨壓力，這是一個額外的負面因素。從 1939 年 8 月到 1941 年 11 月，隨著原材料需求飆升，包括美國在內的全球經濟體都在為戰爭做準備，躉售物價上漲了 23%。雖然美國此時的立場仍是中立，但戰爭已經迫使美國的立法出現變化，這有可能進一步削弱企業的獲利能力。

1941 年 9 月 1 日，聯準會設法對抗通膨，並在「W 條例」中控制消費信貸，規定某些商品的最低首付和最長期限。1941 年 11 月 1 日，聯準會將存款準備金率提高到最高 25%。道瓊現在回到了 1938 年的程度，但之後還會發生更糟的事。

12 月 7 日偷襲珍珠港，不再有人猜測美國是否會被捲入戰爭。與 1917 年一樣，直接軍事介入的可能性提高，使得股價受挫。但是偷襲珍珠港對市場的直接影響並不像英國對德國宣戰，或希特勒閃電戰成功後的影響那樣強烈。市場延續自 1940 年 9 月以來明顯的緩跌趨勢，花了近 5 個月的時間進一步下跌 20%，並於 1942 年 4 月 28 日觸底。

但這並不是 1940 年代買股票的最佳時機——投資人必須忍受進一步的牛市和熊市。儘管如此，使用 Q 比率作為極端低估指標的投資人會發現，在 1942 年 4 月，股票的交易價格比重置價值低了逾 70%。只有在 1921 年和 1932 年時才出現過這樣的低點。從 1942 年開始，是 1932 到 1949 年的第二次牛市，道瓊工業指數在 1946 年 5 月上漲了 128%。

7-3 | 1942 年到 1946 年的道瓊指數走勢

　　1942 年 4 月，股市來到熊市底部，美國金融體系的一項重大變革，和美軍在菲律賓的戰敗巧合地同時發生。

　　正如 1917 年一樣，聯準會放棄了所有其他金融目標，以提高政府為戰爭融資的能力。1942 年 4 月，聯準會說將透過干預市場將國庫券利率固定在 1%的八分之三。據了解，這個比率將在戰爭期間保持不變。事實上，某種形式的干預政策一直到 1951 年 3 月都維持有效。雖然只有干預國庫券市場的承諾是明確的，但實際上聯準會的行動創造了一條有上限的聯邦公債殖利率曲線。

　　這些行動背後的理由是，這麼做會鼓勵不預測未來利率會升高的投資者購

圖 73　道瓊工業指數──1942 年 4 月到 1946 年 5 月

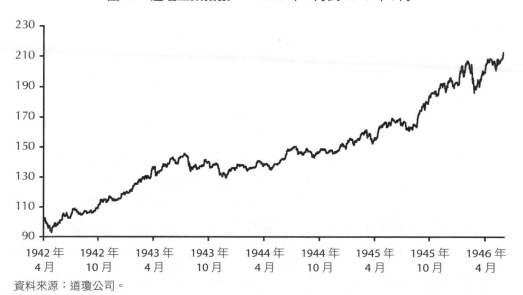

資料來源：道瓊公司。

買戰爭債券，以降低為戰爭籌資的成本。最長期限政府公債的實際最高允許殖利率為 2.5%。在戰爭期間及以後，上限利率有效地反映正傾斜的殖利率曲線，這是市場在 1942 年 4 月之前決定的。不意外的是，投資人和商業銀行都湧入長期市場，戰爭期間資本損失的風險已經消除了，轉移到聯準會的國庫券愈來愈多。在這段期間，用聯準會主席馬里納·艾克斯（Marriner Eccles）的話就是，聯準會「只是執行了財政部的決定」。[54]

圖 74　二戰期間公債的實際殖利率支撐

國庫券	0.375%
一年期債券	0.875%
短期債券	2.0%
較長期債券	2.25%
二十到三十年債券	2.50%

資料來源：悉尼·霍默和李察·席拉，《利率史》。

　　聯準會根據需要提供無限量的貨幣，來為政府債券銷售提供資金並支持債券價格，和第一次世界大戰一樣。通過直接為自己的帳戶買進公債，聯準會增加了商業銀行的準備金。與第一次世界大戰不同的則是，商業銀行利用擴大的準備金直接購買政府公債，而不是提供商業貸款給其他人來購債。

　　1941 年至 1945 年這段期間，財政部發行了七次戰爭債券，融資規模的大幅增加並沒有使殖利率飆升，這主要是由於將這些債券分配給了符合法規的商業銀行。隨著聯準會干預公債市場，通常因為巨額財政赤字和強勁經濟成長會帶動利率上升，但這次並沒有發生。公債市場的低殖利率抑制了其他證券的殖利率。從 1942 年 4 月開始，主要公司債的月平均殖利率從 2.63% 降到 1942 年到 1946 年的平均 2.55%。

從 1939 年到 1941 年的通膨已經大幅上升，而債券殖利率現在實際上固定在較低的水準，因此投資人認為股票提供更好的機會也就不足為奇了，股票殖利率在 1942 年超過 11%。雖然債券提供未來持續固定的收益，但股票投資人通常可以預期股利支付會增加。

固定利率證券殖利率低和通貨膨脹率上升的新聞，讓許多投資人相信股票是比較好的長期投資。但是就算是主要資料也低估了股價漲勢在 1942 年變得多強。儘管從 1941 年 11 月到 1945 年 8 月的年平均通貨膨脹率僅為 4%，但這個新聞報導的報酬率就只是因為價格控制才得到的，以及配給某些產品。如果沒有價格管制（於 1942 年 1 月開始實行），通貨膨脹率絕對會更高。對於那些在「黑市」購買產品的人來說，通膨遠高於新聞報導的程度。固定利率證券的吸引力甚至不如公布的數字所指的那麼好，所以股票的相對吸引力要來得更大。

雖然政府操縱公債市場可能改善了股票的展望，但戰爭融資卻產生抵消效果的負面影響。美國主要通過發行公債為參加第一次世界大戰提供資金。但是由於大蕭條，進入二戰的聯邦債務金額遠高於 1917 年的程度。這一次，政府選擇將戰爭融資的重擔直接轉嫁給納稅人。稅收占 GDP 的百分比從 1941 年的 7% 上升到 1945 年的 21%。收入 100 萬美元或以上的最高所得稅率高達 90%，遠高於第一次世界大戰時的 66.3%。在稅率如此大幅上升的環境下，股票要有所進展就必須先克服這樣的環境。

股票的另一個問題是，從 1942 年到 1946 年這段期間，企業的獲利成長緩慢。雖然人們可能期望美國企業在二戰期間公布很高的獲利，但其實並非如此。美國政府在戰時緊急狀態下，多次採取行政程序以控制物價，結果因此抑制了企業的獲利率。資源和資金的分配從市場轉移到政府的手上。因為有戰時生產委員會、戰時勞工委員會和價格管理局的多重限制，企業獲利空間完全不符合供需法則，而且可以被用來為戰爭融資。

　　此外，在第一次世界大戰期間，美國政府極需要稅收而且很注意暴利，所以大幅提高公司稅率。從 1940 年到 1942 年，公司稅的最高稅率從 19%上升到 40%，1940 年以 50%的最高稅率徵收的超額利潤稅到 1943 年達到 95%的統一稅率。結果，標普指數公布的獲利和股利在 1946 年與 1942 年的水準沒有什麼太大的變化。

　　1942 到 1946 年的牛市，是在固定利率證券實際殖利率較低的背景下，完全由股價評價的擴張所帶動的。

　　雖然股價評價上升的部分原因可能反映了美國在戰爭的進展，但證據顯示這種影響並不大。美國參戰的最低點可以追溯到 1942 年 4 月 9 日，當時駐菲美軍在巴丹（Bataan）投降，以及 5 月 6 日在科雷希多（Corregidor）投降。道瓊於 4 月 28 日觸底。到了 6 月初，已經有戰爭的好消息，中途島海戰（Battle of Midway）平衡太平洋戰區的海軍力量。美國於 8 月發動攻勢，在瓜達爾卡納爾島（Guadalcanal）登陸。1942 年 11 月，隨著盟軍在阿拉曼擊敗德軍和義大利軍隊，戰爭消息開始顯著改善。同月分，蘇聯在史達林格勒反攻，包圍希特勒的第六軍團。

　　1942 到 1946 年牛市的第一階段就是在這段期間開始的，並且一直持續到 1943 年 7 月。但是就算戰爭傳出愈來愈多好消息，但隨著勝利前景的改善，道瓊並未出現穩步上漲。隨著盟軍解放西西里島、羅馬、羅馬尼亞、巴黎、布魯塞爾、安特衛普、雅典、威克島、塞班島、關島和萊特島，道瓊從 1943 年 7 月到 1944 年 12 月底在區間整理。到了 1944 年 12 月，盟軍已從西部進入德國，蘇聯人正在東普魯士作戰，但道瓊與前一年相比沒有變化，當時俄軍距離柏林將近一千英哩，其他盟軍正在多佛集結。

　　雖然戰爭朝向勝利邁進，但牛市一直到 1945 年初才又重新開始。即使在那

時，市場也只是逐漸上漲，受到 1945 年 2 月以來的輕微經濟萎縮的影響。經濟衰退抑制了股價，而且保證金的要求不斷上升也阻礙了漲勢——從 1945 年 2 月的 40%到 50%，到 7 月的 75%。直到對日戰爭勝利日（VJ Day），股價才開始加速上漲，儘管經濟收縮一直持續到 10 月。

隨著當局意識到過度投機的可能性，1946 年 1 月時，股票的保證金要求從 75%提高到 100%。1946 年 1 月 2 日，潘恩韋柏傑克森與科提斯公司（Paine, Webber, Jackson & Curtis）的哈利・康默（Harry D Comer）摘要說明看好美國股市前景的理由。

藉由取消超額獲利稅，工業股整體的淨獲利可望比 1945 年高出約三成……。總股利成長應該會和獲利增加呈正比。戰爭期間分配給股東的獲利適度；結果使資產負債表有所改善，因此 1946 年可能執行更寬鬆的股利政策。[55]

受到這種對獲利和股利的樂觀情緒所鼓舞，牛市一直持續到 1946 年 5 月，最後終於突破 1937 年的高點，達到了在此之前只在 1928 年 7 月到 1930 年 9 月期間超過的水準。在這個新高時，道瓊還是比 1929 年 9 月創下的歷史最高點低了 44%。

7-4　1946 年到 1949 年的道瓊指數走勢

　　1946 年看好美股的投資人，經歷積壓的消費需求以及公司稅率恢復正常所帶動的經濟繁榮。經濟從 1945 年的衰退中強勁反彈。但是看空的人記得 1918 年停戰後 12 個月，戰後的狂熱導致通膨飆升，隨後是美國史上最嚴重的全年通縮，再加上股市陷入嚴重的熊市。記憶更久遠的空軍會記得，美國上一次發生軍事衝突，也就是南北戰爭結束後，發生其他必要的通縮調整。正如我們所看到的，從 1942 年最黑暗的日子開始的牛市，在日本戰敗日之後持續了一年。然而到了 1946 年夏季末時，熊市又回來了。

　　1946 年 8 月底和 9 月初時大盤下跌，道瓊跌了 17%，是自 1940 年 5 月德國閃電戰以來最大跌幅。1946 年 8 月 30 日的《華爾街日報》的報導說明了股價急

圖 75　道瓊工業指數──1946 年 5 月到 1949 年 7 月

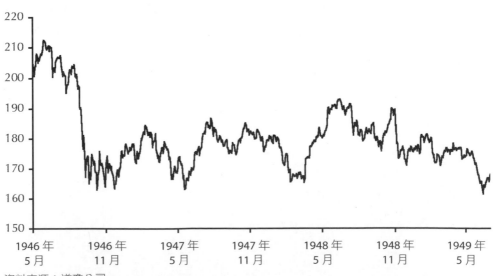

資料來源：道瓊公司。

跌的原因。

路易森公司（Lewisohn & Co.）的羅伯特・拜菲爾德（Robert S. Byfield）列出以下幾個股價下挫的原因：(1) 價格管理局立法的困難，(2) 新證券市場嚴重消化不良，(3) 證據顯示利率的低點已經過去了，而且已經開始升高。

8 月和 9 月時，投資人擔心杜魯門總統會成功延長原定於 1946 年 6 月結束，由價格管理局（OPA，Office of Price Administration）實施的戰時價格管制。這將再次壓縮企業獲利空間。最終，杜魯門未能延長價格管制，在短暫的「緊急」延長後，最終於 1946 年 11 月結束。

許多其他因素也壓抑著股市。持續要求更高的薪資是一個關鍵的問題。許多人認為只有重演 1920 年到 1921 年的破壞性通緊，才能打倒通膨。在 1949 年 1 月 5 日的國情咨文中，就連杜魯門也準備承認苦日子可能即將來臨。杜魯門對全國人民說：「我們無法永遠靠著戰後的繁榮維持開支，這麼做終究會失敗。」令人擔憂的戰後調整看似愈來愈有可能發生。在《心靈財富》（*Money of the Mind*）一書中，詹姆士・葛蘭特（James Grant）訴說 1920 年到 1921 年通貨緊縮對 1949 年蒙哥馬利沃德（Montgomery Ward）公司一位知名商務人士塞維爾・艾佛瑞（Sewell Avery）的經濟前景的影響。

當蒙哥馬利沃德的一位經濟學家遞給他一張可回溯到十九世紀初的商品價格線圖時，主席全神貫注地研究線圖。價格反覆上漲和下跌。物價在戰時隨著通膨中上升，在隨後的戰後通縮中下降。這種模式最近一次上演是在 1919 年至 1920 年……。因此，對艾佛瑞來說，戰後經濟陷入蕭條是無可避免的。「我有什麼資格與歷史爭辯？」他問，並且一直在問。[56]

艾佛瑞認為會發生通縮是押錯寶了，他決定購買政府公債而不是投資於自

己公司的未來，結果是災難一場。但是在 1949 年，大多數評論員認為的確有可能發生像 1919 年到 1920 年的某種程度的重演，戰後通膨率愈高，價格調整幅度就愈大。在當代評論員提到的各種因素中，事後看來，通膨上升和升息顯然是 1946 年到 1949 年的熊市最重要的原因。他們擔心的不是通膨，而是大多數投資人認為不可避免的通縮反應。

從 1946 年到 1949 年，通膨壓力不斷累積的證據愈來愈多。1946 年時，美國似乎可能會發生類似 1919 年爆發的價格飆漲。在 1946 年上半年，薪資飆升以回應罷工浪潮。1 月和 2 月因罷工而損失的工作日超過了 1943 年和 1944 年損失的所有工作日的總和。

不意外的，1946 年稍後取消價格管制後，通膨突然飆升。躉售物價指數在 1946 年飆升了 32%，主要是集中在下半年。一些人認為，經濟的結構變化會使通膨制度化。經濟構成發生了變化，政府部門現在占 GDP 的 15%，相較之下 1920 年代末期則是 3%。投資人不得不問，這是否會是價格的一次性上調，還是結構性的變化現在會使通膨變成普遍的現象。

除了政府權力的增加，勞工的權力也提升了。經濟的這種結構性變化是否也會產生更根深柢固的通膨？工會的強勢所反映的是，到了 1949 年，非農業工會成員已達到勞動力的 33%，比 1932 年的 13% 還要高出許多。工會甚至要求在新的工作合約中，將小羅斯福的生日定為假日，則是特別誇張的要求。

對於一些與塞維爾・艾佛瑞（Sewell Avery）持相反觀點的人來說，這些結構性變化似乎可能導致通膨在戰後制度化。雖然大多數的人預期戰後通縮和股票價格下跌，但少數人看到了通膨的新時代。通膨升高絕對不是重大價格調整的先兆，而是未來形勢的一個跡象。1946 年《就業法》（*Employment Act*）中對「最大就業」的承諾顯示，戰後的通膨展望將與 1919 年非常不一樣。此外，到 1946

年，由於官方採取機構性措施阻止通膨，很明顯不會試著恢復金本位制。

　　1944 年 7 月在布萊頓森林體系中決定的新國際貨幣安排的核心，目標是降低出現通縮的可能性。如果是這種情況，投資人可以預期在整個商業周期中，通膨率將高於金本位制下的通膨率。儘管有這些制度上的變化，投資人仍然預計戰後將經歷一段很類似第一次世界大戰後的通縮時期。隨著利率上升和看似無可避免的崩盤即將發生，到了 1949 年初，道瓊的跌勢已經創下紀錄。

　　1946 年到 1949 年的股票熊市伴隨著溫和的債券熊市。債券價格下跌，不過聯準會持續採取行動將價格維持在預定的程度，而使公債價格止跌。早在 1946 年 4 月，對通膨的擔憂加劇開始傷害債券市場，最後結束了於 1920 年開始的債券大牛市。由於利率一再下降，公債價格不會繼續上漲。官方利率沒有改變，

圖 76　AAA 級公司債殖利率──1942 年 1 月到 1949 年 12 月

資料來源：美國國家經濟研究局。

但市場決定的利率遠低於聯準會強制執行的上限，並於 1946 年 4 月開始上升。AAA 級公司債的收益率在 1946 年 4 月達到歷史最低點 2.46%，到 1947 年 12 月則開始穩步上升至 2.86%。

從 1946 年底到 1947 年中，隨著政府公債升至上限，市場決定的利率上升暫停。然而，在 1947 年期間，對較短期政府公債的支持停止了，對較長期政府證券的支持價格也降低。1947 年 7 月，國庫券購買利率為 1%的三分之八被取消並逐漸上漲，到了 1948 年底達到 1.25%。除了由市場決定的利率上漲外，投資人還擔心政府對通膨上升的反應。官方對此感到非常擔心，結果杜魯門在 1947 年秋季時設法再次獲得對價格、薪資和信貸進行控制的權力。結果他的請求被國會拒絕了。

雖然市場利率自 1946 年 4 月以來一直在上升，但一直到 1948 年 1 月，官方利率才首次上調。當月貼現率上調 25 個基點，1948 年 8 月再次上調使利率達到 1.5%。2 月、6 月和 9 月調高準備金的要求，國會於 8 月恢復聯準會實施信貸控制的權力，持續十二個月。所有這些行動終於開始抑制需求，然後經濟活動就在 1948 年 11 月觸頂。

在 1946 年 8 月和 9 月大幅下跌後的兩年，道瓊工業指數在 163 點和 190 點之間震盪。隨著經濟衰退的開始和杜魯門意外當選總統，1948 年 11 月開始了熊市的最後一段路。道瓊從 1948 年 11 月的 190 點跌至 1949 年 6 月 13 日的低點 162 點。

在 1946 到 1949 年的熊市中，標普指數的獲利成長了近 200%。對 1946 年收益的樂觀情緒是錯誤的，但 1946 年後獲利激增。1947 年時，公布的獲利最終超過了 1916 年的程度，而且證明了不會再減少。

　　然而股利成長明顯落後獲利成長，因為美國為消費社會進行的重組，需要大量的企業投資。在兩年期間，股利只長了 31%。投資人對可能出現的通貨緊縮的擔憂程度，從股市熊市的環境下，企業獲利和股利成長的情況就可以看得出來。

　　雖然經濟陷入通膨或通縮兩方的重大辯論，是造成 1946 年到 1949 年熊市的主要原因，但在此期間，美國與蘇聯的關係惡化也扮演著重要的角色。

　　美國與蘇聯關係的惡化給市場帶來了愈來愈大的壓力。早在 1946 年 3 月，英國首相邱吉爾就曾對密蘇里州的聽眾說，全歐洲已經降下了「鐵幕」。

　　在許多離俄羅斯很遠的國家和世界各地，共產主義已建立起第五縱隊，並且完全團結一致、絕對服從共產主義中央的指示。除了在大英國協以及共產主義仍處於起步階段的美國，共產黨或第五縱隊對基督教文明構成了愈來愈大的挑戰和危險。[57]

　　1947 年 3 月時，杜魯門主義向「抵抗武裝少數派或外部壓力企圖征服的自由人民」提供財務支援。[58] 之後不久美國就開始向希臘政府提供資金，以資助希臘北部抵抗蘇聯支持的共產主義游擊隊。不久後，馬歇爾計畫的誕生進一步造成美蘇之間的緊張關係，因為莫斯科認為馬歇爾計畫是為了擴大美國在歐洲的影響力。

　　1948 年 5 月，蘇聯加大賭注，封鎖了西方列強進入柏林的地面通道，促使盟軍實施向柏林空運物資的行動。緊張局勢繼續加劇。1949 年 4 月成立的北大西洋公約組織（NATO）被蘇聯視為「公開侵略」聯盟，違反了《聯合國憲章》（*Charter of the United Nations*）。在 1949 年夏季新牛市發展初期，《華爾街日報》於 7 月 12 日報導，引述券商巴奇公司（Bache & Co）的山姆‧史密斯的話指

出，蘇聯沒有對北約的成立採取行動是牛市的一個重要因素。

3 年多來，對商業世界中正在發生的事情的擔憂抑制了市場情緒，阻礙正常的本益比關係。當這個重擔解除時，投資人的心理變化應該會對市場產生推升作用。意識到這一點應該就會有足夠的空間感到興奮：那就是不會發生戰爭……

人們預期很久的通縮終於在 1949 年 7 月發生了，但是美國與蘇聯開戰的可能性似乎正在降低。儘管偶爾會出現像是在韓國爆發的衝突，但隨之而來的是一場軍備競賽的「和平戰爭」，這對股票投資人的影響顯然比 1946 年到 1949 年間，似乎愈來愈可能發生的第三次世界大戰要來得好。隨著蘇聯於 1949 年 8 月 29 日引爆第一顆原子彈，某種形式的對峙的可能性增加，而不是直接爆發戰爭。

對於投資人而言，這時全球的環境是美國事實上中立，再加上重新武裝帶來的榮景，就像 1915 到 1916 年的榮景出現的一些非常正面的特徵。這種朝向「冷」而不是「熱」的戰爭，對於穩定 1949 年夏天的股票市場扮演很重要的角色。這時已經為接下來將持續近二十年的牛市打好了基礎。

08 CHAPTER 1949 年的市場結構

> 房間的一邊是辦公室的門;另一邊則覆蓋著工廠、輪船和鐵路的巨幅圖片。
> 這些照片是高登先生的主意。他想向客戶解釋他們購買的股票真正的含義。高登
> 先生一直想讓人們覺得,股市是一種充滿創造性、有生產力的東西。
>
> ——高爾·維多,《黃色樹林裡》

8-1 1949 年的股票市場

到了 1949 年 5 月底時,所有在紐約證交所上市的股票的總市值為 640 億美元。雖然市值仍比 1929 年 9 月時低了三分之一,但是比 1932 年熊市底部時高了四倍。與 1932 年一樣,在紐約證交所上市的股票,幾乎占全美國上市股票總市值的 90%。1949 年底,紐約證交所上市的股票數為 1,457 檔個股,比起 1929 年底上市的 1,293 檔個股略多一點。

交易所上市公司數量為 1,043 家,平均市值為 5,800 萬美元。要了解這樣的市場規模到底是多大,就需要先理解被蕭條和戰爭摧毀的投資管理產業的環境。1949 年 6 月,在美國證券交易委員會註冊的投資管理公司就只有 150 間,管理的資金總額為 27 億美元。即使這個產業完全不投資債券,也只持有美國股市不到 5%的股票。

1949 年 7 月初在市場底部,約 1,500 檔上市的股票中,平均每天只有 900 多檔個股進行交易。這與 1946 年市場活動高點形成鮮明對比,當時 1,300 檔個股中約有 1,000 檔交易。1946 年時,紐約證交所 1 月的單月股票交易量達到 19.46

億美元，而當市場在當年 5 月達到頂峰時，已經下降到 14.32 億美元。到 1949
年 7 月道瓊指數觸及低點時，每月交易量僅為 5.26 億美元。周六市場只交易半
天，因此 7 月分的日均成交量只有 2,340 萬美元。雖然道瓊工業平均指數從
1946 年 5 月的高點下跌了 24%，但平均交易量下降了 70%。1929 年 10 月 19
日，市場的最高成交量仍是 1,640 萬美元。1949 年的最低日成交量為 54 萬 1,360
美元，比 20 年前的程度還要低了將近 97%。

　　從 1932 年以來的 17 年，市場結構發生了巨大的變化。

圖 77　紐約證交所十個市值最大類股的總市值（1949 年的排名）

（%）	1932	1949
公用事業	15.5	6.7 (5th)
石油	10.9	16.0 (1st)
通訊	10.8	6.2 (7th)
鐵路	8.7	5.1[1] (9th)
食品	8.0	6.2 (8th)
化學品	7.8	9.0 (2nd)
菸草	5.5	2.3 (14th)
零售	5.4	7.9 (3rd)
汽車	4.3	7.5 (4th)
鋼鐵	3.7	6.4 (6th)
電器設備	2.4 (13th)	3.5 (10th)
前十大總市值	**80.6**	**74.5**

資料來源：肯尼斯・法蘭奇，《產業組合數據》。
備註：[1] 數據包含所有運輸業（包括鐵路）。

圖 77 顯示紐約證交所上市的十大工業類股在大蕭條和戰爭期間的變化。雖然公用事業類股的重要性略為降低，但石油在 1949 年的重要性甚至超過 1932 年的時候。1949 年時，石油和化工產品合計占市值的四分之一。石化產品的重要性上升對化工公司特別重要。因為戰爭而開發出來的塑膠產品聚乙烯，「每天都會發現新的用途」，產量在一年內增加了 2 倍，達到年產量 5,000 萬磅。[59]

隨著德國化學工業大部分被摧毀，美國企業的前景特別好。藥品業務也呈爆炸式成長，光是青黴素的出口額就超過了戰前美國的藥品出口總額。自 1932 年以來變得更加重要的其他市場領域則是零售和汽車。到了 1949 年，由於在二戰期間無法生產汽車，汽車產業正在重整，以滿足眾多等待的客戶。相較之下，公用事業、菸草和通信業的重要性都比 1932 年時低了很多。下頁圖 78 顯示類股績效在不斷變化的市場結構中的角色。

《馬太福音》（*Gospel of Matthew*）中的一句話，可以用來描述這段時期類股的表現——「在後的將要在前，在前的將要在後」。在 1929 年到 1932 年熊市中，績效最好的類股——公用事業、菸草和電信——到了 1932 年到 1949 年反而變成績效最差的類股。

禁酒令的解除使釀酒商的股價表現特別出色。1932 年 6 月，隨著民主黨總統當選的可能性愈來愈大，廢除禁令的可能性愈來愈大。儘管如此，1933 年 12 月的廢除對啤酒行業產生了重大的積極影響。有了充分的預警，投資人仍然通過投資釀酒業而獲得豐厚的報酬。類股的表現說明了 1932 年到 1949 年期間新股發行在改變市場結構方面的重要性。在此期間，在外流通股數增加 59%，而上市公司數量僅增加了 27%。尤其是化學工業因為吸引新資本的能力極佳，使得重要性與股價表現同步提升。

1946 年到 1949 年的熊市時間很長，但程度卻較溫和。股票在 1949 年變得

圖 78　紐約證交所表現最佳與最差的工業類股──
1932 年 6 月到 1949 年 6 月（總報酬率）

最佳	（%）
啤酒	3,993
遊戲	2,606
批發	2,396
汽車	2,201
服務	2,199
最差	
公用事業	280
菸草	398
煤炭	489
家用產品	523
通訊	527

資料來源：肯尼斯‧法蘭奇，《產業組合數據》。
備註：備註：總報酬率包含股利再投資。

非常便宜，不是因為熊市的規模，而是因為這段時間的獲利成長。在這個溫和的熊市中，從 1946 年 5 月到 1949 年 6 月，公用事業部門再次顯示出防禦類股的特質。

　　熊市期間石油類股的績效特別好，因為從生產戰爭用產品轉型的過程遭過的問題最少。驚人的是，1946 年的石油需求比 1945 年更高，而且與其他類股不同的是，石油業幾乎不太需要改變其產品，就能從軍用市場轉為配合民間市場的需求。在這段期間，石油業因為市場對其產品的需求增加和價格上漲受惠。汽車行業面臨著更加艱難的轉型，因為隨著軍方需求大幅減少，產業需要進行大量重組才能轉回民用生產。運輸部門主要是由鐵路組成，並繼續受到政府監

圖 79　1949 年 6 月十大類股的報酬──1946 年 5 月到 1949 年 6 月

石油	+5.8%
化學品	-8.06%
公用事業	-9.7%
零售業	-15.5%
食品	-16.2%
通訊	-17.7%
鋼鐵	-17.9%
汽車	-21.5%
電器產品	-27.5%
運輸業	-33.4%

資料來源：肯尼斯・法蘭奇，《產業組合數據》。

管的負擔。在戰後高通膨時期難以確保的運費上漲，進一步削弱了石油產業的利潤。

8-2 | 1949 年的債券市場

他在辦公桌前停下來。那是一種暗淡的橄欖色。不同的統計書籍整齊地堆放在一個角落裡；筆記本和文件散落在上面，他看起來好像很忙。

——高爾·維多，《黃色樹林裡》

到了 1949 年時，紐約證交所上市債券的市值已達到 1,280 億美元，相較之下 1932 年只有 320 億美元。在這段時間，政府公債價格指數上漲 16%，高級公司債指數上漲 43%。1949 年 7 月，《華爾街日報》解釋了紐約證交所債市的變化。

1932 年在證交所上市的只有 1,600 多檔債券，到了 1940 年底還有將近 1,400 檔。今天就只有 912 檔，其中 75 檔是美國財政部和世界銀行所發行的債券——這些債券完全由專業交易商在櫃檯市場中進行交易。

在紐約證交所上市的債券數量減少到 1905 年以來最少。市場規模和發行數量之間的趨勢差異是由聯邦政府對一些大型債券的重要性增加所帶動的。公司債市場多年來一直在萎縮。從 1932 年到 1945 年之間，除了 1936 年和 1938 年之外，每年已償付的公司債的價值都超過新發行的債券。在那段時間裡，已償付的公司債淨額為 428 億美元，到了 1949 年，在外流通公司債券的總價值可能不到 300 億美元。

圖 80　紐約證交所債券與股票市值

（10 億美元）	債券	股票	股票占總額的百分比
1928	47.4	67.5	58.75
1929	46.9	64.7	57.97
1930	47.4	49.0	50.83
1931	37.9	26.7	41.33
1932	32.0	22.8	41.61
1933	34.9	33.1	48.68
1934	40.7	33.9	45.44
1935	39.4	46.9	54.35
1936	45.1	59.9	57.05
1937	42.8	38.9	47.61
1938	47.1	47.5	50.21
1939	49.9	46.5	48.24
1940	50.8	41.9	45.20
1941	55.0	35.8	39.43
1942	70.6	38.8	35.47
1943	90.3	47.6	34.52
1944	112.6	55.5	33.02
1945	143.1	73.7	33.99
1946	140.8	68.6	32.76
1947	136.2	68.3	33.40
1948	131.3	67.1	33.82
1949	128.5	76.3	37.26

資料來源：紐約證交所。

　　紐約證交所的統計資料顯示，自 1920 年以來一直在進行的債券牛市，交易量卻是一直在下降。紐約證交所債券交易的高峰是 1922 年，當時交易量平均每天超過 1,500 萬美元。由於股票在 1920 年代主導了投資人的興趣，到了 1929 年債券交易量下降至每天 1,140 萬美元。雖然股票市場的交易量在 1942 年觸底，但債券市場的最低交易興趣直到 1949 年才出現，當時日均交易量每天只有 300 萬美元。1949 年，在紐約證券交易所交易的債券總額不到 10 億美元，不到 1,280 億美元在外流通債券市值的 1%。

　　早在 1924 年，紐約證交所債市的年交易量幾乎占上市債券總值的 14%。就紐約證交所的交易量而言，這段期間債券的重要性仍高於股票。到了 1929 年，也只有單日交易量最大的股票，交易的價值才超過了債券的日均交易量。到了 1949 年，紐約證交所的債券交易量平均每天 300 萬美元，而股票交易量從 200 萬美元到 50 萬美元不等。

　　但我們必須強調，這是只使用紐約證交所的資料對債券市場所做的分析——就債券交易量而言，這是唯一可用的完整數據。但是在此期間，美國債券市場發生了重要變化。如圖 81 所示，紐約證交所仍然是美國最重要的公司債市場。

　　雖然紐約證交所對公司債券市場仍然很重要，但是對公債市場的重要性多年來一直在減弱。柴爾茲（C.F. Childs）解釋公債市場的運作，即使到了第一次世界大戰期間，公債也愈來愈移往紐約證券交易所以外的地方交易。

　　……幾乎所有公債的買賣都是透過專門從事這些債券的交易商所進行的。證交所公布的名目報價一直被認為只反映一般的官方價格，以供評估參考，而非大額實際交易市場。在交易所記錄的每 1,000 美元公債銷售中，有 100 萬美元面值未記錄的交易，是由極少數公債交易商的銀行機構進行的。[60]

圖 81　美國公司債上市情況，占總票面價值的百分比

（％）	紐約證交所	其他交易所	櫃檯交易
1900	60	11	29
1908	51	5	44
1916	56	5	39
1924	62	5	33
1932	57	20	23
1940	66	12	22
1944	66	10	24

資料來源：布拉多克・希克曼，《1900 年以來的企業債券融資的統計指標》。

　　一直到第一次世界大戰期間公債發行量大增後，公債市場才成為散戶投資人的重要金融資產。1919 年時，自由債券主要在紐約證交所交易，紐約證券交易所所有債券交易的 76%是公債。但這是散戶購買公債的高峰，隨著機構投資人購買公債增加，大型場外交易再次開始成為市場主要的動力。

　　儘管在外流通的聯邦公債數量大增，但這些證券在紐約證交所的交易卻愈來愈少。到 1940 年已經減少到金額非常低。即使在第二次世界大戰金融期間，散戶增持債券增加，紐約證交所在公債市場中也不具有重要的地位。

　　因此長時間下來，紐約證交所的資料對美國公債市場的描述愈來愈不精確。比較好的方式是研究這段時間，在外流通的政府公債總額成長。甚至在美國參加二戰之前，聯邦政府的總債務在 1941 年就達到了 489 億美元，然後在 1946 年達到了 2,694 億美元的高點。此時的公債金額幾乎是一戰結束後的十倍。

到 1946 年 3 月，光是散戶就持有 1,676 億美元的公債。1932 年，已發行的公債面值為 142 億美元，加上長期和短期票據，總額達到 195 億美元。到 1949 年，政府公債的面值為 1,686 億美元，其中 563 億美元為儲蓄債券。公債總額的餘額包括 822 億美元的票據、公債和特別發行公債。1949 年，僅聯邦公債市場就幾乎是股票市場的三倍。

在描述 1949 年的美國債券市場時，國外債券市場也值得一提。儘管 1920 年代被認為是美國人投機證券的時代，但外國公債也出現了類似的榮景。由於第一次世界大戰爆發，美國被賦予了世界主要債權國的地位。儘管外國主權信貸已進入市場一段時間，但在 1920 年代，由於民眾購買的熱潮而出現了新的發行潮。

1914 年 6 月 30 日，在歐洲戰爭爆發之前，只有阿根廷和日本這兩個外國公債在紐約證交所交易。英國原本是世界上主要的債權國，在 1820 年代初期首次進入外國公債世界時的表現不佳。後來每隔一段適當的時間後，新發行的公債都會出現幾次牛市和熊市。這在美國是一個新的市場，而且十九世紀英國對外債狂熱的所有特徵全都發生在美國的外債市場。

1929 年 9 月時，有 202 檔外國公債在紐約證交所定期交易，占交易所債券交易量的三分之一。不意外的，全球經濟蕭條和世界大戰減少了 1949 年仍在交易的外國公債券的數量。當道瓊在 1949 年 6 月 13 日觸底時，只有 46 檔外國債券在紐約證交所上市。只有二十個主權發行國在交易所交易債券，其中許多債券的交易價格低於面值的一半：智利、哥倫比亞、哥斯大黎加、希臘、義大利、墨西哥、秘魯、塞爾維亞和南斯拉夫。在仍交易的所有外國債券中，略超過一半全額支付利息。到了 1948 年底，歐洲有 10.3 億美元的不付息美元債券，其中德國就占 64%。

　　珍珠港事件後，美國證券交易委員會禁止交易商對軸心國發行的面值 12.5 億美元的美元債券進行報價或交易。此舉結束了七個國家的公債交易——德國、義大利、奧地利、羅馬尼亞、匈牙利、保加利亞和日本。甚至到了 1949 年，除了義大利之外，這些公債都沒有重新開放交易。

　　持續暫緩的原因之一是擔心政府在 1941 年 12 月之前回購的德國政府證券一直在柏林累積，但是沒有被取消。現在人們擔心這些債券掌握在蘇聯的手上。我們可以公平地說，美國投資人對外國政府公債的第一次熱情，與 1820 年代英國的參與一樣是災難一場。班傑明・葛拉漢（Benjamin Graham）在戰後撰文，對這整個資產類別非常不屑，他認為外國債券「自 1914 年以來的投資歷史都很差勁」，兩次世界大戰和世界經濟蕭條使得情況變得更糟。

　　但是每隔幾年市場條件就會變得有利，可以用面值的價格出售一些新的外國債券。這種現象有助於我們了解一般投資人的思維——而且不只是關於債券。[61]

09 CHAPTER
熊市觸底：1949 年的夏天

> 「我們應該很快就會大賣。我正在做一份報告。其實不是真正的報告；我一直在為前檯的人準備一些關於飛機庫存的統計數據。這工作還真不簡單。」
>
> ——高爾·維多，《黃色樹林裡》

　　1921 年和 1932 年的股票價格都大跌。1949 年夏末的熊市非常不同。從 1946 年 5 月的高峰 16 年的高點，市場到 1949 年 6 月的低點只下跌了 24%。雖然沒有暴跌重挫，但這次熊市有一個重要的方面和 1921 年時很相似。在 1929 到 1932 年這段時間，股票的評價從高點暴跌至低點。這種因為股價評價過高而突然暴跌的情況非常罕見。正如我們在 1921 年所見的，股價評價花了很長時間

圖 82　標普指數本益比周期性調整——1933 年到 1949 年

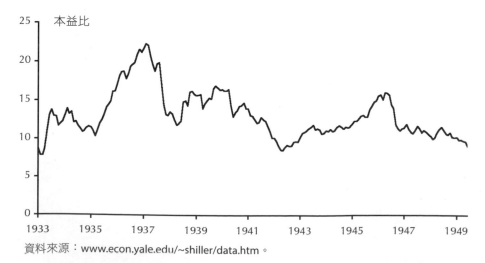

資料來源：www.econ.yale.edu/~shiller/data.htm。

才跌到較低的水準，然後才真正大跌。

1949 年時，股價最後的跌勢很溫和，但是股價評價的跌勢拖了很久，這情況和 1921 年之前很類似。

與 1921 年之前一樣，股價評價的跌勢拖了很久的一個關鍵因素，就是經濟成長沒有令企業沒有充分獲利。1929 年到 1946 年美國經濟發展的道路比 1921 年之前還要更顛簸。雖然在這段期間發生大蕭條，但美國經濟仍在擴張，而道瓊工業指數則是回到 1926 年首次出現的水準。

圖 83　1926 與 1949 年的經濟成長（從人口到原油生產）

	1926	1949
人口（百萬人）	117	149
每年移民人口	304,488	188,317
出生時的預期壽命（年）	57	68
醫生人數	149,521	201,277
平均時薪（製造業）	55￠	$1.43
工會總人數（千人）	3,502	13,213
躉售物價指數	100	155
名目 GDP	97	267
實質 GDP（換算為 2000 年的十億）	794	1,634
學校就學人數（千人）	27,180	28,491
農場數（千）	6,462	5,722
農場牛隻數（千）	60,576	76,830
換算為現在金額的礦產價值	5311	10,580
礦產實際數目指數	66	92.1
原油生產（千桶）	770,874	1,841,940

	1926	1949
新私人與公共建築價值（百萬美元，1947-19 年的價格）	23,752	23,527
住宅開工數（千）	849	1,025
香菸生產（百萬枝）	92,523	385,046
鋼錠和鋼模生產總數（千長噸）	48,293	69,623
鐵路里程數	421,341	397,232
汽車登記（千輛）	22,250	44,690
電話數（千）	17,746	40,079
中央發電廠淨發電量（每小時千瓩）	94,222	345,066
出口（百萬美元）	5,017	12,160
進口（百萬美元）	4,755	7,467
商品與服務餘額（百萬美元）	826	6,359
實質私人人均 GDP（以 1929 年為 100）	94	162.7
銀行總資產（百萬美元）	65,079	170,810
儲蓄總額（百萬美元）	54,416	156,488
紐約證交所股票鈔售是（每年百萬）	451	271
有效人壽保險（百萬美元）	77,642	213,672
聯邦政府支出（百萬美元）	3,097	39,506
聯邦政府支薪文職員工（千人）	548	2,102
聯邦政府公債（百萬美元）	19,643	252,770
現役軍人數	247,396	1,615,360

資料來源：美國普查局。

雖然股市自 1926 年起沒有改善，但經濟卻大幅成長。實質 GDP 一直到 1935 年前都低於 1926 年的程度，1935 年至 1949 年這段時間經濟整體成長。人口持續成長抑制了實質人均 GDP 加倍，但在 1926 年至 1949 年期間仍然成長了 62%。經濟擴張與企業獲利成長之間存在差異，其中一個可能原因是政府和勞

動力的重要性都在提升。圖 83 顯示了政府部門如何成為美國經濟中愈來愈大的一部分。在 1926 年到 1949 年間，政府支出占 GDP 的百分比，從 3%上升到 15%。雖然這段時期的前半段對勞工來說是災難一場，但後半段卻有了明顯的改善。從 1935 年到 1949 年，消費者物價指數上升 73%，但製造業工人的平均時薪上漲了 155%。

儘管政府和工會扮演的角色愈來愈重要，但 1932 年到 1949 年上市公司公布的獲利成長確實略高於名目 GDP。但是，只從某一個時期的獲利成長來衡量企業的獲利能力是非常危險的事。由於 1932 年的企業獲利低迷，在 1932 年到 1949 年這段期間，企業獲利並沒有與名目 GDP 同步成長。上市公司的標普指數獲利資料於 1871 年開始記錄，到了 1872 年，名目和實質獲利都已經比 1932 年還要高。

由於 1932 年的收入非常低迷，比起 1949 年的獲利，企業公布的 10 年平均獲利比較適合衡量「正常化」的獲利。這個比較顯示的是，1949 年的「正常化」獲利比 1932 年的「正常化」獲利高出 33%。由於那段時期的名目 GDP 的成長，企業獲利能力顯然令人失望。

從 1932 年到 1949 年上市公司獲利的總成長包含兩個截然不同的時期。在這 13 年期間，幾乎三分之二公布獲利成長時間是在 1945 年至 1949 年之間。1945 年取消超額獲利稅，是獲利突然成長的重要因素。正如我們所見的，獲利大增的同時，股價經歷最後一段跌勢。

這顯示投資人懷疑戰後獲利暴增是否能持續下去，而且認為 1945 年極低的獲利比較可能是美國企業的獲利能力。因此，即使是 1932 年至 1949 年低於平均水準的獲利成長，也可能被認為高估了上市公司未來獲利能力。股價評價下滑，證明了即使是對這麼低的獲利能力也缺乏信心。

對於許多投資人來說，一定很難相信股價評價會從 1932 年的極低水準下滑。當道瓊在 1932 年 6 月跌至最低水準時，市場的本益比很低，只有 9.4 倍，而 1871 年至 1932 年的平均本益比為 13.7 倍。由於到 1932 年 6 月獲利萎縮還沒有結束，因此以預期獲利為基礎的本益比要高得多。企業公布的獲利在 1932 年 12 月達到大蕭條時期的低點，以這樣的獲利來計算，1932 年 6 月市場的本益為 11.6 倍。

即使在這種非常低的獲利水準，已經超過了 1872 年 4 月到 1876 年 6 月的水準，但市場對股價評價仍在非常低的水準。一位 1932 年 6 月的投資人就算預期獲利會進一步萎縮，也可能會預期股價評價在長期內可能會升至 1871 年到 1932 年平均水準的 13.7 倍。然而到了 1949 年 6 月，標普指數的本益比進一步下跌至 5.8 倍。1949 年的獲利確實再萎縮一點，但即使將這一點納入考量，1949 年 6 月的本益比也只有 6.4 倍。

圖 84　標準普爾指數（12 個月落後獲利）──1929 到 1949 年

資料來源：www.econ.yale.edu/~shiller/data.htm。

　　投資人若在 1932 年的底部買進，預期股價評價至少會上升，到了 1949 年熊市底部時卻會發現股價評價進一步下跌 40%。在這段期間，企業獲利成長疲弱，但股價評價愈來愈低是導致報酬率不佳的主要因素——特別是在 1937 年之後。

　　1932 年底時，美股的 Q 比率為 0.43 倍，到了 1949 年底時只剩下 0.36 倍。到了 1949 年，股票變得非常便宜，為二十世紀最長的牛市奠定了舞台。

9-1　好消息與熊市

「雖然我非常尊重你和同事的意見，但是關於股票市場，但在這種情況下，我得說我反對你的看法，因為我認為這是一個上漲的市場，而且仍會繼續上漲。目前取得的所有統計資料……不對，是所有可用的資料都指向這一點。希望能再聽聽你的意見，等等。」

——高爾‧維多，《黃色樹林裡》

1949 年 6 月的夏季比較像是 1932 年，比較不像不像 1921 年。投資人最近並沒有遭受過災難性的價格暴跌。到了 1949 年中時，儘管經濟狀況有所好轉，而且自 1945 年以來，企業獲利有了顯著的改善，但投資人仍經歷一段長時間的橫盤整理。對戰後蕭條和通貨緊縮的恐懼緩和了更好的經濟和獲利前景，就像 1921 年發生的那樣，或者政府繼續大力干預經濟，這將扼殺企業的長期獲利能力。儘管存在這種普遍的不確定性，但股票價格上漲還是比經濟復甦更早來臨。

道瓊於 1949 年 6 月觸底，但美國國家經濟研究局提供的衰退結束參考日期則是 1949 年 10 月。

但是即使對於可以預見經濟改善的投資人來說，也有充分的理由保持謹慎。自 1932 年以來有很長一段時間，經濟衰退已經結束，經濟重新開始成長，此前曾出現過兩次，分別是 1938 年 6 月和 1945 年 10 月。在這兩種情況下，經濟好轉都沒有造成股票價格持續上漲。如果想要在 1949 年 6 月時投資股票，投資人就必須相信這次不一樣。

一個偉大的市場真理是，沒有好消息和樂觀情緒就是標示著熊市的結束。正如我們所見，在 1921 年和 1932 年的市場底部情況並非如此。同樣的，在 1949 年市場底部也有大量的好消息和樂觀情緒。

經濟可能一直到 1949 年 10 月才觸底，但那年夏季《華爾街日報》報導許多經濟的好消息。

4 月 21 日：……第一季財報優於於普遍預期。

4 月 22 日：國際收成者公司（International Harvester Co.）從去年 11 月 1 日開始的這個財務年度迄今已生產的農業設備比去年同期至少多 30%。

4 月 22 日：「許多經濟觀察家得出結論或正在轉向這樣的觀點，也就是我們經濟形勢正在進行的調整，最終將為欣欣向榮的商業復甦奠定基礎。」巴赫公司的山姆·史密斯。

4 月 22 日：艾克斯休士頓基金（Axe-Houghton Fund Inc.）的總裁艾克斯在給股東的信中寫道：「有許多因素可能會限制業務衰退的持續時間。最重要的因素之一是信貸供應，信貸供應量很大，可能會因聯準會的銀行操作而增加。如果商業活動進一步萎縮，政府支出可能會增加。還有大量的建築工作必須完成，特別是在公用事業領域。流程的下降和勞動力效率的提高可能會帶來新的需求。最後，一般商業活動的下降趨勢應該會修改國會可能通過的立法。這種情況與過去真正嚴重的商業衰退開始時的情況截然不同，例如 1907 年和 1920 年。但是 1949 年出現短暫的、也許急遽的商業收縮是一種真實的可能性。」

4 月 25 日：美國銀行家協會主席小艾文斯·沃倫(Evans Wollen Jr.)——商業

圖景中的亮點，伍倫先生列舉了這些：歐洲援助計畫雖然從長遠來看涉及嚴重問題，但是必定會刺激現在的業務，並可望為該國在大西洋公約中的伙伴提供軍事援助。

4 月 28 日：由美國鋼鐵公司、杜邦公司和通用汽車公司等公司主導的第一季度報告預算包括許多改進，但投資人並不在乎過去的歷史，而是根據未來幾個月可能發生的事情進行交易。

4 月 28 日：俄亥俄州標準石油公司第一季的汽油銷量較前一年成長約 8%。

5 月 2 日：197 家公司的獲利超過 7.32 億美元，比 1948 年高出逾 21%。（《華爾街日報》對 1949 年第一季二十個主要上市行業的調查）。

5 月 12 日：財政部長斯奈德表示，戰後的「調整」在許多業務領域現已「大致完成」。

5 月 14 日：廢銅價格每磅上漲 1 美分的消息收盤後鼓舞了華爾街的多軍。

5 月 21 日：根據報導，美國管道與籌造公司（U.S. Pipe & Foundry）注意到第二季的新訂單有所改善。市政府和公用事業公司是其主要客戶，預計將在一段時間內維持其高速運營。

5 月 23 日：大部分跡象顯示經濟衰退將很輕微。

6 月 3 日：5 月分私人住宅建設比去年同期下降 15%。1949 年的 1 到 5 個月，住宅建築比去年減少了 15%……。今年前 5 個月，所有建築比去年同期成長了 3%……。公共建設的進展更積極……。這是今年 1 到 5 月的公共建

設比去年成長了 40%。

6 月 8 日：飛機股的追隨者表示，波音公司 1949 年的銷售額應該是去年的兩倍，獲利也遠高於 1948 年。

6 月 9 日：據美國聯邦準備理事會報告，商業貸款連續第 20 次下降，截至 6 月 1 日當周又減少了 1.52 億美元。6 月 1 日，主要城市地區銀行的不動產貸款趨勢相反，升至 40.92 億美元的歷史新高。不動產貸款比一年前增加了 324 美元。

6 月 16 日：大約一年——許多商人認為下降趨勢會持續的時間……。例如，吉列總裁斯班（Spang）說商業活動下降將在四到六個月內結束。

6 月 16 日：化學生產公司賓夕法尼亞鹽（Pennsylvania Salt）的總裁喬治‧貝澤（George B. Beitzel）說：「過去的幾天裡，我們注意到某些生產線的活動有所增加。我們公司中的大多數人都覺得，到了秋季商業活動就會再次活躍起來。」…………一間大型油漆公司注意到最近的銷售是回升。原因是經銷商先前停止進貨以減少庫存，後來又發現消費者需求仍然相當強勁。買家會抱怨商店的庫存中沒有他們想要的商品。

6 月 16 日：「滾動衰退」這個詞愈來愈多常被用來描述這種情況。一位白宮經濟顧問以「造幣者」一詞而著稱。通過滾動，他的意思是工業股遭到了一系列的打擊，而不是一次全部受到打擊。棉花、紡織品、航空公司、冷凍食品、收音機、蒸餾器、奢侈品等一些商品在一年或更久以前就遇到了麻煩。其中有一些產品的銷售量恢復。其他行業則並未真正感受到經濟下滑。汽車是一個重要的例子。另一個藥物製造商。電力銷售繼續超過一年前的水平。電話公司有大量訂單積壓。卡車貨運業獲利成長，在一定的程

度上是因為鐵路的業務下滑。政府的經濟評估專家認為，平均而言，從戰後商業高峰期到平穩期的下滑過程，每個產業似乎需要大約一年的時間才會調整完成。

6 月 16 日：如果今年初商業衰退似乎開始變得嚴重，那麼很多美國消費者並不太擔心……。根據為聯邦儲備委員會蒐集的資料，他們有更多的錢可以花，感覺比以往任何時候都多對他們的未來前景非常樂觀，並打算購買汽車、房屋和其他耐用品……。結果顯示，與我們所了解的其他經濟情況相比，他們「看起來很奇怪」。……他們指出，家電銷售持續下滑直至 4 月再回升雖然不是季節性的，但足以顯示較低的價格正在刺激銷售。聯邦準備銀行報告說，通過降價和廣告最積極地吸引客戶的經銷商會取得成果。

6 月 22 日：席爾森漢彌爾公司（Shearson, Hammill & Co.）的華特・梅納德（Walter Maynard）：「證據似乎顯示 7 月分的商業活動和股市都出現了好轉。在這種情況下，投資人最好採取更激進的態度。」

6 月 29 日：哈利斯厄普漢公司（Harris Upham & Co.）的雷夫・羅森（Ralph Rothem）。「由於需要增加庫存減少的某些非耐用品的產量，未來幾周商業活動可能會有所恢復。」

6 月 30 日：最近急遽下滑的人造絲業務顯示出復甦的跡象……。同一管理層的北美人造絲（North American Rayon）和美國賓霸公司（American Bemberg Co.）的一位發言人說：「這是一個明顯的底部轉折。我們認為這很重要，並預計到年底前的業務將會更好。」

7 月 1 日：有鑑於干預性降價，零售實物量到目前為止總體上保持得非常好。失業率的上升尚未對消費者購買力造成太大影響。工業生產與向消費

者分配之間的差異顯然是由庫存減少造成的。除非出現長時間停工和工資收入大量損失等意外情況,否則消費一定會在適當的時候超過生產,並要求製造廠和工廠更加活躍。汽車和建築行業仍然非常活躍。

7 月 1 日:出現了零星的業務改善實例,特別是在人造絲領域。籠罩在國際經濟前景上的陰雲也為改善。那些在過去一、兩周內警告英鎊即將貶值的人,現在認為英國經濟危機在一、兩個月內或在倫敦大英國協財長會議之前不會達到高峰。

7 月 2 日:失業人數躍升至 7 年來的最高點 3,77.8 萬人。但該部門表示,成年失業人數沒有增加。25 歲及以下年齡組比 5 月分增加了 48.9 萬人……。非農就業人數的增加扭轉了 5 個月的下降趨勢,這是因為建築業和戶外工作有所增加。

7 月 6 日:「現在很多人所做的預測是,我們目前的經濟衰退將在秋季觸底反彈,整體商業活動將在明年春季逐漸回升。」芝加哥的丹尼爾萊斯公司(Daniel F. Rice & Co.)。

7 月 8 日:赫頓公司的路西恩・胡柏(Lucien Hooper)──「從廣泛的行業部門蒐集的實地報告顯示,並沒有出現嚴重蕭條之前常見的條件。」

7 月 8 日:5 月分全國大型工業廠房的售電量低於去年同期……。這是自 1946 年 8 月以來任何一個月的首次較前一年同期下降……。5 月分住宅用戶的售電量總計 44.7 億瓩時,比去年同期成長 14.2%,對商業消費者的銷售量達到 36.25 億瓩時時,比 1948 年 5 月增加 7.2%。

7 月 11 日:銅業的產量在過去 6 個月中大幅降了 50%,但上周稍後銷售量

已出現大幅回升。

7 月 12 日：山姆史密斯巴奇公司（Sam Smith Bache & Co.）——3 年多來，對商業世界中正在發生的事情的擔憂抑制了市場情緒，阻礙了正常的本益比關係。當這個重擔被解除時，一個受歡迎的心理變化應該會對我們的市場產生滋補作用。知道這一些事應該會令人感到滿意：不會發生戰爭、稅率不會調高、我們沒有不當的勞工法案、我們正在迅速走向商業常態、昂貴的庫存正在減少、過多的低效工廠空間被閒置或報廢、公共需求仍然巨大，購買力巨大、隨著現實價格的回歸，將開拓更多的市場、借貸成本便宜、信用充足、庫存低、收益率高。

7 月 14 日：棉花和人造絲綢買家的「試探者」鼓舞紡織品製造商。新英格蘭地區的工廠指出，布料商和服裝製造商對秋季商品的小量購買是一年多以來對這些面料真正購買意願的第一個證據。

7 月 18 日：最先感知總體廣告趨勢的戶外廣告公司報告指出，看來 1950 年將會是又一個重要的年分。

7 月 21 日：商務部表示，零售商店的貿易自年初以來一直相對穩定。在前 6 個月，調整後指數與 1948 年前 6 個月相比的總變化僅為其增加的 1%。

7 月 22 日：熱點公司（Hotpoint）的總裁詹姆士‧南斯（James J. Nance）認為，家電行業的調整已經觸底……「今年第一季末發生的電器降價非常迅速而且徹底。他們將家電價格控制在……國家經濟水準內」。

7 月 23 日：5 月分支付的公司股利比 1948 年高出 14%，截至 5 月 31 日的三個月，現金股利支付總額為 13 億 7330 萬美元，比 1948 年同期支付的 12 億

5190 萬美元還要高出 10%。

7 月 25 日：受業務下滑重創的新英格蘭地區出現復甦跡象。消費品行業所占比例較高的新英格蘭地區，通常是該國最先感受到商業活動好轉或惡化的地區。

8 月 1 日：全國採購代理協會表示，7 月業務繼續下滑，但降幅低於 5 月和 6 月……。採購主管的報告有所增加，而 28%的報告有所減少。調查顯示，這些商品在 7 月分的價格有所上漲——銅、鉛、鋅、酒精、新麻布、陶瓷、玉米、石灰石、棉籽油、桐油、松香和澱粉。

8 月 4 日：鋼廠指出需求明顯回升。

8 月 5 日：事實上，這份幾個月來一直在報導「壞」消息的報紙最近刊登了夠多的這一類令人感到振奮的文章，在昨天的記者會上發表杜魯門總統的評論。這一次他對我們很滿意。

8 月 6 日：收盤後，聯準會宣布將在未來幾周內調降成員銀行的準備金要求。此次調降將使可用於投資政府公債或企業貸款的銀行資金增加 18 億美元。

8 月 10 日：巴奇公司（Bache & Co）指出：「在華爾街可以感覺到一種新精神的開始。這很容易成為美國商業活動下一次重大成長的基礎。」

8 月 10 日：漢菲爾諾耶斯公司（Hemphill, Noyes & Co.）：「儘管如此，我們相信將不會發生嚴重的商業蕭條，因為戰爭不太可能發生，而且英鎊或其他貨幣貶值對這裡的任何不利影響都將是暫時的。」

　　當然，壞消息也很多。但是上面自報紙摘錄的內容再次顯示，那些等待普遍壞消息的人將錯失良機，這個壞消息的迷思預示著熊市的結束。與 1921 年和 1932 年一樣，市場沒有對好消息做出反應，比壞消息的擴散更能說明熊市的結束。1949 年與 1921 年和 1932 年經濟復甦的跡象有許多其他相似之處。在這三個時期人們都指出，全國蔓延的經濟復甦是從新英格蘭地區開始的。這三次熊市觸底的另一個共同因素則是汽車業的成長，而整體經濟卻繼續萎縮。

　　由於汽車生產於 1942 年 2 月停止，1943 年和 1944 年僅售出了 749 輛庫存中的新車。1945 年的汽車登記量仍低於 1939 年的量。這種生產不足導致一個非常不正常的汽車市場，使得戰後許多年定價遭到扭曲。對積壓的汽車的需求使二手車價格大幅上漲，並在戰後造成排隊買新車。1949 年 4 月 5 日的《華爾街日報》刊出這樣的一段話：

　　二手車買氣低迷——較低的價格和較慢的銷售速度，表示二手車商的利潤微薄，他們在過去兩年看到原本蓬勃的市場緩慢但肯定地瓦解。在戰爭期間和戰後初期，他們幾乎可以用任何價格出售任何可上路的汽車。在 1946 年到 1947 年的冬季，價格極佳的豪華車型的銷售量開始下滑。1947 年業務蓬勃發展，但消費者逐漸不再購買二手車，而且組裝完成的新車更多。在 1947 年到 1948 年的冬季，價格下跌了 10% 到 20%，1948 年 9 月，價格從 1947 年的高點估計約下跌了 25%。

　　去年冬季的業務跌至戰後低點……。一輛售價 900 美元的 1937 年雪佛蘭，第一年可能會降價 250 美元，第二年再降價 200 美元，再過一年再降價 150 美元，使其降至原價的三分之一。戰後，一輛標價 1,200 美元的 1946 年雪佛蘭新車很可能在 1947 年初以 1,500 美元的價格在二手車市場出售，今年年初的價格為 1,300 美元，三年後可能跌到 1,100 美元。一輛 1946 年新車上市價為 2,500 美元的三年車齡的凱迪拉克，今年年初的售價也差不多。到了今天售價會再減少 800

美元。

　　一位專家在《華爾街日報》的同一篇報導中估計，美國有 4 萬名經銷商，而戰前只有 1 萬 9 千名。二手車溢價程度下降，二手車經銷商數量下降，預示著市場正在恢復常態。

　　在和平的第一個全年，即 1946 年，美國工廠汽車銷量總計 210 萬輛，到 1949 年達到 510 萬輛。雖然新車價格直到 1949 年才開始下降，但在需求復甦之前並沒有太大的進展。

　　相較於 1941 年（美國和平的最後一年）的 380 萬輛，510 萬輛的銷量似乎偏高。毫不奇怪，投資人擔心一旦戰時積壓的需求得到滿足，銷售就無法維持在如此高的程序。這種擔憂是沒有道理的，因為戰後銷售量繼續強勁成長。一些人預見到戰後繁榮的延續。1949 年 6 月 4 日，《華爾街日報》援引通用汽車負責分銷的副總裁威廉·赫夫斯塔德（William F. Hufstader）的話說：

　　1948 年汽車的平均使用年限為 8.73 年，而 1941 年為 5.33 年；去年美國高速公路上有將近 1,300 萬輛汽車的車齡超過 10 年，而戰前約為 500 萬輛；可支配收入創歷史新高，人口增加，並且更大比例的人處於通常被視為新車市場的收入階層。

　　根據《華爾街日報》1949 年 8 月 11 日報導，汽車經銷商有自己獨特的成交方式：

　　有馬嗎？紐約市一間福特經銷商接受一匹馬（或一頭騾子或山羊）用來抵一輛新卡車售價的 300 美元。

　　在 1921 年、1932 年和 1949 年，汽車需求的成長預示著需求將出現更普遍的改善。這種彈性可能是基於這樣一個事實，即汽車擁有量仍在從隨後被證明非常低的程序上升。對於擴散率較低的此類產品，積壓的需求釋放的跡象可能是經濟整體改善的重要指標。雖然汽車似乎是重新恢復活力的消費者購買清單上最早要買的產品之一，但消費衝動很快就蔓延到其他產品。當消費者恢復信心時，當然可能會有其他產品排在消費者購物清單的首位。1949 年 5 月 4 日，《華爾街日報》指出另一個行業已經開始出現榮景了。

　　拉斯維加斯的生意再次繁榮——在紅鶴（Flamingo）酒吧裡，經理之一班．戈夫斯坦（Ben Goffstein）說：「我從全國其他地區收到報告，酒類銷量下降了40%，但過去幾周我們的酒吧總收入比一年前高出 10%。」……內華達州的賭博並不是絕對正確的經濟風向標。但是以奢侈品消費的指南來說，以前一直都很準確。例如，在 1947 年到 1948 年冬季雷諾博奕業的低迷之後，全國對奢侈品的需求降低了幾個月。拉斯維加斯希望人口很快就能超越雷諾的 3 萬人，成為內華達州最大的都會區。

　　這次採訪發生在巴格西．席格（Bugsy Siegel）的紅鶴酒吧開幕僅三年後。如果有一個產業和一個城鎮處於結構性成長階段，那就是 1949 年的拉斯維加斯。這個希望擁有超過 3 萬人口的城市，現在可以炫耀擁有將近 200 萬人口居住在其大都市區，和一年 3,600 萬名遊客。

| 9-2 | 價格穩定與熊市

　　1949 年的夏季，《華爾街日報》記錄了許多經濟改善。與 1921 年和 1932 年一樣，對低價產品的需求不斷增加。這呼應了 1921 年和 1932 年熊市底部正在進行的重要變化。或許汽車和博奕業首先看到了強勁的需求，這兩者是受益於結構性成長的產品。但在更普通的產品和商品中，需求的成長很快就變得很明顯了。1921、1932 和 1949 年熊市底部的一個重要指標是對價格較低的商品需求增加的第一個證據。1949 年與 1921 年和 1932 年一樣，這清楚顯示通貨緊縮即將結束。由於通貨緊縮壓垮了企業獲利，因此股市對價格穩定的第一個跡象反應如此積極也就不令人意外。對於不同的商品和商品，需求和價格的上漲發生在不同的時間。

　　1949 年，與 1921 年和 1932 年一樣，**價格大致恢復穩定與股市熊市的結束同時發生**。與 1921 年和 1932 年一樣，部分商品的需求增加和價格穩定，都預示著整體價格穩定。

　　與 1921 年和 1932 年一樣，**1949 年經濟體系中的低庫存顯示任何價格上漲都可能會持續下去。**

　　正如《華爾街日報》5 月 19 日報導的那樣，庫存過剩的趨勢似乎甚至會影響那些需求特徵更可預測的行業。

　　較低的死亡率打擊了棺材製造商產量下降的最大因素是許多葬禮承辦人，就像其他行業的採購員一樣，去年大量採購——現在庫存反而過多。

　　庫存清倉有助於降低價格，因此，既然庫存處於谷底，通貨緊縮可能會減弱。就整體經濟而言，1948 年底爆發了庫存清倉。根據勞工部的躉售物價指

數，戰後價格高點出現在同月。這正好是戰爭結束後的 3 年。戰時通貨膨脹持
續的時間幾乎是第一次世界大戰結束後的兩倍。到 1949 年 6 月道瓊工業指數觸
底時，躉售物價指數已經從 1948 年 8 月的高點下跌了 7.5%，如圖 85 所示，只
有進一步的小幅下跌。

圖 85　美國躉售物價指數──1939 年到 1951 年

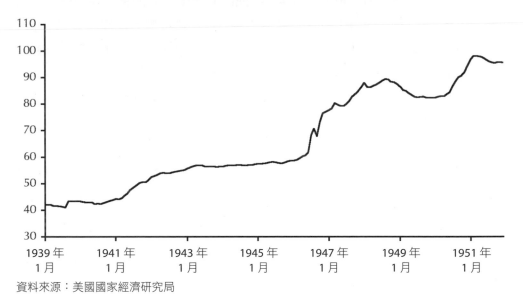

資料來源：美國國家經濟研究局

　　消費者價格指數與躉售物價指數的表現非常相似。因此，雖然股市底部與
一般價格水準的底部並沒有同時發生，但確實發生在價格急遽下跌時期結束的
時候。與 1921 年和 1932 年一樣，愈來愈多的商品價格穩定的跡象證實是整體
價格趨勢變化和股市熊市結束的良好指標。

　　1949 年夏天，《華爾街日報》的版面上有充分的證據顯示這種變化。早在 4
月分，零售價格指數中的租金和食品價格就明顯上漲。6 月小麥和油品市場價

格有所回升。價格上漲的一個關鍵確認特徵是庫存低,並且有證據顯示價格較低時需求增加。正如《華爾街日報》7 月 8 日的報導指出,「如果認為價格『合適』,民眾就會願意花錢」。到 7 月,鉛、人造絲、家禽、鋅和銅的價格上漲,被認為是整體通貨緊縮趨勢正在減弱的進一步證據。躉售物價指數顯示 7 月分物價小幅上漲,並沒有發生令市場恐慌的通貨緊縮。

　　1949 年,對投資人來說重要的預測是戰後必然會出現的通貨緊縮程度。什麼時候結束?這個問題的關鍵答案來自總體價格的表現,而不是整體經濟或股票市場本身。特別是,有跡象顯示 1949 年夏季對價格較低的商品的需求增加,導致價格趨於穩定,這顯示通貨緊縮的規模必須比 1920 年到 1922 年發生的規模小得多。與 1921 年和 1932 年一樣,密切關注整體價格趨勢,尤其是商品價格的趨勢,是確定股票價格接近最低點的關鍵因素。

　　從 1948 年 8 月到 1950 年 6 月,躉售物價指數總跌幅為 7.9%,這與第一次世界大戰後價格達到高點後的 45%跌幅形成強烈的對比。從《華爾街日報》的版面中可以清楚地看出,預計會出現更大程度的通貨緊縮。1946 年到 1949 年的股市熊市,當時企業獲利增加一倍,這也顯示投資人預期通貨緊縮的程度要大得多。對於那些將商品價格穩定視為普遍價格穩定的第一個跡象的投資人來說,1949 年的夏季可以用非常便宜的價格買到股票。

　　當然,關鍵問題是預測這種價格變化是否比預測股市牛市更容易。特別是,與 1921 年和 1932 年相比,這次是否有可能預見到通貨緊縮幅度如此之小?雖然 1948 年到 1950 年的價格下跌受限可能有很多原因,但 1921 年至 1949 年間的關鍵制度改變確實強烈顯示,二戰後經濟周期中的價格下跌將更加溫和。從教師保險和年金協會前副主席的態度可以清楚地看出,人們正在積極討論通貨膨脹新時代的前景。

權威人士認為，我們的經濟體系現在「充滿了內在的通貨膨脹傾向」，尤其是在戰爭或國際緊張局勢伴隨著大量國防開支的時期。他們指出稅收結構、愈來愈苛的工資條款、平價、預算赤字、政府向商業銀行借款、低利率、成本加成合同、補貼等。有些人直指凱因斯經濟學，強調完全就業、福利國家、不願恢復金本位制。62

所以有些人預見到戰後通貨緊縮將會減弱。這些投資人可能在 1946 年到 1949 年熊市期間增加對廉價股票的曝險。結果這次真的不一樣。對於有這種遠見的人來說，在 1949 年夏季買進股票可以獲得豐厚的利潤，他們相信戰後通貨緊縮調整不會出現。然而，正如上文所述，投資人不一定需要對不斷變化的制度架構有如此專業的把握，這種架構決定了「內在的通膨偏見」。與 1921 年和 1932 年一樣，沒有必要預先判斷價格將在什麼程度才會穩定下來。人們可以等待並在 1949 年的夏季評估價格正在穩定的證據。

我們的分析到目前為止都集中在大宗商品價格穩定的跡象，如何成為進入股市時機的重要戰術考慮因素。當然，從整體價格水平變化的重要性來看，戰略資訊愈來愈明顯。很明顯，股票極度低估的時期都發生在整體價格水準衝擊之後。在 1921 年和 1949 年，投資人正在思考究竟有多少戰時總通貨膨脹率需要扭轉。兩次的答案都非常不一樣，但未來價格和企業利潤的巨大不確定性壓低了股價。1932 年並沒有與之前的牛市相關的通膨飆升。隨著通貨緊縮的爆發，這可能導致進一步的不確定性，投資人不得不猜測價格將在什麼程度才會穩定下來。

在本書中，我們研究的是股票價格非常便宜，而且後續報酬極佳的那些時期。在 1921 年到 1949 年，我們發現股票在整體價格水準受到重大干擾後達到最低水準，這只是巧合嗎？這對投資人有重要影響。這顯示購買股票的最安全時間是在價格出現重大波動之後。如果沒有這種價格調整與股市下跌相關，那

麼這可能就不是其中一個重要的進場機會。

　　這並不是說在沒有對整體價格水平造成重大破壞的情況下，人們不能買進下跌的股票價格。然而，如果沒有出現這種價格波動，可能表示股票還沒有達到採取長期買入並持有策略的低價程度。股價評價低，再加上整體價格水準恢復正常，很可能為投資人提供高於正常水準的報酬的最佳展望。

　　整體物價水準是指經濟中所有商品和服務的價格。本書中使用這個詞是為了避免混淆了經常被引用的更具體的價格變化。物價混亂可以指價格上漲或下跌。但什麼是實質的混亂？這是一個方便的術語，但在這裡用來反映對一般價格水準的混亂幅度足以對市場產生重大影響。

9-3　流動性與熊市

一位推著嬰兒車的護士正匆匆趕往街邊。已經很晚了，對她來說帶孩子出去可能已經太晚了。當她從他身邊經過時，他瞥了一眼孩子，發現那個孩子茫然地注視著前方，專注於成長。

——高爾·維多，《黃色樹林裡》

對於本書涵蓋的四個關鍵事件中的每一事件，我們都會了解流動性分析對那些尋求找到熊市底部的人有多大用處。在 1921 年和 1932 年，我們研究了聯準會未償信貸的增加以及貨幣政策的其他變化對股市的影響。在第一部分和第二部分中，我們看到了與金本位制結合使用的聯準會的建立，如何使預測流動性趨勢的業務變得非常複雜。到了 1949 年，聯準會已經運作了將近 35 年，這本應提高其預測其行動的能力。然而，正如我們所看到的，這 35 年來其政策的不一致和錯誤，代表聯準會在 1949 年的行動可能與 1914 年 11 月創立時一樣難以預測。

1949 年的壞消息是貨幣機制發生了變化，這使得觀察聯準會變得更加困難。聯準會在戰時支持政府公券是在預定水平的責任，表示央行是無上限高能貨幣的提供者。到 1949 年幾乎沒有變化，儘管 1947 年時央行不再支撐國庫券和債務憑證的價格，但聯準會仍然致力於支持期限較長的政府公債價格。

政府債券的支持價格在 1947 年平安夜降低，但新價格在整個 1948 年時維持不變。實際上，這一政策意味著只要聯準會需要購買此類證券，「彈性貨幣」就必須繼續擴張支持他們的價格。因此，當市場力量迫使政府債券價格低於其支撐水準時，聯準會的主要貨幣工具實際上處於自動駕駛狀態。在這種情況

下，「彈性貨幣」的擴張是一種行政確定性，而不是聯準會首選貨幣立場的跡象。

支持政府債券價格的承諾，對貨幣體系的正常運作造成了其他扭曲。提高存款準備金率並不像正常時期那樣有效。1948 年 2 月 27 日開始出現上漲，目的是要減緩經濟活動以及通貨膨脹，此舉迫使銀行出售政府證券。然而，聯準會隨後被迫干預市場以支撐這些證券的價格，因而提高了聯準會的未償還信貸。因此，聯準會發現自己處於一個荒謬的處境，也就是央行不得不擴大「彈性貨幣」以回應他們自己為了限制經濟活動所採取的措施。雖然市場力量試圖將政府債券價格推低至支持水準之下，但是這種對貨幣體系的扭曲是不可避免的。投資人可能不會對聯準會實施的變化做出制約的反應。如果說在 1921 年和 1932 年很難看得清楚聯準會在做什麼，那麼現在就更是困難得多。

由於關鍵貨幣工具將自行運作，投資人不得不關注聯準會的其他行動，以評估其未來的貨幣意圖。自 1935 年銀行業立法以來，聯準會有權決定證券購買的保證金要求。保證金要求在 1947 年 2 月從 100%降低到 75%。儘管股市熊市長期存在，但隨後決定不再進一步降低保證金，這表示聯準會對價格調整感到不滿意。1948 年 8 月，隨著聯準會重新獲得監管消費信貸的權力，國會之前在 1947 年 11 月取消了該權力，增加了另一項行政權力。早在 1948 年 9 月，這些新權力就被用來限制消費者信貸。行政措施的使用也顯示聯準會傾向於緊縮政策。

經濟對行政措施的反應迅速。1948 年 8 月已經達到價格高點，經濟活動在當年 11 月達到高峰。隨著 1949 年第一季度經濟放緩和價格下跌，那些想要把握進入下跌股市的時機的人，會從有關未來流動性趨勢尋找方向。聯準會什麼時候會發出政策變化的訊號，有鑑於當時令人困惑的共同目標，能不能看得出這種立場的變化？

　　幸好 1949 年的市場狀況發生了變化，使聯準會恢復了一些行動自由，並允許央行採取行動。聯準會的法律義務是在支撐位進行干預以購買政府債券價格，但顯然，如果市場力量將價格推高至支撐價位以上，則這個義務就結束了。這正是 1948 年最後一季發生的情況，在那種環境下，聯準會的行動現在可以被視為其意圖的真實體現。聯準會是否應該允許市場主導的反彈繼續下去，這顯示他們贊成降低利率和更寬鬆的政策？

　　然而，如果聯準會現在干預出售政府證券並抑制漲勢，這將導致彈性貨幣緊縮，並明確顯示它傾向於緊縮貨幣政策。聯準會通過出售政府公債來應對市場反彈，僅在 1949 年 1 月就使彈性貨幣收縮了 5%。一旦機會出現，聯準會便迅速採取行動，大量收回在外流通的信貸。現在，投資人準備好應對人們期待已久的戰後通貨緊縮。

　　有些人預計第一次世界大戰後的經濟緊縮會重演，並且會關注聯準會在那段時期在外流通信貸的行為，並以此為指標。到了 1921 年股市觸底時，聯準會的在外流通信貸減少了 50%，這些投資人預計會出現劇烈的通貨緊縮。這種信貸減少直到 1922 年 7 月才結束，當時在聯準會精心策畫下，央行的未償信貸總共減少 69%。這是二戰後央行理事會認為必要的彈性貨幣緊縮的規模嗎？

　　聯準會在 1928 年到 1931 年允許其未償信貸再次大幅收縮，儘管之前沒有需要消除的通貨膨脹過度。從 1928 年 11 月到 1931 年 5 月，在聯準會開始使用彈性貨幣之前，聯準會允許未償信貸減少 50%。隨著聯準會在恢復控制的第一個月將未償信貸減少 5%，很容易理解為什麼投資人期待 1919 年到 1921 年，和 1928 年到 1931 年的情況會再次發生。

　　由於二戰期間聯準會的未償信貸大幅增加，這種重大緊縮尤其有可能發生。從珍珠港事件到對日戰爭勝利日，聯準會未償信貸從 23 億美元增加到 229

億美元，這仍比 1920 年的高點低 32%，幾乎是戰前最高水平的六倍。這一數額在 1946 年 12 月達到 247 億美元的高點。現在會像聯準會之前的行動所暗示的那樣下降 50%至 60%嗎？到了第一次世界大戰後聯準會完成緊縮戰時通膨時，其未償信貸只比宣戰時多 60%。如果這是標準操作程序，那麼投資人現在可以預期彈性貨幣將下跌 85%。正是這種貨幣緊縮幅度的展望，導致 1946 年至 1949 年的股市熊市，而企業收益增加了一倍。

1949 年 1 月明顯的快速緊縮仍在繼續。從 1948 年 12 月開始的短短 8 個月內，聯準會的未償信貸減少了 25%。這正是空頭所預期的，他們等待歷史顯示可能出現的預期減少 50%至 85%的完成。這件事從沒發生過。到 1949 年 10 月信貸緊縮結束，到了 1951 年 9 月，彈性貨幣已恢復到 1948 年 12 月的程度。

在按照歷史標準只能被描述為溫和的流動性緊縮之後，聯準會決定停止未償付聯準會信貸的緊縮。由於政府債券價格仍遠高於其支撐水平，因此這個決定不存在不可抗力因素。這一決定是理事會自願做出的，但誰能料到他們會允許彈性貨幣相對於戰前的程度保持如此緊張的狀態。直到 1949 年最後一季，當股市在當年 6 月觸底時，對聯準會未償還信貸的關注才會讓人感到樂觀。

專注於聯準會資產負債表的投資人不太可能猜到道瓊工業指數會在 1949 年 6 月觸底。聯準會未償信貸的緊縮如火如荼，歷史分析顯示緊縮頂多只完成了一半。與 1921 年和 1932 年一樣，不能說對聯準會資產負債表的詳細分析，產生了熊市底部已經觸及的任何明確跡象。

雖然在 1949 年沒有提供很好的買入訊號，但這種方法仍然比在 1921 年和 1932 年熊市底部時成功得多。雖然那些分析 1949 年聯準會資產負債表的人可能晚了大約 5 個月，但這比 1931 年 7 月和 1924 年夏季提供的承諾資金的訊號要好得多。

1921 年和 1932 年，信貸擴張明顯比股票市場和經濟的改善還要晚。1949 年，情況則非常不同，商業銀行貸款在 1949 年 7 月觸底，就在股市觸底之後。從那時起，到年底之前，信貸雖然緩慢，但仍穩步成長。那些準備根據 7 月的資料採取行動的人，可能會在 8 月之前買進股票，但更有可能的是，任何行動都會延遲幾個月，直到出現新趨勢為止。在 1949 年，在購買股票之前等待信貸擴張是一個比在其他熊市底部更穩健的政策。

然而這仍然是股票價格任何改善的落後指標，而不是領先指標。1949 年等待廣義貨幣成長改善的做法與 1921 年和 1932 年一樣具有誤導性。廣義貨幣成長出現任何改善的最早跡象出現在 1950 年第二季，當時股市已經觸底很久。即使這種改善也是短暫的，廣義貨幣成長減速的主要趨勢直到 1953 年才停止。通貨膨脹調整後的 M2 成長從 1949 年 8 月到 9 月顯示出明顯的改善。因此，這種貨幣變化的衡量標準似乎在 1921 年和 1949 年都有價值，只不過這個轉變是在 1932 年 7 月市場觸底之後很久才發生。

儘管聯準會的資產負債表不是何時購買股票很好的指標，但其政策立場的變化確實提供了及時的訊號。早在 1948 年 9 月實施的首次信貸控制放鬆措施，早在 1949 年 3 月就已經出現了，這明確證明了聯準會認為經濟萎縮速度過快。

從 1949 年 3 月開始，很明顯聯準會可能認為已經夠嚴厲地壓縮經濟。5 月 1 日開始實施一系列存款準備金率下調措施。6 月 29 日，《華爾街日報》報導指出，聯準會官員確認他們將停止干預以防止政府公債的價格上漲。儘管這直到 10 月才導緻聯準會在外流通信貸增加，但這是另一項政策聲明，明確顯示聯準會更傾向於寬鬆的貨幣政策。比起聯準會資產負債表的任何詳細分析，這些政策變化的跡象更能顯示流動性緊縮有可能結束。

投資人在 1949 年 3 月首次出現寬鬆貨幣政策跡象時買入股票，結果道瓊在

6 月 13 日觸底前進一步下跌 10%。當商業銀行對政策公告和聯準會信貸的可用性做出反應時，他們的資產負債表被證明是改變流動性狀況比較好的指標。商業銀行貸款餘額在 1949 年 6 月觸底，到了當年 11 月時已經成長了 3.2%。這種信貸成長的恢復正在發生，而聯準會在外流通信貸繼續減少。《華爾街日報》的讀者在 1949 年 7 月底時，發現商業銀行的行為改變，當時紐約市銀行的商業貸款打破了創紀錄的連續 27 周下降。在聯準會開始增加自己的在外流通信貸之前大約 3 個月，商業銀行貸款已不再減少了。

1949 年投資人的好消息是，他們幾乎沒有時間等待股市對放鬆政策的第一個跡象做出反應，聯準會在 3 月分減少了消費者信貸控制。隨後的 10% 價格下跌事後看來並不是在美國歷史上最重大的牛市之一的底部進行投資的極端價格。1921 年，如果投資人在政策變化的第一個跡象（貼現率下降）出現時進行投資，那麼投資人會在當年 5 月將資金投入股票，並在 8 月 22 日該指數觸底之前看到道瓊下跌 20%。在這兩種情況下，聯準會資產負債表的變化（而不是政策訊號的變化）都會在股價首次大漲後吸引投資人進場。

那些在熊市底部尋找投資機會的人面臨的主要問題是，在 1929 年到 1932 年的熊市中採取類似的政策將會是災難一場。到 1929 年 11 月，當熊市還有很長的路要走時，聯準會貼現率已經開始下降。尋找流動性緩解的最佳方法是觀察聯準會的政策立場，而不是資產負債表的變化。

即便如此，人們也不得不將 1929 年到 1932 年時期視為一次性事件，才能說在聯準會政策出現變化的第一個跡象時購買股票是一種非常有成果的策略。

9-4　牛市與熊市

> 海伍德先生談到了市場、股票和股份以及國情咨文。他說話很有說服力,因
> 為他的舉止令人信服,也因為他的想法和事實是許多聰明人告訴他的。
>
> ——高爾·維多,《黃色樹林裡》

　　正如我們所見,與流行的迷思相反,在熊市底部有很多好的經濟消息。1921
年和 1932 年時,認為壞消息占主導地位這種想法被證明是一種誤導。類似的市
場謠言認為,當其他人都悲觀時,人們應該買進股票。如果人們通過媒體和券
商來判斷市場的悲觀情緒,那麼 1949 年和 1921 年甚至是 1932 年都沒有悲觀情
緒。市場底部有大量多頭敲響了股市的鐘聲。

4 月 13 日:布洛街投資公司(Broad Street Investing Corp.)指出,在其歷史
上,其多元化投資基金的平均年收益回報率僅在 1932 年、1911 年和 1942
年超過 5%,「事後證明這是非常有利的進場時機」。目前報酬率為 5¼%。

4 月 18 日:「我們認為值得注意的是,雖然最近的大部分消息並不樂觀,
但市場並未崩潰。」巴奇公司的山姆·史密斯。

4 月 19 日:潘恩韋柏傑克森與科提斯公司的哈利·康默在評論中列出了 20
檔普通股,報酬率為 8% 至 12%,他說「除了承擔超自由的股利之外,這些
股票每一檔賺到的股利都比 1948 年的股利還要多出至少 50%。此外,每一
檔個股都有 20 年以上股利不間斷的紀錄,其中一些甚至超過 50 年。

4 月 19 日:席爾森漢彌爾公司的梅納德說:「純粹從市場的角度來看,有一

些相當令人信服的證據顯示，比許多公司可能遇到的更嚴重的逆境，都已經被買賣雙方充分考慮過了。」

4 月 25 日：赫頓公司的胡柏說：「關於這個市場，有很多事情需要記住。自將近 3 年前的 1946 年夏天以來，熊市的進展非常不規律，一些股票的跌勢比其他股票多很多，本益比應該隨著獲利下降和利潤支付百分比的增加而上升，我們應該開始尋找新的價格因素，而不是認為相同的舊影響將無限期支配市場情緒，而且，近年來超過一半的時間，股價與商業活動指數和獲利呈反向走勢。

4 月 25 日：亞瑟威森柏格公司（Arthur Weisenberger & Co.）表示，股票價格相對於股利從未如此低過，除了在第一次世界大戰和第二次世界大戰的關鍵時刻以及 1932 年和 1873 年最嚴重的蕭條時期。

4 月 25 日：赫頓公司的諾曼‧方科（Norman Funk）說，目前股市可能不得不保持守勢，但是在一段時間內，面對不利市場的貿易統計數據下，市場大致仍維持穩定性，以及最近公佈的數字顯示非常大量的空單餘額，顯示市場的基本狀況的穩健。

4 月 28 日：哈利斯厄普漢公司的喬治‧巴斯（George G. Bass）：「此時市場無法取得進展並不意外，但是當然，很明顯有利的日常活動收入和其他消息實際上對市場沒有影響。」

5 月 2 日：交易員上周對國外事態發展採取觀望政策，投資人顯然更擔心國內通貨緊縮跡象的增加。

5 月 2 日：本周初的充足預算並沒有帶來最微弱的反彈，這引發了提早對 2

月低點測試的預期。

5 月 2 日：華爾街幾間最大的機構報告說，他們目前借出的股票「比 1929 年以來的任何時候都多」，「比我們歷史上的任何時候都多」。這些聲明證實了華爾街普遍認為空單餘額在過去兩周再次擴大。如果是這樣，根據不斷減少的牛群，抵禦任何即將到來的下跌的緩衝可能很深。

5 月 2 日：科芬貝茲公司（Coffin, Betz & Co.），費城：「再一次，在 11 月底的底部，有很多小熊市希望獲利。他們很少這樣做。」

5 月 9 日：雖然沒有跟進，但在隨後的小幅拋售中成交量有所收縮，整體技術面據說是有利的。

5 月 10 日：修隆公司（Hugh W Long & Co.）「近十年來，商業活動水平與證券價格水平之間幾乎沒有或根本沒有關係。因此，不能假設目前的業務調整一定會伴隨著證券價格的調整……」

5 月 10 日：赫茲菲德與史坦公司（Hertzfeld & Stern）的梅辛：「由於我們現在看到的這種分歧，出現了重要的逆轉，我現在準備表達明確的觀點，也就是今年的低點已經形成了。」

5 月 12 日：肯尼斯·沃德（Kenneth Ward）：「當這麼多的績優股在底部被拋售時，甚至與獲利大幅下降都不呈比例時，通常就是接近買進時機了。」

5 月 12 日：漢茲公司（H.Hentz & Co.）：「在我們看來，今天的投資人可以趁目前極具吸引力的價值創造的機會。」

5 月 13 日：胡柏：「我們認為，技術因素傾向於在今年夏初的某個時候，會出現有價值的季節性上漲。」

5 月 13 日：股市的僵局持續。甚至在多頭聲稱阻礙前進的柏林封鎖解除後，僵局仍未解。此外，以溢價借貸的股票名單比過去好幾個月都還要要多。

5 月 14 日：廢銅價格每磅上漲 1 美分的消息收盤後鼓舞了華爾街的多軍。

5 月 14 日：沃斯頓赫夫曼與古德溫（Walston, Hoffman & Goodwin）的艾德蒙‧塔貝爾（Edmund W. Tabell）說：「我的技術分析顯示市場正在迅速達到售罄的狀態。可能需要進一步施加壓力，但看來我們正接近重要的上漲趨勢之始。」

5 月 14 日：在過去的 6 個月裡，儘管有各種關於商業的壞消息，但道瓊工業指數一直處於 7%的交易區間內。

5 月 19 日：收盤後公佈的空單餘額資料比華爾街預期的消息更大。截至 5 月 13 日的一個月增加 13 萬 58 股，使空單餘額達到 162 萬 8,551 股，為 16 年來最大，即自 1933 年 2 月 27 日的報告以來……。技術分析師發現，根據過去一個月的平均每日交易量，最近公布的空頭部位代表 213 天的交易量，這一點更重要……。第一、二和第三大空頭部位分別是百事可樂、哈德遜汽車和通用汽車。

5 月 20 日：由於結構相當穩定，股票繼續保持交易規律。這種輕率拋售的能力激發了許多經紀人評論員、研究線圖和其他市場走勢的人說，面對大量通貨緊縮的消息，上漲的程度比下跌的程度還要更大。

5 月 24 日：昨日市場大幅接近工業平均指數的關鍵阻力 171.10。技術分析師注意到這件事伴隨著成交量減少，分析師預測，如果成交量比最近幾周的每日平均成交量 75 萬更小，價格進一步下跌將是一個看漲的因素，其重要性僅次於上漲。營業額增加。

5 月 25 日：波士頓的汎斯桑德斯公司（Vance, Sanders & Co.）：「除了 1932 年到 1933 年的蕭條期間之外，普通股的股利支付水準與過去五十年來差不多。」

6 月 1 日：市場普遍認為 1949 年對 163 至 165 三重底的測試即將到來，這是根據 1946 年、1947 年和 1946 年的低點所定義的三重底。

6 月 3 日：另一方面，同樣是市場共識的一個因素，是資產負債表狀況良好的公司，股票的報酬率持續偏高。如果日常的走勢沒有出現劇烈的震盪，有些人懷疑這是否能讓持有大量此類證券的人在這時拋售。

6 月 4 日：股市進一步跌入工業平均指數 163 至 165 的歷史重要阻力區域上方，結束了近期市場歷史上最糟的一周之一。成交量指標就算不看漲，至少也沒有立即引起恐慌。昨日成交僅 70 萬股。

6 月 6 日：L.O. Hooper of W.E. Hutton & Co.編製了一份 225 檔股價低於營運資金的個股清單。

6 月 10 日：赫頓公司的胡柏說：「就我們而言，如果工業類股從 160 跌到 40 顯示已進入熊市，我們會建議買進而不是賣出。請記住，這個中間動作已經超過平均年限，股市從未像商業和商業利潤那樣高，空單餘額很大，我們正在接近商業悲觀情緒的『飽和點』，機構投資人正在表現出更大的

買盤興趣，而且傳統上到時夏季中股市會反彈，即使在熊市中也是如此。」

6 月 11 日：另一個被陰霾部分掩蓋的事實是鐵路未能創下今年的新低，儘管工業股收於 2 年新低。最後，成交量為 80 萬股，而在此之前陣亡將士紀念日休市後的成交量為 138 萬股和 124 萬股⋯⋯。按平均收盤價計算，工業股比 1945 年以來的低點高出 1.49，鐵路股比 1947 年的底部高出 1.54。本周交易結束時，多軍和空軍一度達成一致。下周的走勢應該很有趣。

6 月 13 日：道瓊於 161.6 點觸底。

6 月 14 日：所有收盤平均阻力位均被掃除，股市在過去 10 個交易日中第四次大幅下跌，創下戰後新低。工業股下跌 3.01 至 1945 年 8 月 7 日以來的最低點。鐵路股下跌 1.67，跌破 1944 年 10 月 3 日以來創下的所有低點。成交量再次沒有達到「高峰的比例」，但比周五的總成交量增加了 54 萬股，略低於上周五產生的成交量一周前的休息時間。

6 月 14 日：截至 4 月 30 日財年報告的最大信託公司之一，全國證券系列（National Securities Series）的高階經理人認為這是「長期投資於精心挑選會創造收益證券的好時機」。我們認為 1949 年對投資人的收入有利。

6 月 15 日：然而，再次降價的一個薄弱障礙仍然牢不可破。這是工業股和鐵路股的盤中低點，分別是在 1946 年 10 月 30 日和 1947 年 5 月 19 日所創下的。

6 月 15 日：5 月 29 日是目前熊市的三周年。已經持續了比其他任何時間都長的時間，甚至超過了 1929 年 9 月到 1932 年 7 月的熊市。

6 月 16 日：肯尼斯・沃德表示，「過去幾年來，道氏理論點在賣出時機更接近上漲，而在買入機會時則接近下跌。在筆者的分析中，這是一個選擇性買進時間而不是賣出時間。」

6 月 17 日：然而，當價格處於當日低點時的最後一個小時的成交量略高於周三下午 2 點後，上漲市場中產生的成交量的一半。

6 月 17 日：赫頓公司的胡柏說：「熊市具有處於最後階段的某些特徵。交易量重要的是要觀察每次成功的價格出擊時的下跌。」

6 月 21 日：收盤後宣布的空單餘額小幅減少，令原本預計空軍會更多的華爾街消息人士有些意外。

6 月 25 日：有些分析師表示，與 1942 年以來的任何時候相比，如今「防禦性」股票固有的安全性所支付的溢價更高，並暗示可能會轉向更多的投機群體。

6 月 29 日：波士頓基石公司（Keystone Co.）指出，多年來，30 檔個股的平均本益比約為 15 倍。在牛市中，他們賣出的本益比高達 25 倍。在最近的熊市中，這些個股的本益比約為 10 倍。今天，這些股票的股價是最新公布的 12 個月獲利的 6 到 7 倍。

7 月 1 日：A/M.基德公司（A/M. Kidder & Co.）：「我們拒絕因數周和數月前預期的事件的發生而陷入看跌陣營。」

7 月 5 日：聯邦準備理事會決定讓政府債券價格上漲的利率令人沮喪，這令銀行股票交易者感到沮喪，因為他們預期第二季會公布不錯的報酬，因此

正在等待市場的反應。

7 月 6 日：巴奇公司的山姆‧史密斯說：「很容易找到前例，因為公債上漲導致證券價格趨勢發生逆轉。隨著時間的推移，這種需求會溢出到其他等級的債券和股票，最終幾乎涵蓋了所有類別。不斷尋求更好的報酬率和政府公債上漲帶來的信心逐漸發揮作用。現在假設這種模式在目前情況下演變可能言之尚早，但我們應該記住會有這種可能性。」

7 月 7 日：昨天最後一個小時的股票交易量超過自 6 月 15 日以來的任何一個全天交易日。下午 2 點後易手的 81 萬股是自 1948 年 5 月 17 日以來任何 60 分鐘期間的最高成交量，並擴大了整個交易日達到自 3 月 30 日以來的最高點，當時春季漲勢以失敗告終。因此，昨天的成交量超過了在反複的干預性拋售驅動下產生的任何下跌量，技術分析師在收盤後強調這一點的重要性。

7 月 8 日：價格連續 5 天上漲後的預期反應未能走得太遠，並伴隨著成交量收縮。

7 月 8 日：溫和的技術反彈在周三變成了「夏季漲勢」的初期階段，連續第 5 天上漲的成交量超過了第二季重複拋售驅動期間產生的任何量。

7 月 14 日：昨天市場又出現了令人費解的上漲。面對令人不安的勞工消息、未緩解的國外緊張局勢和受損的技術位置，隨著成交量再次超過百萬股的量，所有三個指數都達到了高點。相較於星期二的 941 檔個股，在大盤中出現 1,016 檔不同的個股也被認為具有重要意義。

7 月 14 日：昨天股市遵循最近熟悉的模式，在最後一個小時出現拉尾盤。

為了解釋這種拉尾盤的現象，經紀商表示，這種需求可能源於膽小的空軍，他們對前一天晚上的好消息後續的發展抱持謹慎態度。

7 月 16 日：面對看似確定的鋼鐵業罷工以及其他幾個行業不理想的勞資關係，本周市場連續上漲好幾天。

7 月 19 日：維吉尼亞州夏洛特維爾的布福公司（W.E. Buford & Co.）發表一份關於「再投資報酬」（Ploughed Back Earnings）的備忘錄，其中部分內容是：「對大約 3,000 檔個股的研究結果顯示，目前約有四分之一的股票，股價都低於過去六年的再投資報酬。

7 月 20 日：美國一間大型私人財富公司的經理表示：「我不傾向於跟隨這次反彈，但大量投資人準備在『下一次市場拉回後』啟動計畫，讓我對自己的部位感到不安。關於這種事，我不喜歡有太多人跟著做。」

7 月 20 日：卡爾洛柏羅茲公司（Carl M. Loeb Roades & Co.）：「這似乎證實了自信的投資人在過去一、兩年所發表的評論。他們認為，一個從不誇大樂觀情緒並在事實發生前兩年就開始預測業務下滑的市場，在蕭條真正來臨時就不會遭受通常會發生的衰退。」

7 月 21 日：根據最近的統計，有 1,64 萬 4,313 股做空，全部代表必須在未來某個日期購買的股票。這與 1933 年 1 月的 1,64 萬 3,047 的數字幾乎完全相同。最新數字與截至 7 月 15 日的一個月的每日平均交易量之比為 2.40 比 1。這是這個紀錄自 1938 年 5 月開始以來的最高點，技術分析師表示，在之前的兩次事件空軍都看錯了，這可能意義重大。

7 月 25 日：赫伯特・金恩（Herbert G. King）：「操作者不應忽視市場正處

於潛在的炸藥桶之上。一段時間以來，股票一直處於非常強勢的手中，巨大的空單餘額的潛在力量非常大。有一件事似乎是肯定的：業餘的空軍很少有人能成功地從他們的空頭部位中賺錢。」

8 月 5 日：「值得注意的是，在繁榮的 1929 年，當時普通股的價值高度膨脹，債券收益率實際上比普通股高出約 1.75%。在經濟蕭條的 1932 年，股票報酬率幾乎與債券持平，而在 1937 年，股票收益率僅略高於 1.5%。1942 年，當股票反映出極其不利的戰爭前景時，報酬率差距擴大到 3%以上，股票比較好。股票現在的報酬率為 4%，高於債券，債券的利差比過去 20 年中任何一年都大。哈利斯厄普漢公司的雷夫羅森。

8 月 9 日：伏克爾公司（G.H. Walker & Co）在〈證券展望〉（Securities Outlook）報告中談到股市時說：「就目前的情況來看，大量潛在股票投資人買方很可能會比較傾向另一個較低價的買進機會。」

8 月 14 日：赫頓公司的胡柏：「目前這個市場令人困惑的事情之一是，很多人仍然『不相信』。」……這種投資人的懷疑導致技術性的優勢而不是技術性的疲弱。事實上，那些認為目前漲勢符合歷史性和技術分析比例的線圖分析師斷言，只有在出現一些成交量大的大漲後，才會開始下跌。

因此，和 1932 年以及 1921 年一樣，在 1949 年觸底時，人們對股市前景充滿樂觀。

我們在檢視二十世紀的四個極端案例時，價值投資人在 1949 年大舉買入股票也就不令人意外了。但他們在股市下跌時過早展現熱情，因為股價評價愈來愈低。從 1947 年 1 月左右開始，當標普指數的本益比跌破其 1871 年到 1947 年的平均水平時，市場價值就很明顯了。這是在市場觸底前將近 18 個月，儘管道

瓊工業指數這次只跌了 10%。

　　價值的到來是在市場溫和下跌的情況下實現的，但伴隨著獲利爆炸性的成長。相較於 1871 年到 1947 年的平均本益比，1949 年 6 月時標普指數本益比低了將近 60%。對於那些尋找熊市底部的人來說，光是價值投資人的號角是不夠的。

　　儘管 1949 年低於公平價值的跌幅僅與 10%的價格下跌有關，但我們在 1932 年已經看到，即使在股票已經變得便宜之後，價格的跌幅還要大得多。當然，價值投資人永遠不會被當時的獲利展望和當時的本益比所束縛。那些研究企業資產潛在價值的人會發現，股票被低估了很長一段時間。

　　早在 1939 年，市場的 Q 比率就低於其幾何平均值，顯示 1939 年至 1949 年

圖 86　Q 比率

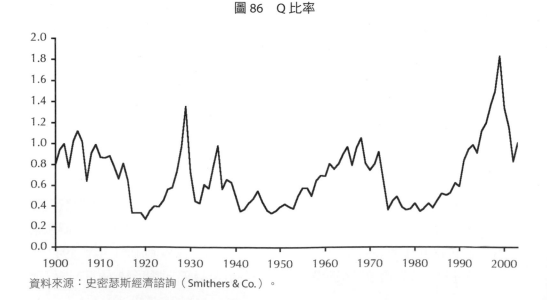

資料來源：史密瑟斯經濟諮詢（Smithers & Co.）。

市場交易價格低於公平價值。在尋找熊市底部時，確定股票低於公平價值很重要，但是如果要避免太早投入資金然後眼睜睜看著便宜的股票變得非常便宜，那麼其他因素也很重要。

許多評論員在 1949 年 5 月和 6 月時指出，市場沒有對壞消息做出負面反應是未來下跌可能有限的一個關鍵跡象。

這種彈性在熊市的最後階段和復甦的早期階段都很明顯。對好消息和壞消息的普遍冷漠或許顯示空頭並沒有回補，但同時也無法將市場推低。如果是這樣，那麼當市場對新聞公告表現出普遍冷漠時，市場的供需展望就會顯著改善。當結合長期成長的大量空頭部位時，這個部位就非常重要。

1946 年到 1949 年熊市結束的一個特點是，尤其是在反彈時，交易量通常在交易的最後一個小時達到高點。這可能顯示空頭在等待市場挫折，認為在另一天沒有出現這種挫折時減少他們的曝險很謹慎。在 1949 年的反彈中，尾盤出現了一連串的強勁表現，顯示那些等待以較低價格再進場買股票的人正在投降。

大量空頭部位與市場沒有因壞消息而下跌的結合，在 1921 年、1932 年和 1949 年是反彈的正面指標。

這種組合的效力一個潛在原因是，這顯示每個可以放空的人都已經放空了。空軍愈來愈多的「小熊」似乎尤為重要。這似乎與所謂的「狂熱」時期相反，當時無數缺乏經驗的小散戶搶進參與牛市。當「小熊市」的數量增加顯示類似的放空股票狂熱時，這顯示放空股票的意願和能力正在達到某種極限。

在低成交量的市場反彈的第一階段，空單餘額的決心似乎沒有動搖。在這些熊的任何「投降」跡象明顯之前，通常會落後幾周。這種投降是由價格上漲

加上成交量增加所引發的，或是本身導致了成交量增加，目前尚不清楚。對股票投資人來說結論很明確，空單餘額沒有在反彈時回補，強化了可持續復甦的展望。更重要的是，如果較高的成交量開始增加而空頭仍沒有回補，這應該是股市大幅上漲的觸發點。

歷史顯示，技術分析師正確地將價格下跌伴隨著成交量下降，以及價格上漲伴隨著成交量上升，視為與市場底部相關的整體情況的重要因素。無論空軍在交易量增加中扮演什麼角色，在價格最初飆升後交易量明顯增加。正是這種在 1921 年、1932 年和 1949 年明顯出現的漲勢，證實了價格可以維持在更高的程度。圖 87 顯示了市場最初上漲後交易量的上升，而且空軍還是沒有投降。

與其他熊市一樣，在熊市結束時市場最終加速下跌。但最終的下跌與成交量的大增無關。**正如我們所見，熊市的特點是最終無成交量下跌，而不是高成**

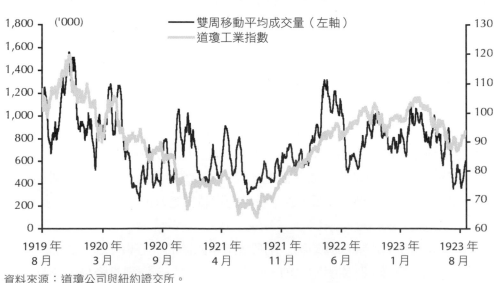

圖 87　道瓊工業指數雙周移動平均量

資料來源：道瓊公司與紐約證交所。

交量。

與 1921 年和 1932 年一樣，大戶進場取代空軍，是熊市結束的關鍵指標。儘管有這樣的一般性評論，但 1949 年人們很少關注股票持有的股票量普遍分散。這被認為是 1921 年和 1932 年熊市結束的關鍵指標，因為持有量的更分散到了歷史高的水準，被認為一個很好的跡象，顯示股票即將集中在大戶的手中。然而，美國鋼鐵在股東名冊分散率達到很高的時候股價反彈的能力，這在 1930 年代之前一直是市場變化的一個很好的指標，後來卻產生了一些錯誤的訊號。這個特定指標的準確性下降，可能是 1949 年沒有多少人評論股票持有量分散的原因。

然而，大戶買盤出現（長期下來，大戶能會降低持股分散的程度），仍被視為是熊市接近尾聲的重要跡象。

熊市觸底再次被普遍認為和散戶買進有限有關。《華爾街日報》的報導顯示美股的持股分散，但都是許多小散戶有限的買盤。1949 年 4 月 20 日當天是美國史上最大的股東投票，美國電話電報公司總計 2,300 萬股中的 1,900 萬股進行投票。計票程序可說是非常壯觀，因為美國電話電報公司的股東中有 94%持有不到 100 股的股票。

通用汽車則有 59%的股東每人持有不到 26 股。奇異電器在 1949 年 4 月的股東大會上，公司揭露 45%的股東是女性。像這種持股分散的情況在熊市很常見，而看好後市的人則是在等待大戶的買盤出現以整合持股。券商仍在等待富人進場時，來自「小人物」的助力則持續推動券商的業務。

一名華爾街券商說：「他快要決定了，他得賣給小人物或是找別的工作。」稅賦把「有錢人」變成成精實的顧客……。有些股票和債券商認為他們最大的問

題之一是教育。戰時以及戰後通膨把錢送進沒有買證券習慣的人手中。[63]

教育課程正如火如荼地進行，美林、皮爾斯、芬納與比恩幾間券商正要針對散戶投資人推出宣傳說明，介紹未來將會支付豐厚股利的股票。1949 年 5 月時，公司推出「僅限女性」的投資課程，因為根據美林證券發言人的說法：「男人不會和妻子談這種事，她會覺得無聊」（《華爾街日報》，5 月 20 日）。女性之間對這種課程很感興趣，而且美國企業女性股東聯盟當時已經在對大型美國企業施壓，要他們讓更多女性進入董事會。當這類提案要求將「女性的觀點」帶進全國乳製品公司的董事會時，《華爾街日報》報導：「一名單身的男性股東說，他相信已婚的董事一年有三百六十五天都會聽到女性的觀點。」

美林證券為了邀請共同教育投資演講的出席者，在美國勞工聯盟的報紙《底特律勞工新聞》（*Detroit Labor News*）刊登廣告。一名出席的勞工說，他聽說券商都是「一群騙子」，所以他最好親自來看看是怎麼回事。他後來開了帳戶。熊市期間通常都會有很多散戶，但是他們都持有最安全的股票，而且都會抱著股票不會一直交易。

1949 年的夏季，《華爾街日報》充斥著技術分析師的評論，強調道瓊工業指數 160 到 165 點的支撐線的重要性。結果這真的是個重要的支撐，然後道瓊在 6 月 13 日觸底點數為 161.6 點，然後就展開強勁的反彈。

道氏理論和 1921 年和 1932 年時一樣，在 1949 年再次獲得引人注目的成功。道瓊在觸底後隔天，6 月 14 日《華爾街日報》指出，工業與鐵路並沒有跌破當日的低點。在 6 月 16 日的《華爾街日報》，肯尼斯·沃德引述道氏理論並建議選擇性買進。道氏理論現在已不再只有《華爾街日報》會運用。喬治·謝夫（E. George Schaefer）是一位重要的道氏理論支持者，他在 1949 年 6 月 18 日寫了一封非常看好股市的通訊報給客戶，後來這封通訊報變得很知名：

截至撰寫本文時，市場尚未跌破 20 年區間的單日低點。在決定性的突破這個區間之前，指數可能會上漲並測試該區域的上限，或是在區間內持續震盪一段時間。工業指數在 1946 年 10 月創下單日低點 160.49，而鐵路指數則是曾在 1947 年 5 月創下單日的極端低點 40.43。

過去一周這兩個指數都接近這些低點，但並沒有跌破。周二當天，目前熊市的盤中極端低點分別在 160.62 點和 40.88 點。交易量在低點略為下滑，在交易量極低的一天，零股放空的賣單日飆升至 121。市場沒有跌破 20 年區間就表示，在對這些低點進行充分測試後，將從這些低點開始反彈。[64]

在 1921 年、1932 年和 1949 年時，道氏理論都被用來正確預測道瓊的底部，準確到幾天內的範圍。

9-5　債券與熊市

　　羅柏・霍頓看著他。墨菲先生看不出來他在想什麼，因為他的表情很放鬆而且平靜。「這個嘛」，霍頓說：「我不知道。我不想把錢花完。我想多賺一些錢。我喜歡買賣股票這件事。我非常喜歡。事實上，這是我來這裡的原因之一。」

　　「當然，股票與債券有很多知識要學。你知道這需要花很多心力。」

　　「是的。」

——高爾・維多，《黃色樹林裡》

　　關於債市在戰後時期不自然的情況，已經有許多人討論過了。聯準會實際上承諾特定殖利率曲線買進政府公債，使得市場殖利率被扭曲。對聯邦政府公債價格設定底線，顯然會影響公司債的價格，而公司債的價格受到政府公債價格的影響，但仍是在自由市場中交易。

　　到了 1946 年，美國政府長期債券的交易價格低於 2.25% 的實際收益率支撐，並在 1946 年 4 月的第二周達到 2.03% 的收益率低點。後來價格下跌，聯準會的資產負債表顯示直到 1947 年 11 月才有任何實質性的防止價格突破支撐價位所必需的干預。整個 1948 年都需要大規模的支持操作，聯邦準備理事會持有的政府公債的價值在這一年成長了 129%。隨著整體價格水準下降的跡象愈來愈明顯，1948 年 11 月開始出現反彈，直到 1949 年 11 月收益率達到 2.18% 才結束。

圖 88　長期政府公債與 Baa 級公司債的殖利率

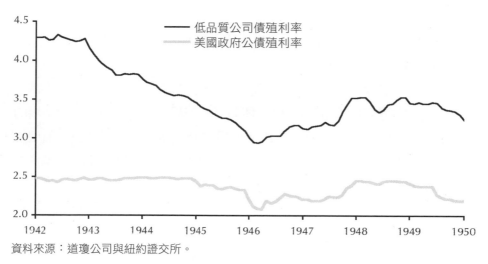

資料來源：道瓊公司與紐約證交所。

　　穆迪 AAA 級公司債的收益率和政府債券的收益率都於 1946 年 4 月跌至低
點。1948 年 1 月的第一周，從 2.46% 的低收益率上升到 2.90%，並從此開始逐步
回升，在 1949 年 12 月的最後一個交易日收在 2.57%。類似的模式在穆迪 Baa 級
債券的收益率變化中也很明顯。平均收益率在 1946 年 4 月達到 2.94% 的低點，
在 1948 年 1 月的第一周上升到 3.56%，然後才開始大幅上漲。

　　但是 Baa 級債券的漲勢會比 AAA 級債券的漲勢持續更長的時間，一直到
1951 年 2 月收益率達到 3.16% 才結束。美國 AAA 和 Baa 公司債券的價格在 1948
年 1 月觸底，比政府債券早 10 個月反彈，比股市早十六個月觸底。這與 1921 年
和 1932 年的情況不同，當時政府公債、公司債和股票的價格都依照這個順序穩
定下來。

　　**儘管公司債比政府公債早上漲，但在 1948 年 11 月政府公債開始上漲前，
公司債一直處於低迷。從 1 月到 11 月，Baa 評級公司債券的收益率從 3.56% 下**

降到 3.54%。

儘管 1949 年時兩者的關係與 1921 年和 1932 年時不同，但是在公債上漲之前，公司債的漲幅很小。

1949 年公司債和公債市場出現這種順序的差異，可能是因為公債市場的扭曲造成的。由於債券投資人會在這兩個市場之間交替投資，所以在這種環境下公司債市場的收益率也會被扭曲。從 1947 年 11 月到 1948 年 11 月，聯準會被迫支持政府債券價格。

在這種情況下，從 1948 年 1 月開始明顯的公司債反彈可能其實是投資人放棄公債市場的固定利率，轉而向公司債市場領取更高的利率。因此，公司債市場比公債市場早 10 個月反彈，這件事可能與聯準會支撐公債市場有關。

在認識到 1949 年金融資產牛市開始的不同順序時，必須記住戰後異常的形勢。**1921 年和 1932 年，資產價格穩定先是政府公債、然後是公司債、最後是股票，這樣的順序似乎比較有可能是正常的順序。**

小結

正如 1921 年和 1932 年時發生的那樣，美國股票價格在其資產重置價值達到 70%的折扣時止跌。所有與 1921 年相同的信號都是利多，除了 1949 年聯準會利率政策限制，信貸控制的減少顯示熊市已進入最後階段。在這三種情況下，美國都在實行不同程度的緊縮性固定匯率政策。

也許我們可以期望這些指標在這樣的環境中發揮作用，其他因素會以可預測的方式進行調整，以保持貨幣的外部價值穩定。要測試指標是否有效，可以

看看這些指標在上一次大熊市底部是否有用——也就是 1982 的熊市底部。當時美元處於自由浮動，對貨幣的「彈性」沒有任何限制，通貨緊縮已成為一段遙遠的記憶。1921 年、1932 年和 1949 年的相同指標是否是相同的牛市誕生正面的指標？

IV

1982 年 8 月

舊紡織廠輸給了折扣服裝店……數英畝的廢棄鐵軌和汽車商店、堆放的車輪和空車廂，像一把生鏽的巨大匕首一樣插在城市的中心。

——約翰·厄普代克，《兔子富了》（*Rabbit is Rich*）

　　從 1949 年到 1982 年是一條漫長的道路。在此期間，投資人不得不應對他們從未見過的情況——系統性通膨。以前也發生過通貨膨脹，主要與戰爭有關，但基本規律是經濟擴張時通貨膨脹，經濟萎縮時通貨緊縮。到了 1960 年代，即使經濟萎縮也不一定會消除通貨膨脹變得愈來愈明顯。許多人認為這個「新時代」對股市有利，因為企業管理階層將能夠保護甚至提高獲利。那麼這個「新時代」是否改變了股票的特徵？它是否改變了熊市的性質和最終的結局？到了 1982 年 8 月，實質標普指數回到了 1906 年 8 月的初值。現在已經為美國的轉型和持續了近 18 年的牛市做好了準備。

10 CHAPTER 邁向 1982 年 8 月——無止境的系統性通膨

　　1949 年炎熱的夏天，華爾街在一片低迷的氣氛中交易清淡。紐約人到露天電影院消暑，看暑期強片《瓊斯海灘的女孩》（*The Girl From Jones Beach*）。他們看著主角雜誌插畫家巴布·藍道夫（Bob Randolph）創造了一個「完美女孩」，後來他卻在瓊斯海灘遇到了完美女孩的化身。藍道夫抓住這個機會，假扮成一個卑微的捷克移民來親近這個女孩，並設法找機會宣傳獲利。雖然電影以才華洋溢維吉妮亞·梅約（Virginia Mayo）為主角，但這部電影還是沒有賣座。但是，扮演藍道夫的演員後來的表現要好得多。到了 1982 年時，羅納德·雷根（Ronald Reagan）成了美國總統。從 1949 年雷根在長島的海灘拍片到現在，這個國家發生了一些變化。然而，有一件事保持不變。華爾街仍處於低迷狀態。

　　從 1949 年夏季到 1982 年夏季，是本書所探討的兩個極端低估時期之間最長的一段期間。這本身可能表示股價評價的極端情況開始變得不那麼普遍，但人們必須對這種說法非常小心。僅選擇四個熊市底部進行分析的本質，就是排除其他類似的事件。如果研究五個熊市底部，那麼 1974 年就會被納入分析中，股價評價被低估時期的分布就會顯得非常不同。對於許多現代投資人而言，1974 年 12 月正是大熊市的底部。因此，我們需要稍微轉移一下注意力，解釋為什麼 1974 年 12 月在二十世紀大熊市底部的排行中，僅排名第五名。如圖 89 所示，到了 1974 年，股票幾乎與 1921 年、1932 年和 1949 年一樣便宜。

　　從年底的資料看來，1974 年的股票似乎特別便宜，因為道瓊在當年 12 月觸底。但在圖 89 中涵蓋的所有其他年分中，到年底都已經出現了重大反彈。如果調整道瓊從 1921 年、1932 年和 1949 年夏季開始反彈的 Q 比率，很顯然這些時期的股價比 1974 年便宜。如果參考十年移動收益數字來計算周期性調整後的本益比。1974 年 12 月經周期性調整的本益比為 11.2 倍，遠高於 1921 年 8 月的

圖 89　五次熊市底部的 Q 比率

	年底時的 Q 比率	谷底時的估計 Q 比率
1921	.35	.28
1932	.43	.30
1949	.36	.29
1974	.36	.35
1982	.38	.27

資料來源：史密瑟斯經濟諮詢。

7.4 倍和 1932 年 7 月的 4.7 倍。1974 年經周期性調整的本益比略低於 1949 年 6 月的 11.7 倍，但仍高於 1982 年 8 月飆高的 9.9 倍。當我們看 Q 比率和周期性調整的本益比時，1974 年在大熊市底部的封神榜中排名第五。

當然，本研究除了參考股價評價標準以確定最大熊市底部外，還參考投資人後續回報的績效，以選擇分析的時期。我們特別關注投資人可以自信地採取買入並持有策略，並獲得高於正常報酬的時期。如下頁圖 90 所示，1974 年 12 月的市場底部創造了一個很好的交易機會，但不太清楚這是否產生很好的買入和持有的機會。

1974 年 12 月之後的市場波動，與 1921 年、1932 年、1949 年和 1982 年之後的價格普遍上漲形成強烈的對比。

使 1974 年成為美股史上排名第五的買進好機會，另一個重要因素是通貨膨脹。投資人在 1921 年、1932 年、1949 年和 1982 年之後獲得非常好的實質報酬。但是根據耶魯大學教授羅伯·席勒的計算，1982 年標普指數的實際價格指數比 1974 年 12 月的程度低了 13%。[65]1921 年、1932 年和 1949 年後續沒有發生

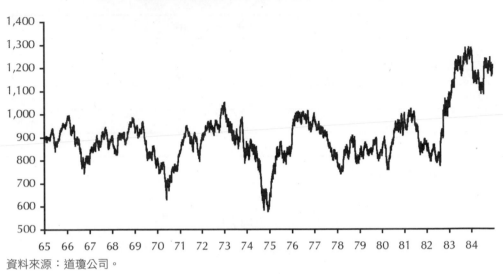

圖 90　道瓊工業指數——1965 年 1 月到 1984 年 12 月

資料來源：道瓊公司。

通貨膨脹，而且並沒有真的降低投資人的實質報酬。從 1982 年開始，通膨升高後又下降，雖然拖累了實質報酬，但並沒有令投資人獲得的實質正報酬減少。如圖 91 所示，從 1974 年 12 月開始的 5 年和 10 年期間，投資人的實際資本利得減少。

圖 91　標普真實價格指數自谷底以來的變化

	5 年	10 年	15 年
1921	+106%	+152%	+211%
1932	+209%	+46%	+92%
1949	+84%	+237%	+343%
1974	+9%	+21%	+114%
1982	+143%	+163%	+414%

資料來源：www.econ.yale.edu/~shiller/data.htm。

在 1974 年進場投資的人，15 年後就會獲得極佳的報酬，但這是因為 1982 年的熊市底部後獲得的報酬。雖然 1974 年 12 月的確是買進股票的好時機，但這並不是 1921 年 8 月、1932 年 7 月、1949 年 6 月或 1982 年 8 月。無論是以股價評價還是從後續的報酬來看，1974 年都不屬於美股四大底部的研究。

在二十世紀購買股票的四個最佳時期中，有兩個出現在前 50 年，第三個出現在世紀中，第四個出現在最後的 25 年。正如我們所見，對五個低估時期的研究會產生分布的對稱性，在本世紀的最後 25 年有兩個低估時期。有鑑於經濟的結構性變化，人們可能預計低估的傾向已經減弱。

整個二十世紀，美元的彈性都在增加。從金本位制轉變為金匯兌本位制、布萊頓森林體系的實施，然後是自由浮動匯率。聯準會在經濟不佳的時候做出貨幣反應的能力愈來愈好，這可能顯示股票被拋售的情況不會再那麼普遍。有趣的是，這種現象在資料中並不明顯。

Q 比率在幾何平均值附近振盪，在二十世紀前 50 年似乎並不比後 50 年更不穩定。儘管自 1900 年以來，制度已有許多的進步，但與一個世紀前一樣，現在的股票似乎也有可能被嚴重低估。那麼，在 1982 年發現最後一次股票嚴重低估有多容易，我們可以從華爾街這段歷史能學到什麼？要了解 1982 年的市場動態，首先要了解 1949 年至 1982 年道瓊的前奏和歷程。

從 1949 年到 1982 年的 33 年，可以挑出華爾街的一連串牛市和熊市。根據一個許多人使用的定義，只要指數下跌超過 10%就是進入熊市。如果用這個衡量標準，在 1982 年夏季前的一連串事件中，我們可以看到十六個熊市。但是若要了解股票是如何跌到 1982 年這麼低的水準，最好把這段時期當成有一個牛市和一個熊市。

| 10-1 | 1949 年到 1968 年的道瓊指數走勢

　　若是以道瓊工業指數為標準，牛市始於 1949 年 6 月，結束於 1966 年 2 月。但是更廣泛的標普指數顯示，牛市直到 1968 年 12 月才結束，當時道瓊工業指數仍 1966 年的高點低了一個百分點。較廣泛指數的高點同時交易量衝到特別高，通常被認為代表牛市結束。

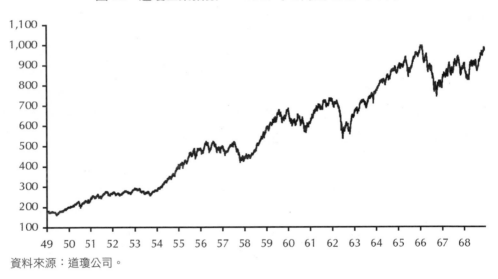

圖 92　道瓊工業指數──1949 年 6 月到 1969 年 1 月

資料來源：道瓊公司。

　　雖然道瓊從 1966 年起沒有什麼變化，但從 1966 年到 1968 年，紐約證券交易所的月均成交量大增 48%。這兩年期間還出現了由企業集團主導的收購熱潮和新的積極投資管理方法。正如我們將會看到的，戰後的大牛市結束於 1968 年是毫無疑問的，並不是 1966 年。在這個大牛市中，指數調整超過 10% 許多次，根據某些定義這也是熊市。圖 93 顯示 1949 到 1968 年，道瓊每次修正超過 10% 的的情形。

圖 93　1949 到 1966 年的幾次熊市期間道瓊指數跌幅

1950 年 6 月到 7 月	13%
1953 年 1 月到 9 月	13%
1957 年 7 月到 10 月	19%
1960 年 1 月到 10 月	15%
1961 年 12 月到 1962 年 6 月	27%
1965 年 5 月到 1965 年 6 月	11%
1966 年 2 月到 1966 年 10 月	25%
1967 年 9 月到 1968 年 3 月	13%

資料來源：道瓊公司。

　　以當時總統的名字為名的這些熊市中，最大的一次當屬 1962 年的「甘迺迪崩盤」。在這次令人很遺憾的市場事件，剛當選總統的約翰・甘迺迪因為阻止鋼鐵業漲價，而被貼上了反商的標籤。甘迺迪的行動可能對企業獲利造成威脅，隨後的市場低迷下滑的規模和速度非常突出。如果考慮到 10 月 22 日至 10 月 28 日的古巴導彈危機期間市場小幅上揚時，這種恐慌的規模顯得特別嚴重。下一次最嚴重的下跌發生在 1966 年，這是信心危機的結果，正如亞當・斯密（Adam Smith）在《金錢遊戲》（*The Money Game*）中的解釋，華爾街不再相信任何事情：

　　他們不相信詹森（總統），他們不相信華府的任何事情，他們相信稅收會增加但還不夠，他們不相信我們會結束越戰，而且……沒有人會相信任何企業財報。[66]

　　市場拉回的幅度確實很劇烈。儘管出現短暫的跌勢，但 1949 到 1968 年整體而言是多頭，標普指數上漲了 662%，實質的漲幅應是 413%。

如第 332 頁圖 92 所示，市場花了幾年的時間才全速上漲。1949 年 6 月至 12 月出現強勁反彈，但是後來市場復甦放緩，到 1953 年 9 月該指數只漲了 29%。戰後華爾街的主要話題是國防工業的崛起。雖然政府最初試圖限制公共開支並因此限制國防開支，但蘇聯於 1957 年 10 月發射人造衛星導致計畫改變。

美國開始建立第一個非戰時緊急情況的永久軍備業務，能讓特定股票的投資人獲得極佳的利潤。這個產業的崛起迅速，即將卸任的總統德懷特 D 艾森豪（Dwight D. Eisenhower）在 1961 年 1 月的最後一次公開演講中警告說，這個「軍工聯合」會產生「不必要的影響」。這個「軍工聯合」的投資人在整個 1950 年代後半期一直獲得極佳的報酬。

其中一些公司的高成長使得華爾街給予較高的股價評價，而且整個 1950 年代上市股票的交易價格低於重置價值，使得收購活動愈來愈多。受惠於高評等的股票，利頓工業（Litton Industries）等國防／電子業早在 1958 年就能夠啟動積極的收購策略。收購活動的加速是 1960 年代牛市的重要推動力。

令許多投資人感到意外的是，1949 年到 1968 年雖然經歷牛市，但經濟卻經常出現財政赤字。1949 年到 1968 年，聯邦政府公布的 19 年中，只有 4 年出現財政盈餘。在繁榮的 1958 年到 1968 的 10 年中，僅公布一次財政盈餘。不斷擴大的財政赤字經常嚇壞股票投資人，這是財政惡化的時期。無論財政揮霍被認為會帶來什麼負面影響，都因為正面因素推動價格上揚而被抵消了。

如圖 94 所示，依照歷史標準，在整個牛市期間投資人對股市的興趣仍然很低。最低點是 1942 年，當時上市股票的平均周轉率只有 9%。隨著市場開始上漲，興趣和交易量確實增加了。然而，如圖 94 所示，1949 到 1968 年的全年成交量僅為 17%，從未達到二十世紀前 50 年驚人的量。

1949 年到 1968 年的周轉率高點是在那個期間的高點，當時全年周轉率達 24%，1900 年到 1937 年期間每年都超過這個周轉率，這一段時期至少有兩次主要的熊市。1949 到 1968 年牛市中，這種低量的市場活動與二十世紀其他大牛市中高得多的交易量形成強烈的對比。相對於二十世紀的前 50 年，這時的交易活動受限的原因是市場制度化的程度愈來愈高。雖然情況可能是如此，但如果是這樣的話，同樣的制度在二十世紀末創造的周轉率高得多，形成了強烈的對比。

圖 94　紐約證交所股票周轉率──交易股數占總上市股數的百分比

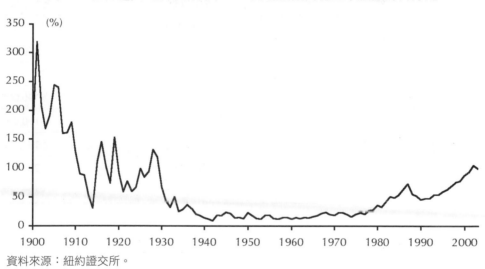

資料來源：紐約證交所。

雖然在整個牛市期間，人們對股票的普遍興趣很低，但紐約證交所會員資格的價格顯示，1950 年代後半段，市場整體的興趣發生了徹底的變化。

圖 95　紐約證交所會費價格──1949 年到 1968 年

	高	低
1949	$49,000	$35,000
1950	$54,000	$46,000
1951	$68,000	$52,000
1952	$55,000	$39,000
1953	$60,000	$38,000
1954	$88,000	$45,000
1960	$162,000	$135,000
1961	$225,000	$147,000
1962	$210,000	$150,000
1963	$217,000	$160,000
1964	$230,000	$190,000
1965	$250,000	$190,000
1966	$270,000	$197,000
1967	$450,000	$220,000
1968	$515,000	$385,000

資料來源：紐約證交所。

　　一直到 1954 年，紐約證交所的會員費都低於 1949 年熊市底部時的程度。從 1950 年代後期開始會費就明顯上漲，但是一直到 1968 年，紐約證交所的會費最終超過了 1929 年支付的 45 萬美元，儘管道瓊早在 1954 年 11 月就已經超過了 1929 年的高點。紐約證交所會費價格漲勢落後是因為與戰後市場的交易量低。一直到 1963 年，紐約證交所的年度成交股數才超過 1929 年的最高點。

　　即便是在當時，紐約證交所會費也比 1929 年的高點低了三分之二。會費漲

勢落後的部分原因是競爭加劇，因為在這段期間，愈來愈強大的機構能夠在紐約證交所上市的大量股票進行場外交易。到了 1968 年，當紐約證交所會員的 1929 年高價最終被超越時，年成交量比 1929 年高出 160%。紐約證交所價格在戰後緩慢上漲，突顯的是華爾街新的、制度化的性質，投資人持有的時間更長、價格也更低。

隨著 1949 年到 1968 年牛市的結束，市場開始機構化，共同基金對散戶投資人來說成為愈來愈重要的投資工具，退休基金和壽險公司從指數非常低的時間開始增持股票。1950 年代時，共同基金股東帳戶的數量從 100 萬增加到 500 萬。到了 1960 年代末期已經有 1070 萬了。散戶的數量在 1960 年代增加了一倍，但他們的權力卻在減弱，從 1961 年略高於 50% 的成交量下降到 1969 年的三分之一。

牛市的一個關鍵因素是股票被認為是適合退休基金的投資。1949 年時，美國公民的退休金總資產達到 143 億美元，而國民生產毛額（gross national product，GNP）則為 2,581 億美元。這些退休金主要投資於政府公債或保險公司的一般帳戶。這個產業在戰後轉型，對推動股市的牛市扮演相當重要的角色。

1948 年國家勞資關係委員會的一項決定迫使內陸鋼鐵（Inland Steel）將退休金談判納入共同談判的過程，激勵退休基金的快速成長。這個決定不僅帶來資產的強勁成長，而且雇主也準備考慮風險更高的資產配置以提高報酬率，並限制未來企業對退休基金的負擔比率。為了追求更高的報酬，退休基金投資組合將股票的比重提高。

圖 96　美國的主要儲蓄工具以及投入股票的比例

	1952		1968	
	總金融資產（十億美元）	企業股票占總額的比例	總金融資產（十億美元）	企業股票占總額的比例
壽險公司	67.78	3.3	183.07	7.1
其他保險公司	13.2	22.2	45.31	32.2
私人退休基金	9.26	15.6	111.39	55.2
州政府與地方政府退休基金	5.87	0.7	48.05	12.1
共同基金	3.61	83.9	51.23	90.0
封閉型基金與 ETF	2.27	79.7	8.92	71.1

資料來源：聯準會，〈美國資金帳戶流量表〉（Flow of Funds Accounts of the United States）。

　　圖 96 顯示從 1952 年到 1968 年，美國主要儲蓄機構管理的資金整體的成長。在這 16 年間，管理的資金總規模成長超過 300%。私人退休基金資產增加了 11 倍，共同基金增加了 13 倍。除小型封閉型基金外，所有類型投資組合中的公司股票持有量皆大幅增加。這個過程很緩慢，就人壽保險公司而言，股權比重的增加只有在州政府限制性的立法發生變化後才有可能。雖然 1952 年到 1968 年總資金成長略高於 300%，但股票總持有量成長了將近 12 倍。

　　1952 年時，當聯準會首次公布資金流量統計數據時，這些機構持有的公司股票僅占紐約證交所股票市值的 9.5%。到了 1968 年，這個數字上升到 21.3%。一直到 1960 年，機構僅占紐約證交所交易美元價值的三分之一；到了 1968 年，這個數字上升到 60%。在 1929 年的「大崩盤」之後，保守的投資人不投資股票。1949 年到 1968 年的牛市，有一部分是關於股票恢復成為長期儲蓄的方法。

　　投資機構增持股票的原因有很多，但根本的原因在於通膨預期的變化。正

如我們在 1946 年到 1949 年看到的那樣，投資業爭論戰後一般價格水準必須下降到什麼程度。相信新的全球金融架構將使通膨變得更普遍的人，特別有先見之明。這種「新時代」的想法被一些人嘲笑，但這些投資人正確地看出戰後投資領域會有的主要變化。

投資人在 1950 和 1960 年代時，開始接受結構性變化使得未來出現實質通縮的可能性降低，這表示債券明顯優於股票的時期愈來愈少。雖然公司管理階層可以在新環境中進行調整合併以創造獲利，但通膨會降低向債券持有人支付的固定款項的實際價值。機構投資人從債券轉向股票至少部分是由於有證據顯示通膨的前景已經改變，有利於股票的報酬相對於債券來得更高。

只要有股票，這些工具的股利報酬率就會超過債券的報酬率。只有危險的「新時代」思想家相信這種基本的長期關係可能會被打破。有利於股票的所謂「殖利率差」的存在是投資人可以依賴、少數不變的項目。

這一次，從 1792 年紐約證交所成立以來就存在的關係不再是一成不變的，新時代思維的人被證明是對的。1957 年 7 月，有利於股票的資金流使標普指數的報酬率低於長期政府公債的報酬率，這種情況在 1958 年 9 月變得根深柢固，「反殖利率差」擴大到 1960 年代。到了 1968 年 12 月股市觸頂時，標普指數的報酬率為 2.88%，長期政府公債殖利率為 5.65%。

債券和股票估值的這種根本變化，可以解釋 1949 年至 1968 年的股票牛市如何與債券熊市同時發生。政府公債於 1950 年 1 月開始被拋售，也就是股票熊市結束僅六個月後，當時美國長期政府公債的殖利率從 2.19% 開始上升。在隨後的股票牛市中，債券殖利率上升了一倍，而股利報酬率則是跌了將近 60%。

即使是 1949 年新時代思維的人，也很難相信會發生這麼大規模的報酬率調

整。這一次說「這次不一樣」是對的。不同之處在於新的戰後金融以及社會基礎建設，使通膨更加普遍。近 20 年來，股票投資人因為金融市場適應新產生的持久性通膨而獲得報酬。

正是股價評價的這種變化（而不是企業利潤增加）導致戰後長期的牛市。正如我們所見，標普指數的報酬在 1946 年時觸底，並在整個 1946 到 1949 的熊市期間上漲。1949 年備受期待的利潤下滑結果持續時間很短而且很輕微，並且被反彈的市場所忽視。從 1949 年 12 月的低水準到 1968 年 12 月，企業公布獲利成長 150%。相較之下，同期名目 GDP 則成長了 240%。企業公布的名目獲利成長了 150%，而標普指數的成長率為 662%。如圖 97 所示，那些在 1949 年至 1968 年間，因為持有股票而獲利的人將超額報酬歸功於股價評價上升，而不是企業營收上升。

圖 97　股價評價上升──1949 年到 1968 年

	年底 Q 比率	落後本益比	經周期性調整後的本益比
1949	0.49x	5.8x	11.7x
1968	1.06x	18.5x	25.1x

資料來源：史密瑟斯經濟諮詢，www.econ.yale.edu/~shiller/data.htm。

股票從低估轉為高估，就像在任何牛市中一樣，周圍有很多專家為高估辯護。到 1960 年代中期，新一代的年輕人知道為什麼股票必須以比以前更高的評價進行交易。在制度化的市場中，第一次出現了以業績為導向的華爾街年輕人，他們非常精通新經濟學。約翰・布魯克斯（John Brooks）在《沸騰的歲月》（*The Go-Go Years*）一書中寫道，人們相信只有 40 歲以下的人才能理解和預測快速發展和非傳統企業的成長。

　　依賴夢想和時尚為生的華爾街，就其他們對理性實用的所有要求而言，正好是新的年輕福音得以傳播的環境。[67]

　　然而到了 1966 年，「新經濟」價值的信念與實際經濟中出現的問題愈來愈一致。投資人愈來愈擔心的問題點在於，在與詹森總統的「偉大社會」計畫相關的財政支出大環境下，聯準會似乎無力控制通膨。這項由林登・詹森於 1965 年 1 月制定的政府計畫，慷慨的程度僅次於羅斯福的新政。隨著偉大社會的通膨影響以及美國愈來愈投入越戰，債券市場受到驚嚇。如圖 98 所示，政府長期公債的殖利率上升到前所未有的程度。

圖 98　美國政府長期公債殖利率

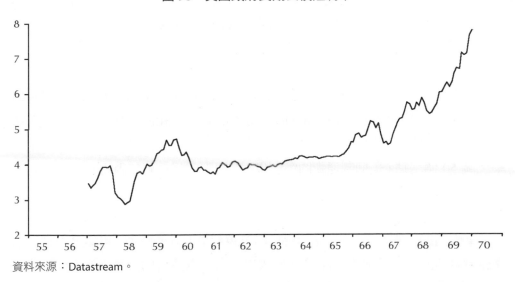

資料來源：Datastream。

　　到了 1960 年代中期，債券市場顯示情況發生了變化。這個變化是聯準會從 1951 年以來奉行的穩健貨幣政策轉變為愈來愈依賴積極的財政政策，以作為經濟管理的主要工具。甘迺迪總統發起的重新運用凱恩斯主義的管理工具，在詹森總統的領導下積極推動經濟成長。聯準會似乎默許這樣的政策轉變。威廉・

格雷德（William Greider）在《聖殿的祕密》（*Secrets of the Temple*）一書中，引述時任達拉斯聯邦準備銀行總裁菲利普·科德威（Philip Coldwell）的話說，詹森認為經濟是靈活的，可以為越戰增加國防開支。科德威說訊息的意思是，關於將債務增加貨幣化這件事，「聯準會不應該持強硬態度」。

> 聯邦公開市場委員會的一些成員非常強烈主張，我們應該要更克制。但其他人說：「但是我們正在作戰，我們必須為戰爭提供資金」。我們以前從來沒有這麼做。[68]

聯準會很明顯不採取任何貨幣政策。1967 年 10 月的貼現率為 4.0%，與 1959 年 9 月相同。在這段期間，通膨率從 1.23%上升到 3.56%。貨幣工具被擱置，官員應該要減輕通膨才對。但是因為越戰的支出和社會安全網的增加，政治上無法採取必要的財政限制。

缺乏針對通膨的財政解決方案最後會為聯準會帶來更大的壓力，用當時的主席威廉·麥克切斯尼·馬丁（William McChesney Martin）的話來說，就是「逆風而行」的通膨。直到 1967 年 11 月才終於採取貨幣政策。那個月的聯邦基金利率上調 50 個基點，是抑制通膨的第一步，而通膨率將在兩年內超過 9.0%，寫下新高。

華爾街的反應太慢，股市在 1968 年忽視利率上升的能力，可能是受到詹森總統宣布他不會競選連任的刺激，而改善了共和黨政府的前景。美國和北越之間的巴黎和談也提振了股市，共和黨總統候選人李察·尼克森（Richard M. Nixon）承諾實現「有尊嚴的和平」。本季度的財政救濟前景被證明是虛幻的，繼續穩步提高利率最終結束了 1949 到 1968 年的牛市。尼克森在 1968 年 11 月勝選後不久市場就觸頂了，美國經濟自此進入了長期的不振和長達 14 年的熊市。

<table>
<tr><td>10-2</td><td>1968 年到 1982 年的道瓊指數走勢</td></tr>
</table>

圖 99　道瓊工業指數──1968 年 12 月到 1982 年 9 月

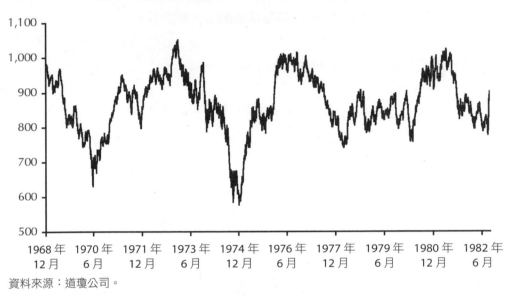

資料來源：道瓊公司。

　　影響 1968 年至 1982 年這段時期的關鍵事件，是《布萊頓森林協定》的終結和通貨膨脹的加劇。多年來，愈來愈多人臆測國際貨幣協議是否可持續。早在 1960 年，耶魯大學教授羅伯特・特里芬（Robert Triffin）就在他的《黃金與美元危機》（*Gold and the Dollar Crisis*）一書中警告，美國將被迫常常出現經常帳赤字，以便提供世界其他地方的成長所需的流動性。[69] 他指出，這些赤字的長期結果將是破壞人們對美元擔任全球準備貨幣的信心，而破壞布萊頓森林體系本身的穩定性。

　　11 年過後，特里芬的預言應驗了，1971 年 8 月 15 日，尼克森總統宣布美國

暫停將美元兌換為黃金。美元在 1971 年 12 月貶值，從每盎司黃金 35 美元貶值
到 38 美元，1973 年初貶值到 42 美元。到了 1973 年 3 月，任何恢復布萊頓森林
體系的可能性完全消失，美元開始自由浮動。隨著黃金連結的消失，用經濟紀
律抑制通膨的關鍵因素也消除了。1960 年代後期，股市和債市一直對通膨感到
擔憂，而《布萊頓森林協定》的終結更是加劇了這些擔憂。

　　通膨以及對抗通膨造成 1968 年到 1982 年的熊市。

圖 100　美國消費者物價指數（年比變化 %）

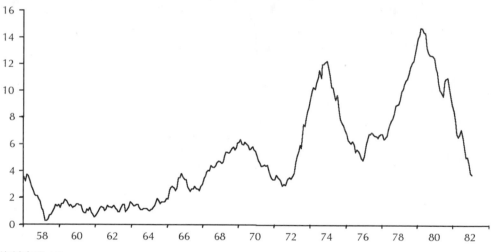

資料來源：Datastream。

　　1969 年時，由於聯準會將短期利率調升至 9%以上，投資人要面對股價惡性
下跌。聯準會在宣布新任主席亞瑟・伯恩斯時，終於提高了對抗通膨的賭注。尼
克森總統曾試圖在 1968 年當選時立即將仍在任的主席威廉・麥克切斯尼・馬丁
送進財政部。自 1951 年以來一直擔任州長的馬丁拒絕離職，直到他的任期於
1970 年 1 月 30 日屆滿，伯恩斯終於當上了聯準會主席。在伯恩斯宣誓就任聯準

會主席時，尼克森說：

> 我尊重他的獨立性。但是，我希望他獨立得出結論是應該遵循我的觀點。[70]

尼克森和伯恩斯的觀點確實經常一致，結果聯準會確保價格穩定的名聲因而受到質疑。事後看來，聯準會顯然不再對通膨採取強硬的態度，結果是利率和股市在 1970 年代如雲霄飛車般暴起暴落（參閱第 352 頁圖 102）。伯恩斯上任的第一年，短期利率又降到 4.0%以下，低於 1960 年代維持的平均。然而到了 1971 年中時利率又再次上升，同時出現自 1949 年以來首次價格管制。

有一些證據顯示這帖藥劑是有效的，到了 1972 年中，全年通膨率降回 3%以下。1973 年，尼克森取消價格管制，通膨加速、股價下跌，同時，石油輸出國家組織（OPEC）將油價從 1973 年 10 月的每桶 3.12 美元到 12 月漲至 11.63 美元，石油價格上漲了逾 3 倍帶來「石油衝擊」。年通膨率在 1972 年 8 月為 2.9%，到 1974 年 12 月飆升至 12.5%。

1970 年代發生過**兩次石油危機**。第一次開始於 1973 年 10 月，當時油國組織的阿拉伯成員國宣布將不再向支持以色列與埃及開戰的國家運送石油。到了 1973 年聖誕節，油價上漲了 2 倍。第二次石油危機則是由於 1979 年 1 月，革命後的伊朗石油出口下降造成的。到了年底，油價上漲了 150%。在兩次石油危機發生後的 12 個月內，七大工業國（G7）的 GDP 全面萎縮。從 2002 年 12 月到 2005 年 6 月，油價上漲了 160%。

這種事對投資人來說已經夠糟糕的了，但令人意外的是，從 1973 年 11 月到 1975 年 3 月的嚴重衰退未能控制通膨。1973 年 4 月，「停滯性通貨膨脹」一詞

首次出現在《華爾街日報》的版面上,「停滯性通膨」是指經濟成長停滯同時發生通貨膨脹。這樣的組合對股票投資人來說只能是個壞消息。

聯準會的反應依然溫和,1977 年 1 月的聯邦基金利率只比 1960 年 1 月的通膨率 1.1%高出 75 個基點,當時的通膨率為 6.1%。到了 1977 年初,全年通膨率再次升高並且一直持續到 1980 年 3 月,達到將近 15%的新高點。伊朗的政治危機進一步推動這種通膨,導致反美的伊斯蘭神權政治,也再次推升油價的飛漲。這一切的重點在於,雖然 1970 年代的牛市和熊市波動劇烈,但道瓊工業指數在這 10 年中幾乎只有幾天低於 1968 年的高點。

> **停滯性通膨**被用來描述經濟成長停滯和通膨的異常組合,可能是 1965 年 11 月 17 日由英國下議院的保守黨議員伊恩‧麥克勞德(Ian Macleod)所創造的詞。因為這是一個新現象,所以他需要一個新的詞彙。五年內麥克勞德就被任命為財政大臣。我們永遠不會知道他是否對停滯性通膨這個他所提出名稱提出補救措施,因為他上任一個月後就過世了。

在這種新的通膨環境下,股票並沒有帶來正的實質報酬。1950 年代,消費者物價通膨率平均為 2.2%,1960 年代則為 2.3%。在這 20 年內,投資人從股票中獲得高於正常水準的實際報酬。1969 年,隨著通膨率超過 3%,股市熊市才真正開始。1970 年代的通膨率平均為 7.1%,似乎已經超過了通膨的上限,也就是超過這個上限時,股票就無法提供正的實質報酬。這並非表示沒有虛假的希望,讓人以為通膨終於已經結束了。

從 1968 年 12 月到 1982 年 7 月,標普指數實際上下跌了 63%。市場的劇烈波動打斷了長期跌勢。道瓊從 1968 年 12 月的高點下跌 33%,至 1970 年的低點,是長期熊市的第一階段。這不是最嚴重的。在 1973 年 1 月大幅反彈至新高

後，道瓊下跌了 45%。當指數在 1974 年 12 月觸底時，市場的名目價值比 1968 年減少了 37%，實際價值下跌 57%。

許多投資人的報酬甚至更糟。到了 1972 年，許多人的投資組合都由標有**「漂亮五十」**（Nifty Fifty）的所謂「單一決策」成長型股票組合。人們相信，「漂亮五十」將產生未來收益和股利成長，所以現在支付的價格變得並不重要。正是這 50 檔個股的上漲使道瓊在 1973 年初創下新高，而「價值線指數」（Value Line Index）等更廣泛的指標未能超過之前的高點。在 1972 年買進的投資人以歷史本益比 42 倍的價格，買進「漂亮五十」，然後在 1973 到 1974 年的熊市中平均價格下跌 62%。到 1974 年 12 月，大盤的名目價值回到了 1958 年的水準。這已經夠糟了，但是以實際價值來計算，報酬率甚至更低。

到了 1974 年 12 月，標普指數（以實質價值表示）回到了 1928 年 11 月首次出現的水準。指數的名目價值在 1974 年 12 月觸底，但以實際價值來計算的情況還會更糟。1980 年 4 月、1981 年 9 月至 10 月以及 1982 年 1 月至 9 月，道瓊工業指數甚至低於 1974 年 12 月的水準。在 1982 年 7 月的實際低點，標普指數比 1974 年 12 月的低點還要低 13%。實際上，標普指數這時已經回到了 1905 年 6 月首次超過的水準。投資人正的實質報酬完全來自於股利。

「漂亮五十」是 50 檔個股。1972 年 12 月，這些個股的平均本益比為 42 倍。儘管這 50 檔個股都是標普指數的一部分，但當時更廣泛指數的本益比只有 18 倍。人們認為這些股票未來的獲利成長可以證明如此極端的股價評價很合理。在短期內，這被證明是不正確的，因為在 1973 年至 1974 年的熊市中，「漂亮五十」平均下跌 62%。但是對於堅持不賣出的投資人而言，這 50 檔個股的確實現了部分承諾。傑瑞米・席格（Jeremy Siegel）教授在著作《長線獲利之道：散戶投資正典》（*Stocks for the Long Run*）中指出，從 1972 年 12 月到 2001 年 11 月，「漂亮五十」的年報酬率是 11.62%，略低於同期標普指數的 12.14%。

　　儘管股票價格從 1974 年 12 月的低點強勁反彈，但 1974 年到 1982 年這段時期，市場其實進一步波動、出現希望的假象而且報酬率低。1970 年代後期，金融市場瀰漫著普遍的絕望情緒。1976 年 11 月，甚至著名的金融評論員，所羅門兄弟公司現代債券市場研究之父悉尼‧霍默（Sidney Homer）也跟著市場起舞。

　　1950 年代對美元以及對我們在世界地位完全盲目的信心，再也不會回來了。[71]

　　霍默將債券收益率的「空前漲勢」比較 1929 年到 1932 年的崩盤，並警告說：「未來幾個世代的人都會記住這件事，而這種記憶往往會支撐殖利率並限制經濟增長。」即使是最機靈的分析師也對美國缺乏信心，導致 1970 年代末期到 1980 年代初期的債券殖利率上升、股票價格下跌。

　　1968 年到 1982 年股票投資人的損失是由於獲利成長不佳和股價評價下降造成的。依名目價值計算，公布的每股盈餘在這段期間只成長了 143%，而名目 GDP 卻成長了 246%。公布的盈餘成長代表同期實際獲利下降 12%。這會讓 1950 年代和 60 年代的投資人感到意外，他們預見到新的高通膨環境，所以買進股票想要從不斷成長的獲利中獲益。投資人曾假設管理團隊可以透過提高營業利益率來適應更高通膨的環境，以確保必要的更高報酬，不過巴菲特及其他人都很熱衷地指出這種論點的謬誤。

　　最近的統計證據……並沒有引起人們對利潤率將在通貨膨脹時期擴大這個立場的信心。到 1965 年為止的 10 年內是相對較低通貨膨脹的期間，所有製造業者……全年平均稅前毛利率為 8.6%。到 1975 年為止的 10 年內，平均毛利率為 8%。毛利率下降了……但通貨膨脹率卻大幅升高。[72]

　　在 1949 年到 1968 年，通膨對於推升股價評價和造成「反殖利率差」具有重

要的作用。1970 年代的通貨膨脹延續了股票相對於債券的相對表現，但並未使股票創造正的實際回報。股價評價在 1960 年代繼續上升，但是政府長期債券的平均收益率為 4.67%。到 1968 年，股票處於評價範圍內的最高範圍，本益比為 18.5 倍的歷史報酬率，Q 比率為 1.06，在此之前只有在 1929 年和 1905 年時超越這個數字。股價評價已經處於這麼高的水準，所以長期政府公債殖利率升至 15%以上，而股東權益報酬率卻大致維持不變，導致 1968 年到 1982 年的股價評價下滑也就不令人意外了。

「反殖利率差」擴大是由政府債券價格暴跌所造成的，因此，儘管債券與股票的關係發生變化，但股價評價卻下降。到了 1982 年 7 月，標普指數的歷史本益比從 1968 年 12 月的 18.5 倍跌至 7.8 倍。使用 10 年移動平均盈餘水準計算出周期性調整盈餘，顯示股票從 1968 年 12 月的 25.1 倍，到了 1982 年 8 月時降到的 9.9 倍。從 1968 年 12 月到 1982 年 12 月，市場的 Q 比率從 1.68 倍下降到 0.38 倍。市場看起來很便宜，但已經有一段時間都這麼便宜了，因為歷史本益比自 1977 年 3 月以來一直低於 10 倍。到 1982 年，市場 Q 比率已經低於其幾何平均值將近 9 年了。

儘管 1970 年代經濟和股市混亂，但市場活動從未下降到 1940 年代和 1950 年代的低程度。紐約證交所的最低點是 1974 年，當時股票的周轉率為 16%，仍高於 1949 年到 1968 年的平均周轉率。利息在 1974 到 1982 年穩定回升，1982 年周轉率達到 42%。這幾乎是 1968 年牛市高點達到的程度的 2 倍，也是自 1933 年以來的最高。早在 1982 年 8 月熊市觸底之前，投資人對股市的興趣就開始上升了。

雖然市場活動在 1974 年達到最低點，但紐約證交所的會員費一直到 1977 年才觸底。從 1968 年到 1977 年，在一般價格幾乎漲了一倍的時期，以名目價格來計算會費價格則是下降了 93%。1977年 到 1982 年，價格上漲了近 10 倍，反

映了紐約證交所交易量的大幅增加。周轉率提升和紐約證交所會費上漲，顯示的是在 1970 年代後期（比市場在 1982 年觸底前還要早得多）人們對股票的興趣就在上升。

周轉率提升代表投資人的持有期要短得多。1974 年時的平均持有期約略高於 6 年，到了 1982 年卻減少到不到兩年。當時市場興趣升高並沒有預言新的牛市誕生，而是投資者適應了一個波動更劇烈的新時代。在這段期間，市場仍在持續制度化。

圖 101　美國的主要儲蓄工具以及投入股票的比例——1968 年到 1982 年

	1968		1982	
	總金融資產（10 億美元）	企業股票占總額的比例	總金融資產（10 億美元）	企業股票占總額的比例
壽險公司	183.07	7.1	527.02	7.70
其他保險公司	45.31	32.2	196.46	14.90
私人退休基金	111.39	55.2	577.23	41.99
州政府與地方政府退休基金	48.05	12.1	233.61	18.90
共同基金	51.23	90.0	58.97	58.52
封閉型基金與 ETF	8.92	71.1	6.83	52.42
Total	447.97		1,600.12	

資料來源：聯準會，〈美國資金帳戶流量表〉。

美國儲蓄機構資金總量的成長，在熊市期間略高於 GDP。雖然主要機構的股票比重下降，即使道瓊下跌超過 20%，但投資於股票的總資金增加了將近 300%。機構繼續增持股票，雖然在整個 1970 年代愈來愈緩慢，紐約證交所的周轉率大幅上升，但熊市仍持續。

　　到了 1978 年，情況達到了高峰，當時吉米·卡特總統（President Jimmy Carter）任命執行長兼公司律師 G 威廉·米勒（G. William Miller）為聯準會主席。接著開始採取極端的政策，美國向國際貨幣基金（IMF）借款，並在國際市場上借入外幣以補充對美元的支撐。對市場而言，有明顯證明顯示短期支撐的措施令人失望，但美國的經濟問題沒有長期的解決方案。到 1979 年 8 月，黃金價格超過每盎司 300 美元，而《布萊頓森林協定》則是將黃金維持在每盎司 35 美元。米勒擔任聯準會主席的任期很短，後來他轉任財政部長。沒有幾個人預見到米勒的離開預示著美國將進入一個新的時代。

　　保羅·伏克爾（Paul Volcker）於 1979 年 8 月 6 日獲任命為聯準會主席後，美國走出了困境。一個月內，他就在聯邦公開市場委員會以四比三的票數通過了升息決議。伏克爾隨後於 10 月 6 日召開另一次聯邦公開市場委員會的祕密會議，推高了利率。重要的是，它伴隨著一項新的聯準會政策：以 M-1 貨幣總量的成長為目標，進而允許將利率調整到政策所需的任何程度。為了適應利率的潛在變化，聯準會宣布即日起聯邦基金利率的允許區間為 11.5% 到 15.5%。由於聯準會以貨幣總量為目標，因此未來的利率水準不確定性非常大。

在葛林斯班之前是**伏克爾**。**保羅**·伏克爾於 1979 年 8 月至 1987 年 8 月擔任聯準會主席，並因控制失控的通貨膨脹而受到讚譽。沃爾克上任時，通貨膨脹率幾乎達到 12%。他離開時只有 4%。一開始通膨戰爭的目標是貨幣總量的成長，例如 M-1，而不是利率目標。這個政策的實施充滿困難，導致利率波動不定，而且往往非常高。1995 年時，伏克爾問艾倫·葛林斯班：「M-1 後來如何了？」繼任者葛林斯班回答說：「它曾經是一把很不錯的武器的名稱。」[73]

圖 102　聯邦基金實質利率──1970 年到 1983 年

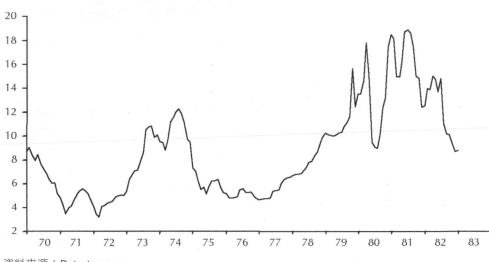

資料來源：Datastream。

　　很明顯聯準會在短期內的 M-1 成長目標需要緊縮流動性，因此央行升息。伏克爾上任後 12 個月內，長期美國政府公債的殖利率從略高於 9%到將近 13%。市場對通貨膨脹的影響仍然持懷疑態度，金價在他上任的第一年就漲了一倍。的確，通貨膨脹繼續上升，卡特總統利用他的權力實施信貸管制。

　　在 1980 年 3 月 14 日的電視演說中，他建議美國民眾停止消費。出乎所有人意料的是，民眾就真的停止消費了，1980 年第二季 GDP 以有史以來最快的速度下降。消費者支出和 M-1 的崩潰如此之快，以至於聯準會很快就放鬆了貨幣政策，聯邦基金利率在 3 個月內從 20%降至 8%。很明顯，經濟的反應也出乎聯準會主席的意料：

　　這一切都被記錄為經濟衰退，但回想起來，這是一個奇怪的、幾乎是意外的事件。生產急遽下降，但只持續了大約 4 個月……。隨著對經濟緊急情況的恐懼

消散，信貸管制被取消，支出（和貨幣供給）迅速回升……。最後的結果是經濟衰退可能不會太嚴重，但在對抗通膨方面也沒有太大的進展。通膨繼續以兩位數的速度發展，並且隨著貨幣供給再次強勁成長，我們在大選前幾周就處於緊縮貨幣和提高貼現率的尷尬處境。[74]

聯準會對貨幣供給持續強勁成長的反應將聯邦基金利率推升至 1980 年底的新高。聯準會繼續以貨幣為指南，結果短期利率從 1981 年初開始下降。1981年 5 月和 6 月時，年通膨率從 1980 年 3 月接近 15%的高點，降至 10%以下，但債券投資人繼續推高收益率。雖然聯準會的行動得到一定的名聲，但人們確實擔心新的雷根政府推行的供給端稅收改革會破壞聯準會在抗通膨方面的進展。M-1 的加速成長似乎支持了這些擔憂。聯準會覺得它不能冒任何風險，到了1981 年 5 月，為減緩貨幣供給成長而進行的策略再次推升利率。聯邦基金利率1 月分為 20%，到了 3 月分降至 13%，7 月時又再次超過 20%。

自從伏克爾上任以來，短期利率就出現前所未有的波動，大幅增加金融預測的不確定性。一直到 1981 年 9 月，也就是他被任命 2 年後，債券市場才出現跡象讓人認為這位聯準會主席打壓通膨很成功。那個月政府公債開始上漲，漲勢持續了二十多年。

同時股市則是繼續低迷。隨著通膨下降，投資人仍必須接受自大蕭條以來最高的實質利率。財政仍持續惡化。華府的雷根政府和國會針對減稅與刪減開支的問題意見分歧。財政部長唐納・黎根（Donald Regan）回想 1982 年 3 月與伏克爾會面的情形，說明了維持實質利率偏高位的情況。

伏克爾向我保證，他會盡力配合政府——如果他能看到我們對降低赤字採取行動，他就會放寬貨幣政策，把利率降低。[75]

雖然這種對峙仍在繼續，但一場嚴重的經濟衰退正在進行中。提高短期利率的前景以回應 1982 年上半年貨幣供給強勁成長，對於即將到來的復甦並不是好事。這種前景，加上許多人預測的貨幣總量目標導致的利率波動，令股票投資人感到不安。儘管美元受惠於高利率，以及通膨和短期利率下降使得公債市場上漲，但股市仍在繼續下跌。

政府公債市場的反彈並不是股票投資人忽視的唯一金融市場改善。整個 1970 年代，投資人面臨美元疲軟、債市疲軟和股市疲軟的三重負面影響。第一個改善的金融市場是外匯。伏克爾以貨幣總量為目標的政策產生更高的實質利率，最終建立了對美元的信心。資金流向美元，美元在 1980 年中期觸底，並在 1981 年強勁上漲。但隨著經濟嚴重衰退，道瓊工業指數繼續下跌。股市在政府公債市場觸底後 11 個月觸底，在美元觸底後近 2 年觸底。

股市觸底時正好遇上國際金融危機。墨西哥在 1982 年初時很明顯陷入困境，其最大的公司已經破產。聯準會認為主權債券真的有違約的風險，並且在 1982 年 4 月 30 日就開始提供事實上的過渡性貸款給向美國銀行業大量借款的墨西哥。5 月時，德斯代爾政府證券公司破產。然後在 7 月初，奧克拉荷馬州的一家小型機構賓廣場銀行（Penn Square Bank）倒閉了。

銀行本身的規模很小，但它已經發放了超過 10 億美元的貸款，並出售給了伊利諾大陸銀行（Continental Illinois）和其他大型商業銀行。銀行審查員意識到，出售給其他銀行的貸款可能存在類似問題。市場沒有爆發恐慌，但很明顯美國銀行系統的金融穩定性已受到質疑。

到了 8 月，民眾已經知道墨西哥破產了。一項援助計畫已經制定，但隨著民眾意識到其墨西哥債務減記的規模，美國主要商業銀行面臨災難。花旗銀行總裁華特・瑞斯頓（Walter Wriston）描述 1982 年 8 月在多倫多舉行的國際貨幣基

金年會上的氣氛如下：

我們有一百五十多位財政部長、五十多位中央銀行官員、一千名記者、一千名商業銀行家、大量的威士忌……（這些人）就像組成一艘龐大的蒸汽火車頭，帶動著名為「世界末日即將到來」的列車。就像是鐵達尼號。我們只是在重新佈置甲板上的躺椅而已。[76]

聯邦公開市場委員會於 6 月 30 日召開會議，充分意識到墨西哥很快就會債務違約。儘管 M-1 成長依然強勁，但是可能的金融危機已經導致方向改變。

實際上，到了 1982 年夏季，美國本身的金融結構已顯示出明顯緊縮的跡象。在儲蓄和貸款行業問題擴大，以及一些小型政府公債交易商破產案件被廣為報導，奧克拉荷馬州一間充滿雄心壯志但名不見經傳的銀行，賓廣場國民銀行的破產，暴露出銀行名下價值數十億美元的石油貸款來源根本一文不值。一些非常大的知名銀行也參與其中；動搖了中西部最大、也是知名的伊利諾大陸銀行的根基。這一切都促成了我們在 1982 年 7 月決定放寬政策的時機。[77]

這是事實上（未必是法律的規定）放棄貨幣供給成長目標。聯邦基金利率在 7 月初高於 14%，到了 9 月初低於 9%。聯準會很明顯不再只以貨幣的總量為導向。重要的是，債市並未受到政策變化的驚嚇，長期利率的下降速度加快。隨著墨西哥危機的公開以及聯準會政策的改變，股市終於在 1982 年 8 月時觸底。

11 CHAPTER 1982 年的市場結構

11-1　1982 年的股票市場

查理發出一聲諷刺的笑聲，然後解釋說：「小傢伙現在的行為就像石油公司一樣。我會得到我的，然後整死你。」

「我不怪石油公司」哈利平靜地說。「這對他們來說也太大了。大自然正在耗盡資源，就只是這樣。

——約翰‧厄普代克，《兔子富了》

到了 1982 年，股市不再只是美國的金融業中的小弟。1949 年 5 月底，所有在紐約證交所上市的股票總值只有 640 億美元，占 GDP 的 23%。1968 年 12 月為止的牛市期間，紐約證交所市值增至 6,930 億美元，占 GDP 的 76%。儘管熊市始於 1968 年，但市值繼續上升，到 1981 年底達到 1 兆 1,430 億美元，占 GDP 的 36%。市值的成長甚至超過了 1949 到 1981 年名目 GDP 的 11 倍。

民眾主要透過金融中間機構持有的股票也暴增——從 1952 年占成年人口的 4% 增加到 1985 年的 28%。自 1974 年以來，股票市場的活躍度一直在提高，1982 年上市股票的交易比例是 1933 年以來最高。1982 年在紐約證券交易所交易的股票價值比 1968 年牛市最高點時高出 350%。到了 1982 年，民眾參與市場的興趣非常高。此外，這時期的交易也很頻繁，平均持有期略超過兩年，相較之下 1949 年至 1981 年的平均持有期則為 5 年。

在這段期間，紐約證交所仍非常能代表整個市場。雖然今天的讀者認為那斯達克的崛起相對於紐約證交所的活動愈來愈重要，但在 1982 年時這並不是對紐約證交所的主要威脅。長期來說，我們必須將那斯達克重要性的上升，與美國證券交易所（ASE）重要性的持續下降互相對照。在 1968 年的巔峰時期，美國證交所占美國註冊的證券交易所總交易量近 18%。到了 1982 年，這個比例已經降到只剩不到 4%，同時期紐約證交所占所有註冊交易所的交易量從原本的 74% 升到 85%。在 1982 年，在更普遍的說法中，提到紐約證交所就等於是「股市」。

上市公司數量的成長大幅落後紐約證交所市值的成長。在紐約證交所上市的公司數量從 1949 年的 1,043 間增加到 1968 年牛市結束時的 1,273 間。到了 1982 年底，在紐約證交所上市的公司有 1,526 間。自 1949 年以來，上市公司的數量只增加了 46%，所以市場的成長主要是平均市值的提升。到了 1982 年中，上市公司的平均市值約為 6.39 億美元，高於 1968 年底的 5.43 億美元和 1949 年中的 5,800 萬美元。到 2005 年 6 月，紐約證交所上市的公司有 1,780 間，平均市值為 50 億美元。

儘管組成市場的工業類股發生了很大的變化，但有個東西似乎始終沒有改變：石油的重要性。雖然 1926 年後才開始有將產業細分的資料，但石油在 1921 年的重要性可能僅次於鐵路業。在 1932 年、1949 年和 1982 年的熊市底部，石油的市值是所有產業中最大的。即使在 1929 年大牛市的高點，石油仍然是市場的第三大工業類股。這個類股對投資人的重要性，在華爾街通常被低估了，華爾街經常將焦點放在新的事物上。下頁圖 103 顯示的是從 1949 年到 1982 年，關鍵工業類股重要性的轉變、石油類股的持續重要性，以及新興產業的興起。

圖 103　紐約證交所十大類股（按市值排列）

	1949	1982
石油	16.0%	12.6% (1st)
化學用品	9.0%	3.5% (9th)
零售	7.9%	5.5% (6th)
汽車	7.5%	3.4% (10th)
公用事業	6.7%	7.1% (4th)
鋼鐵	6.4%	1.4% (20th)
通訊	6.2%	4.7% (7th)
食品	6.2%	3.3% (11th)
運輸	5.1%	1.7% (18th)
電器用品	3.5%	1.1% (22nd)
金融	2.1% (16th)	11.7% (2nd)
商業設備	2.3% (13th)	11.3% (3rd)
健康	1.6% (17th)	5.7% (5th)
居家用品	1,5% (19th)	4.6% (8th)

資料來源：肯尼斯‧法蘭奇，《產業組合數據》。

　　鐵路是十九世紀中至 1920 年代末，美國股市中最重要的類股，到了 1982 年卻幾乎沒有投資人感興趣。同樣的，鋼鐵、汽車和化工等重工業對投資人而言重要性也在下滑，而金融、商業設備和健康等以服務為導向的企業則是愈來愈重要。

　　這段時期最重要的變化是金融業的重要性愈來愈高。金融類股在 1949 年時的比重較低，主要由投資信託和一些消費金融公司組成。一直到了戰後時期，已經成熟的銀行才在紐約證交所全面上市，金融業在 1949 年成為第十六大產

業，到了 1982 年成為第二重要的產業。

　　雖然美國經濟在這段期間發生了無數變化，但股市中最大的類股卻持續了很久。在有明確資料的三個時期——1932 年、1949 年和 1982 年——有六個產業都是市值前十大的類股：石油、公用事業、零售、通信、化學產品和汽車。十大類股的重要性多年來的變化並不大，1932 年占市值的 76.6%，1949 年為74.5%，1982 年為 73.4%。在這之前，由於鐵路類股稱霸市場，因此類股的集中度可能更高。1949 年至 1982 年這段期間，股市的關鍵變化是從重工業轉向服務業。圖 104 顯示的是以服務為導向的產業，如何在 1949 年至 1982 年之間提供了特別好的報酬率，並且因此在市值中占的比重愈來愈高。

圖 104　紐約證交所工業類股的總報酬——1949 年 6 月到 1982 年 7 月

最佳	
商用設備	80.2x
健康	62.7x
餐飲	55.1x
電器設備	53.2x
服務	46.3x
最差	
煤炭	6.1x
化學用品	16.9x
通訊	17.7x
鋼鐵	17.9x
紡織	19.1x

資料來源：肯尼斯‧法蘭奇，《產業組合數據》。

　　雖然股價表現出色，對於商業設備和健康類股的興起扮演重要的角色，但金融類股的情況並非如此。金融類股指數在這段期間的總報酬率為 29.5 倍，低於類股平均的總報酬率 32.5 倍。金融類股的重要性升高是因為新股上市。按市值計算，通訊類股在 1949 年和 1982 年都是第七大類股。

　　這個類股指數在這段期間的表現非常不好，顯示這種持續的重要性是因為大量的資金募集，而不是投資人獲得極佳的報酬。電氣設備類股的反影響很明顯，雖然這個類股的報酬率在三十個類股中排名第四，但是重要性卻顯著下滑。從 1949 年到 1982 年，1949 年時的十大類股的績效，顯示了石油類股是部分透過提供投資人超額報酬來維持其類股的重要性。

圖 105　總報酬指標上升──1949 年 5 月到 1982 年 7 月

電器設備	53.2x
石油	52.9x
汽車	34.6x
食品	25.6x
零售	20.0x
公用事業	21.2x
運輸	21.0x
鋼鐵	17.9x
通訊	17.7x
化學產品	16.9x

資料來源：肯尼斯・法蘭奇，《產業組合數據》。

　　到了 1982 年，市場結構發生了變化。金融、健康和商業設備類股在 1949 年占市值的比例不到 7%──現在幾乎占市場的 30%。就最重要的股票而言，1949

到 1982 年是 IBM 的興起。《財星》（*Fortune*）雜誌在 1955 年編製的第一份 500 大企業名單僅包含美國工業類股，而 IBM 的營收排名為第六十一。到了 1982 年，IBM 就成了所有美國企業中獲利排名第二的企業。

1968 到 1982 年的熊市與本書分析的其他主要熊市非常不同。1921 年、1932 年和 1949 年的熊市是在通貨緊縮的大環境中，而 1968 到 1982 年則以偏高而且持續上升的通膨環境為主。當考慮到再投資股息時，標普指數的投資價值在這段期間增加了 82%。同期消費者物價指數上漲 174%。雖然三十大類股中只有一個名目報酬是負值，但是如果包含股利再投資的成果時，就只有五個類股的實質報酬是正的。

圖 106　創造實質總報酬的類股——1968 年 12 月到 1982 年 8 月

菸草	+420%
電信	+194%
石油	+185%
健康	+180%
煤炭	+180%

資料來源：肯尼斯・法蘭奇，《產業組合數據》。
備註：總報酬率包含股利再投資。

在 1929 年到 1932 年通貨緊縮的熊市中，菸草類股是績效最佳的類股，結果菸草也是 1968 年到 1982 年通膨熊市中表現最好的類股。公司的管理團隊調整價格以便在不同的通膨環境下維持類股利潤率的能力，似乎也是獨一無二的。石油類股是 1929 年到 1932 年通縮熊市中表現排名第五的類股，也是 1968 年到 1982 年通膨熊市中表現排名第五的類股。

　　這段期間，三十個主要類股的平均未加權的報酬率是 107%。除了上面列出為投資人帶來實質報酬的類股外，只有其他四個類股的報酬率高於 107%的平均水準——食品、電器設備、公用事業和礦業。同樣的，在熊市中加碼公用事業和菸草類股這個簡單的策略，創造了非常有利的相對報酬。有趣的是，從 1946 年到 1968 年表現出色的石油和健康類股在 1968 年到 1982 年的熊市中也有出色的表現。

11-2 | 1982 年的債券市場

　　你認為 14%是一場災難，在以色列是 111%，一台彩色電視機要花 1,800 美元。在阿根廷是每年 150%……在所有工業國家中，美國的消費者付出的仍是最低的金額。

——約翰·厄普代克，《兔子富了》

　　到了 1982 年，紐約證交所已不能再準確反映債市的結構了。近一百年來，政府固定利率公債的交易一直在紐約證交所以外交易，甚至紐約證交所的公司債市場的重要性也在下降。早在 1958 年，在紐約證交所上市的所有公司債和外國債券的市值僅占這些已發行工具總價值的 33%。到了 1981 年底，紐約證交所上市僅占整個市場的 28%。聯準會自 1952 年以來公布的資金流量統計資料，提供有關債市在這段期間變化更準確的樣貌。

圖 107　美國固定利率債市主要組成成分的市值（10 億美元）

	1952 年底	1982 年第二季
美債	220.8	858.0
機構債券	2.8	351.4
市政債券	29.7	474.2
公司債與外國債券	49.6	562.8
	302.9	2,246.4

資料來源：聯準會，〈美國資金帳戶流量表〉。

　　圖 107 包含所有期限的固定利率債券。圖中顯示 1952 年美國固定利率市場

比股票市場大 1.8 倍。一直到 1982 年為止，這個比例沒有太大的變化。令人意外的是，雖然債券價格大幅下跌，但固定利率市場在這段期間的成長速度略高於 GDP。悉尼‧霍默和李察‧席拉（Richard Sylla）在《利率史》提到，債券熊市的規模及其相對重要性：

　　如果在本世紀第二個熊市期間可以買到固定期限的 30 年期 2½%債券，其價格將從 1946 年的 101 跌到 1981 年的 17，也就是 83%的跌幅。[78]

　　儘管這個熊市很嚴重，金額愈來愈大的政府公債還是能找得到買方。債券發行的榮景並不侷限於政府和準政府機構。從 1952 年到 1982 年，私人部門在債券市場的占比從 16%增加到 25%。儘管價格重挫，但在整個債券熊市中，政府和私人債務市場仍相當活躍且不斷成長。

　　對債券投資人來說，這段期間的兩大變化是準政府固定利率證券的爆炸性成長以及殖利率的上升。1952 年少數機構債券是由小羅斯福「新政」所成立的機構發行的。雖然這些證券在 1952 年占所有固定證券的比例不到 1%，但到了 1982 年時已經占市場近 16%。投資人必須了解這個新的資產類別，以及 1980 年代初期創紀錄的殖利率背後的動力為何。

　　108 顯示債券投資人在 1982 年經歷的是未知領域。到了 2 月時，穆迪 Baa 級公司債的殖利率已超過 17%。這與 1921 年和 1932 年的通貨緊縮公司債熊市形成強烈的對比，當時收益率分別達到 8.6%和 11.6%的高點。在 1949 年上一次股市熊市底部時，股票投資人在評估略低於 3.5%的 Baa 殖利率的影響。到了 1982 年，隨著殖利率超過 17%，債券投資人感到更緊張，任何事情似乎都有可能發生。

圖 108 長期政府公債與穆迪 Baa 級公司債的殖利率

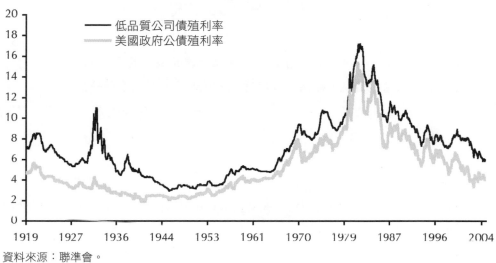

資料來源：聯準會。

12 熊市觸底：1982 年的夏天

CHAPTER

> 油價上漲連帶所有物價也跟著漲……就像德國的威瑪共和（Weimar）一樣，
> 人們的積蓄愈來愈不值錢，每個人都同意，經濟衰退會讓你毛骨悚然。
>
> ——約翰・厄普代克，《兔子富了》

　　1982 年夏季時，長期熊市使股票跌到很棒的價值。到了 8 月，道瓊指數回到了 1964 年 4 月首次出現的程度。以實質價值計算，資本指數回到了 1928 年 4 月，只比 1916 年的高點高出 22%。股票很便宜。使用年底的資料來計算，Q 比率只有 0.38 倍，並且針對 1982 年中期市場的低水準進行調整後，可能接近 0.27 倍。使用 10 年移動盈餘資料計算的周期性調整後本益比為 9.9 倍，遠低於 1881 年到 1982 年 15.8 倍的平均水準。這些股價評價與 1.06 倍的 Q 比率，和 1968 年牛市高峰達到的 25.1 倍的周期性調整的本益比形成強烈的對比。

　　花了將近 14 年的時間，股價評價才從過高轉為過低。這看起來雖然是很長一段時間，但在這個研究的背景下，這幾乎可以被視為為正常。圖 109 顯示從股價評價過高到過低的持續時間，這是用 Q 比率和經周期性調整的本益比來計算的。

　　本書第二部討論過，1929 年到 1932 年的熊市與二十世紀的其他大熊市非常不同。如何衡量從股價評價過高到過低的持續時間，取決於是否將這個熊市包含在計算平均持續時間裡。如果要包含這次熊市，那麼平均持續時間約為 9 年，但如果要排除這個非典型的熊市，那麼平均持續時間約為 14 年。

圖 109　從股價評價過高到過低的持續時間

	Q 比率	經周期性調整的本益比
到 1921 年的谷底	16	20
到 1932 年的谷底	3	3
到 1949 年的谷底	13	13
到 1982 年的谷底	14	17

資料來源：史密瑟斯經濟諮詢，www.econ.yale.edu/~shiller/data.htm。

（這些持續時間是根據 Q 比率的變化。如果關注經周期性調整的本益比，時間甚至會更長）。很明顯，我們不應該將自己對正常熊市的看法套用在 1929 年的熊市。雖然股票有可能在短短 3 年內從極度高估變成極度低估，但是在「正常」情況下這種情況不太可能發生。現代投資人應該記住，為了在短短 3 年內實現這種快速的價值調整，道瓊就必須下跌 89%。

歷史顯示，除非價格出現如此重大又迅速的暴跌，否則股市需要大約 14 年的時間才會完成從高估到低估的過程。

12-1 好消息與熊市

「泡沫不會破裂嗎？」
「貴金屬不是泡沫。貴金屬是終極安全保障。」

——約翰·厄普代克，《兔子富了》

到了 1982 年，股市熊市已經持續了將近 14 年，但卻轟然停止，而不是小聲地結束。從 1981 年 4 月開始的 15 個月，道瓊工業指數又跌了 30%，直到 1982 年 8 月觸底。雖然股票價格下跌，大宗商品價格受到抑制並且下跌，但是美元反彈，從 1981 年 9 月開始，政府公債市場總算回升。這種價格變化的結合，鼓舞了聯準會打擊通膨的努力正在獲得勝利。然而股票投資人關注的是勝利的代價，尤其是對經濟造成的傷害。

1982 年 8 月時，情況發生了變化，股票價格開始強反。這種反彈是經濟前景的變化所推升的嗎？**根據美國國家經濟研究局的參考日期，股市會比經濟先反彈，經濟是在 1982 年 11 月觸底反彈。但是 GDP 在 1982 年的第一季度觸底，根據這個資料，股市的反彈的時間比經濟改善還要晚。**

經濟和股市底部的這種幾乎同時發生的情況，在其他大熊市底部時也很明顯。根據美國國家經濟研究局的參考日期，1921 年時經濟衰退在 7 月觸底，股市則是在 8 月觸底。1930 年代的情況就沒有那麼明確了，但是 1932 年 7 月的股市底部，後來被稱為經濟雙重底的第一個底部。1949 年時，股市確實領先經濟在 6 月觸底，而美國國家經濟研究局經濟萎縮結束的參考日期是 11 月。

從這四次事件來計算市場平均領先經濟多久，可能會誤導讀者。**但有一件**

事很明顯，股市領先經濟 6 到 9 個月，這個很多人流傳的迷思是不正確的。如果檢視每一次經濟反轉，這個迷思可能是正確的，但並不適用於上個世紀的四次大熊市底部。在這些極端時期，經濟和股市的底部似乎更接近，而且經濟可能比股市還早復甦。

這與我們在《華爾街日報》所觀察到的非常一致，也就是在市場底部通常會有大量好的和正在改善的經濟消息。這一切都顯示，在這些極端的時期，投資人面臨的風險可能不如人們通常會認為的那麼大。投資人不需要根據對經濟將在 6 到 9 個月內開始好轉的預測來買股票。在大熊市的底部，可能有愈來愈多證據顯示經濟已經好轉。

6 月 14 日：以通膨調整後的美元來計算，第一季企業庫存以年率 175 億美元的速度減少，這是二戰以來降幅最大的一季。

6 月 14 日：在討論企業庫存上升時，負責經濟事務的助理商務部長羅伯特・德德里克（Robert Dedrick）的語帶樂觀。他說，雖然庫存還沒有完全出清，但顯然已經減少了。「出清庫存的情況正在減緩，顯示拖累經濟的主要原因正在減輕。」

6 月 14 日：消費者預期改善通常會比經濟實際改善提早三到四個月，使得業界人士的觀點看來更可信，業界人士相信，企業將在接下來的幾個月內開始走開目前的衰退。

6 月 14 日：5 月分新車銷量較去年同期成長 5.9%。

6 月 14 日：甚至就業情形也帶來一些希望。失業率從 4 月的 9.4% 升至 5 月的 9.5%，是二戰以來的最高。但上個月增加了 77 萬 7 千個就業機會，經季

節性調整後總數為 1 億 10 萬筆就業。僅略低於 1981 年 5 月的 1 億 100 萬筆。

6 月 14 日：顧問公司資料來源（Data Resources Inc.）的伊麗莎白·艾莉森（Elisabeth Allison）說：「這次經濟衰退，實質可支配收入的成長卻異常強勁，主要是因為通膨下滑，失業救濟金和社會保障的自動穩定制度」以及高利息收入——這是高利率帶來的好處。

6 月 14 日：至於財政政策，人們普遍預期 7 月 1 日減稅 10%將推動消費者支出上升。

6 月 15 日：費城沃頓計量經濟學預測協會（Wharton Econometric Forecasting Associates, Philadelphia）的唐諾·斯特拉茲海姆（Donald H. Straszheim）認為，雖然出現互相矛盾的訊號，但「經濟衰退仍可望在第二季結束」。

6 月 16 日：汽車銷售正在回升嗎？許多產業人士認為就算復甦尚未開始，也即將到來……。包括進口在內，最新的 10 天銷售速度經季節性因素調整後，年成長率約為 830 萬輛——高於 5 月分的 820 萬輛，也遠高於 4 月分的 720 萬輛；汽車製造商的第一個驚喜是上個月的銷售額自 1981 年 5 月以來成長了 15.8%，這主要是因為通用汽車的銷售反彈……。今天道路上行駛的汽車的平均年齡估計為 7.5 年，高於 1972 年的 5.7 年……。事實上，由於庫存處於 1964 年以來的最低，一些分析師認為任何規模的需求大增都可能導致公司出現汽車短缺。

6 月 16 日：聯準會主席保羅·伏克爾指出，近期消費支出增強和庫存減少放緩是「伴隨著經濟衰退趨於平穩和復甦開始的跡象」。他拒絕預測何時利率會下降，但說「我認為利率除了下降之外沒有其他方向。」（對國會聯

合經濟委員會的說法）。

6 月 17 日：5 月分新屋開工率驚人地攀升 22%，為 10 個月內首次突破全年一百萬戶，可能暗示期待已久的復甦。

6 月 17 日：雷根的個人減稅第二階段將從 7 月 1 日開始，收入中位數家庭的每周實質收入將增加 6 美元。

6 月 21 日：上個月個人收入溫和成長加上消費支出的強勁成長，提供新的證據顯示由消費者主導的經濟復甦開始站穩腳步。

6 月 22 日：初步政府數據顯示，扣除通膨後，本季美國經濟似乎以 0.6% 的年成長率擴張，這是自 1981 年第三季以來的首次成長。白宮預算辦公室主任大衛‧斯塔克曼（David Stockman）告訴記者：「我們已經度過了經濟衰退的谷底。」與此同時，白宮發言人賴瑞‧斯皮克斯（Larry Speakes）表示，GNP 的初步資料顯示「經濟衰退已經觸底。」財政部長唐納‧黎根在與會計師的聚會上說，根據本季 GNP 的初步資料，「我們可以開始看到復甦的前景」。

6 月 23 日：「最近的經濟數據繼續支持溫和經濟復甦的情況」，摩根士丹利公司副總裁艾瑞克‧海曼（Erich Heineman）表示。

6 月 23 日：復甦的初步跡象明顯。汽車銷售和房屋開工略有回升，零售銷售也是。由於更高的社會保障福利和更低的個人預扣稅（去年稅收法案的首次顯著收益），預計下個月的消費需求將進一步上升。一開始資產負債表就很弱的企業想知道，如果聯準會不放鬆政策，而且很可能不會爆發新的通膨，如何才能為經濟復甦提供資金。這些疑慮再加上已經發生的商業

貸款需求增加，為我們提供了一些線索，以了解利率為何會開始往下走。

7月1日：減稅將使消費者每年增加 320 億美元。社會保障金支付的生活成本增加 7.4%，每年將為經濟額外注入 110 億美元。

7月1日：美國商務部的綜合領先指標 5 月時上漲 0.3%，為連續第三個月上漲……。在 3 月開始上升之前，這個指數已連續 10 個月下跌或保持不變。

7月1日：紐約一家預測公司總裁兼雷根總統的親密顧問艾倫·葛林斯班認為，「幾周之內」全國就可以看到復甦的跡象。

7月6日：相信經濟強勁好轉的人得到一個不尋常的支持：紐約著名投資人羅柏·威爾森（Robert Wilson）領導一家與他同名的資金管理公司。多年來，威爾森先生以借入他認為價格過高的股票賣空而聞名。但是目前威爾森先生並沒有放空那麼多股票。他對高利率下經濟復甦這件事很感興趣，「就只是因為每個人都說這不可能發生。」

7月12日：大致從現在開始，普遍認為經濟持續復甦，但是比正常還要弱。從建築許可到貨幣供給，許多關鍵指標都支持這個預測。

7月12日：市場總是在商業周期衰退的谷底或觸底前就開始上漲，然後繼續快速攀升，進入隨後的復甦期。市場可能已經預測到一些沒有發生的衰退……但是並沒有顯示任何復甦不會發生的跡象……如果新的復甦確實已經開始，這將是首次復甦，而且剛開始時股市會下跌，而不是快速攀升。

7月14日：美國 6 月零售銷售下降 1.5%，但許多經濟學家預測消費者很快

會增加消費量，刺激經濟從衰退中溫和復甦。第二季的銷售比上一季成長了 3.1%。

7 月 29 日：雷根總統確認經濟正在復甦，但他也承認「速度將會很緩慢」。

8 月 2 日：第二季物價平減指數為 5%，是 1981 年 9.4%的一半。

8 月 5 日：美國商會的一位經濟學家在最近的一份報告中指出：「企業獲利品質提高帶動企業強勁的現金流──現金流是以盈餘加折舊費用的總和計算出來的。經季節性調整後的年率，第一季的企業現金流高於 1981 年（全年）的程度。

8 月 6 日：續優股經濟指標（Blue Chip Economic Indicators）也許是最接近預測共識的東西，這是由亞利桑那州塞多納的羅柏‧艾格（Robert J. Eggert）特對四十多位知名預測員進行的每月調查的結果。平均而言，續優股預測未來一年經通膨調整後的 GNP 全年增幅為 3.3%。所有接受調查的人都預計至少會有一些成長，但估計範圍從最低 1.3%到逾 6%不等。例如，最新的平均值為 3.3%，低於 6 月分調查的 3.6%。

8 月 12 日：7 月分全國零售銷售成長 1%，進一步證明美國經濟將慢慢走出衰退。

8 月 18 日：美林公司前董事長黎根先生（財政部長）對亨利‧考夫曼（Henry Kaufman）先生關於利率下降的預測表示歡迎，但對分析師推測利率將下降是因為經濟仍疲軟，黎根並沒有提出提出異議。黎根先生說：「他因為錯誤的原因得到了正確的答案，他沒注意到健全經濟的新跡象。」

8 月 23 日：7 月分耐久財工廠訂單成長 3.2%，這是自 3 月分以來的首次成長，可能暗示未來幾個月的工業生產將有所改善。

9 月 22 日：經通膨調整後，美國經濟本季的年增率為 1.5%……。修正後的資料顯示第二季經季節性調整後的年增率為 2.1%。

9 月 27 日：因此，新創公司數目接近歷史新高可能會有點意外。去年將資本利得稅從 1978 年的最高 49%降至最高 20%，鼓勵對小型企業的投資。

10 月 1 日：雷根總統的顧問，紐約經濟學家艾倫‧葛林斯班預計，「實質」GNP（即所有商品和服務的總值）經通膨調整後，第四季年增率將為疲弱的 2.3%，與 1983 年上半年的速度大致相同。

10 月 5 日：世界大型企業聯合會指出，商界領袖對美國經濟的信心連續第三季改善。

政府公布的初步經濟數據顯示，1982 年第二季經濟已開始復甦。第二季實質 GDP 較前一季成長，年率相當於 2.2%。市場普遍預期未來 12 個月經濟成長 3.3%是準確的，因為經濟成長了 3.2%。1982 年熊市觸底時，經濟已出現改善並對經濟未來高度樂觀。

與 1921 年、1932 年和 1949 年一樣，熊市的底部並不是沒有好消息，而是市場忽視好消息。對所有四個熊市的分析顯示，汽車業對投資人來說是一個重要的領先指標。1982 年時，在整體經濟和股市觸底之前，汽車業的復甦就很明顯了。新車註冊量的單月低點是在 1982 年 1 月，當時的新車登記量較去年同期下降 20%。

到了 1982 年 6 月，新車註冊量比前一年下降了 4%，這一改善在投資人中引起了廣泛的討論。本書探討的四個時期的模式是，價格下跌引發對這種重要耐久財的累積需求。在 1921 年、1932 年和 1949 年，汽車本身的價格明顯下跌。1982 年的情況並不沒有那麼明確，因為汽車價格沒有下降。《華爾街日報》時 1982 年 9 月 1 日報導通用汽車將其 1983 年的車款價格提高 1.9%。但在新車價格持續上漲的同時，購買汽車的成本卻在迅速下降。

美國的優惠貸款利率在 1981 年的大部分時間都高於 20%，到了 1982 年初已經跌破 16%。融資利率的下降，加上價格上漲緩慢，表示 1982 年時購車比 1981 年時更便宜。這種事實上的價格下跌再次引發了需求改善，並且與 1921 年、1932 年和 1949 年一樣，這表示總體經濟需求的改善和經濟復甦。認為股票因經濟衰退而被低估的投資人，最好將汽車業視為經濟衰退和熊市即將結束的領先指標。

我們注意到的主要熊市底部的一個特徵是，通常是新英格蘭地區經濟復甦的消息，帶動新的牛市開始的經濟復甦，而且 1982 年 7 月 19 日，《華爾街日報》報導：

……東北部的一些總是蕭條的州已經有了明顯的改善……。新英格蘭地區曾經是一個標準的經濟發展遲緩的地區。過去幾年來，由於微電腦、電信和高科技成為國家成長的引擎而一直處於繁榮的邊緣。整體而言，新英格蘭地區比其他地區提早十年完成這個轉型。

上面摘錄的內容顯示新英格蘭的經濟在這段期間的轉型。雖然有這樣的轉變，但事實仍是，這四次股市重大觸底前幾周，新英格蘭就已經出現經濟改善了。

12-2 價格穩定性與熊市

在前面的部分中，我們已經看到價格開始出現穩定性是預測股市熊市結束的最重要因素。通貨緊縮的結束是前三個大底部的股價跌勢結束的標誌。1980年代的通貨膨脹環境大不相同，通膨率從經濟衰退時的高位回落。事實上，如果我們將通貨緊縮衡量為 CPI 指數下降，那麼這一時期的通貨緊縮直到 1982年 11 月才出現。1982 年的最後一季，CPI 與第三季度相比下降了 0.6%。這次非常輕微和短暫的通縮與 1921 年、1932 年和 1949 年的事件形成強烈的對比。

在 1921 年和 1932 年時，金本位制在強制通貨緊縮方面扮演重要的角色，而在 1949 年戰後經濟調整是一個關鍵的結構性因素。人們可以看出為什麼通貨緊縮會在那些時期發生，以及為什麼通貨緊縮的減弱對股票價格如此有利。但是在 1982 年時情況大不相同。聯準會貨幣政策的最後一個正式外部約束早就已經不存在了。此外，如果聯準會似乎又輸掉打擊通膨的戰爭，金融市場因為持續將近 20 年的通膨而感到厭煩，就會陷入恐慌。

那麼，1982 年最令人驚訝的是，通縮結束又標示著大熊市觸底。1982 年，由於一直到新的牛市開始後 CPI 才下降，因此市場並沒有在整體通縮結束時而上漲。與 1921 年、1932 年和 1949 年一樣，1982 年股市的關鍵轉折點是大宗商品價格穩定下來。

正如我們在前幾部分所討論的情形，主要大宗商品的價格穩定，使得大宗商品價格和整體物價更普遍趨於穩定。股票價格在 1921 年、1932 年和 1949 年對這些商品價格穩定的初步跡象的正面反應，顯示後來物價將普遍穩定下來。有趣的是，儘管通膨背景完全不同，但 1982 年的模式很明顯。

雖然這一時期 CPI 衡量的任何通縮都是有限的，但如果通縮的指南是大宗

商品價格，則通縮更為明顯。商品研究局（CRB）商品價格指數從 1980 年 11 月的高點跌至 1982 年 10 月的低點，跌幅超過 30%。圖 110 顯示自 1982 年以來，一般商品價格在 10 月觸底，而指數中的金屬商品則是在 6 月觸底。

圖 110　商品研究局指數及現貨金屬指數（1982 年 1 月至 12 月）

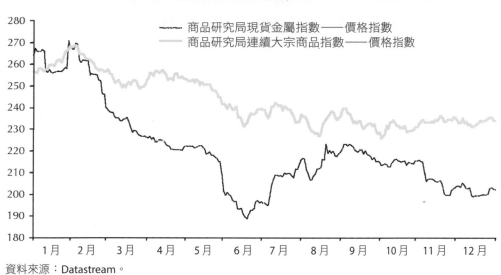

資料來源：Datastream。

雖然一般大宗商品的 10 月低點出現在股票價格觸底兩個月後，但金屬商品觸底的時間比股票觸底早兩個月。這種巧合在 1982 年尤其令人意外，當時人們可能預計投資人會被商品價格上漲嚇到。

到了 1982 年，投資者可以預期伏克爾主掌的聯準會，將採取嚴厲的措施打擊任何通膨跡象，商品價格的反彈可能被視為預示著更高的實質利率。這麼多人希望聯準會最終戰勝通膨，大宗商品價格的反彈對投資人來說，難道不是警告聯準會打擊通膨會再次失敗嗎？值得注意的是，儘管大宗商品的價格出現反彈，但大宗商品通縮的結束這次又領先股市熊市的結束。

本書分析的四次大熊市底部，大宗商品價格跌勢的結束都比股市大熊市的結束還要早。

圖 110 提供了一般商品價格和金屬價格的資料。納入金屬商品價格的原因是金屬價格整體的反彈，尤其是銅價似乎比普遍的價格穩定還要更早穩定下來。到 1982 年 5 月，銅價已經從 1981 年 8 月的高點下跌了 16%。從 5 月到 6 月，價格進一步下跌 17%，然後又迅速反彈，到 8 月股市觸底時，銅價已經回到 5 月的水準。

銅價從 6 月的低點反彈是大宗商品價格可能觸底的第一個跡象。CRB 現貨金屬指數在 1982 年 6 月觸底，並且與一般商品指數不同，該指數到年底前仍遠高於這個水準。在其他大熊市的底部，銅價在 1921 年 8 月、1949 年 6 月和 1932 年 7 月觸底（儘管在 1933 年初的銀行業危機期間，價格再次創下新低）。

每一次熊市谷底，銅價反彈都比股市反彈還要早或是同時發生。就連 1982 年時，這個規則依然成立，當時對一些投資人來說，銅價和大宗商品價格上漲可能預示著通膨回升以及貨幣政策緊縮。因此，如果大宗商品價格穩定是觀察股市熊市結束很好的指標，那麼銅價持穩可能是大宗商品即將全面穩定下來的最佳指標。

大宗商品價格的強勁反彈，推動 CRB 指數在 1982 年 10 月之後的 10 個月內上漲 24%。股票牛市在整個期間一直持續。在這些完全不同的通膨／通縮環境中，大宗商品價格的穩定有利於股票價格，這一事實可能表示大宗商品價格隱含著更重要的資訊。可能是在股票被低估且價格仍在下跌的時候，穩定的大宗商品價格提供了經濟即將改善的證據。

即使是在 1982 年，只要有任何通膨跡象可以相信聯準會隨時會採取行動

時，穩定商品價格至少代表有一些證據顯示最終需求有所改善。由於債券市場已經接受了聯準會打擊通膨成長的展望，或許觀察大宗商品價格穩定對於預測經濟即將好轉是更為重要的指標，而不是擔憂未來的通膨壓力。

利率下降和經濟好轉的跡象的組合，使得道瓊從 1982 年 8 月以來，在不到一年的時間內就上漲超過 50%。無論這種正向關係的原因是什麼，股票投資人都應該尋求大宗商品價格穩定，尤其是銅價，以證實股市的熊市已經結束。

我們很難透過預測其中一種的價格（商品）未來趨勢，來預測一種的價格（股票）未來趨勢。預測任一個可能都不容易，因此這種分析形式並沒有用。關於這一點，重要的是在商品價格觸底過程中，低庫存有助於確認觸底。

在 1921 年、1932 年和 1949 年的《華爾街日報》中，整個系統的低庫存水準被認為是看好未來的一個關鍵因素。類似的情況在 1982 年時也很明顯，第一季庫存降低的速度是自二戰結束以來的最快紀錄。

對於大宗商品，任何價格逆轉都可能是短暫的，但是在庫存水準非常低的情況下，這種情況顯然不太可能發生。雖然投資人確實需要相信大宗商品價格上漲的可持續性，但沒有必要在大宗商品價格下跌並希望價格上漲時購買股票。歷史顯示，股票投資人可以等到銅價上漲後再決定價格上漲是否可持續。

在經濟衰退時期，當股價評價降至偏低時，股票投資人會尋找商品價格上漲和低庫存的機會。如果還有證據顯示汽車的最終需求在上升，而不只是預測未來的需求上升，那麼歷史顯示股市這時就已經非常接近底部。

比較長期股市熊市底部的關鍵問題之一，就是機構框架的變化。如果在這段期間機構的框架發生了根本性的變化，那麼單一事件是否能有效預測未來？

特別是在貨幣體系本身發生巨大變化的時期，這種比較是否有效？

1921 年至 1982 年之間，美國貨幣體系經歷了徹底的變革，最終放棄了任何形式的固定匯率。人們會期望內部定價的調整在匯率固定的時期發揮更重要的作用。在這種環境下，內部價格調整在匯率調整受限的情況下，對於帶動商業周期扮演著重要的角色。

同樣的，隨著美國轉向自由彈性的貨幣，人們預計內部價格變動在商業周期中的重要性將降低。不管這對經濟的真實情況如何，就算貨幣框架發生變化，價格變化仍然為 1982 年的股票投資人提供了重要資訊。儘管取消了貨幣政策的外部錨點，但 1921 年、1932 年和 1949 年的教訓在最有可能被結構性變化破壞的這一領域仍然有效。

12-3 ｜ 流動性與熊市

有時候要問問自己，是誰從通貨膨脹中受益。是負債的人受惠，整個社會受損。政府會受益，因為政府在不提高稅率的情況下就徵收更多的稅金。對誰沒有好處？口袋裡有錢的人、乖乖繳帳單的人。

—— 約翰·厄普代克，《兔子富了》

我們在本書中已經看到，所謂的「觀察聯準會」與其說是一門科學，倒不如說是一門藝術。透過關注聯準會資產負債表的變化，目的是為聯準會觀察人士判斷股市底部的能力提供一些客觀的指南。我們發現聯準會關注的不只是分析資產負債表的變化。從 1982 年的事件中可以學到非常類似的教訓。

到了 1982 年的夏季，投資人已經從觀察聯準會而得到非常明確的方針，知道聯準會的資產負債會如何調整。聯準會已經為銀行系統的非借貸準備金設定了成長路線，它認為這與其貨幣總額成長的目標一致。如果貨幣總額的成長速度過快，這將迫使銀行借入準備金，從而給聯邦基金利率帶來上升的壓力。這樣的利率上升在當時被認為會抑制需求並減少貨幣總額的成長。非借入準備金成長的變化為投資人提供了聯準會如何因應最新貨幣供給資料的最佳指示。下頁圖 111 顯示了 1979 年採用貨幣成長目標政策後，非借貸準備的成長。

從圖 111 中可以看出，1982 年非借入準備金的成長確實加快了，顯示聯準會正在推行更寬鬆的貨幣政策。聯準會在 1980 年首次緊縮流動性產生了嚴重的負面經濟反應，如圖所示，聯準會的政策迅速逆轉。隨著 1980 年初緊縮的逆轉，非借入準備金成長放緩。經季節性調整的數據顯示，在 1980 年 7 月至 1982 年 4 月的 21 個月中，非借入準備金只成長了 1.8%。

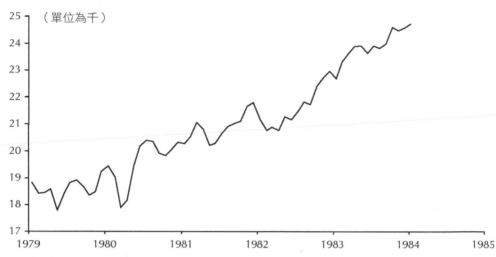

圖 111　美國儲蓄機構非借入的準備金（百萬美元）

資料來源：Datastream。

備註：經季節性調整 Seasonally adjusted。

　　然後在 1982 年 5 月發生了變化，經季節性調整的非借入準備金較前一個月
成長 2.4%。這代表非借入準備金的新成長路徑，在接下來的 8 個月中成長了
10.6%。雖然從整套數據中可以看出成長的變化，但在當時並非總是那麼容易發
現這些趨勢變化，人們一直到 8 月才從統計的迷霧中看出新的趨勢。

　　儘管從 5 月分開始，非借入準備金成長率的證據愈來愈明顯，但投資人仍
必須決定這只是對目標貨幣總額成長的反應，還是新的貨幣政策。有鑑於貨幣
供給資料的波動性，解釋非借入準備金的加速成長與貨幣供給成長之間的關係
並不容易。《華爾街日報》1982 年夏季的報導顯示，根據一個月的貨幣供給額
的資料，非借入準備金的成長被認為微不足道，但是下一個月的非借入準備金
成長卻又過高。

到了 6 月中旬，M-1 年增率為 6.7%，遠高於聯準會設定的 3.5% 目標。因此，投資人有理由預期聯準會將採取行動以減緩非借入準備金的成長，以減少 M-1 的成長。然而，有一個複雜的問題。最近的一項銀行業創新就是「NOW」帳戶——計息支票帳戶。這種新的帳戶鼓勵存戶在活期帳戶中擁有比以前更多的資金。

這種變化預期會促進 M-1 比其他情況下更高的成長，儘管這並不一定表示存戶準備好購物而非儲蓄。因此市場感到困惑，而根據國際清算銀行（BIS）6 月 16 日發布的一份報告，聯準會在過去 3 年來都超過其貨幣供給目標，這份報告對混亂的情況並沒有幫助。如果沒有達到目標是常態，那麼預測聯準會未來針對 M-1 資料採取的行動就特別困難。

資料的波動性使問題變得複雜。《華爾街日報》的報導指出，在 7 月的第一周，M-1 強勁成長的跡象發生了變化：「這些數據顯示，基本貨幣供給額（也就是 M-1）在截至 6 月 30 日為止的一周內大減 37 億美元，使得當周的數字落在聯準會的目標範圍內。」因此，雖然有些人可能認為這是放鬆貨幣政策的訊號，但關鍵訊息是每周貨幣供給額的資料可能會高度的波動。到了 9 月，M-1 增長以 16% 的年增率加速，進一步的混亂更加明顯。任何認為這代表聯準會將緊縮流動性的投資人都徹底看走眼了。

當聯準會經常未能實現其貨幣供給額成長目標，以及 NOW 帳戶的成長扭曲了數據時，非借入準備金的加速代表什麼意思？6 月時，雖然貨幣供給額成長很高，但非借入準備金的成長似乎是被允許的。到了 7 月時，聯準會似乎在增加流動性以因應貨幣供給額的「急遽下滑」。從《華爾街日報》援引的專家意見中可以看出解讀難度。

如果說評論員普遍對貨幣資料的關注是錯的，那麼對財政惡化的擔憂也會

導致預測錯誤。《華爾街日報》於 6 月 14 日的報導指出，聯準會主席保羅‧伏克爾告訴國會，就預計採取行動是「更寬鬆」信貸條件的先決條件。因此，官員們無法針對這個議題採取立場使許多人相信，未來借貸利率不會更低也就不令人感到意外了。據推測，這種財政僵局是國際清算銀行在其年度股東大會上，充滿自信地預測全球的利率將在今年下半年升高的原因之一。即使是最精明的經濟預測者也認為未來降息的可能性很小：

7 月 6 日：紐約一間諮詢公司的總裁兼雷根總統的經濟顧問艾倫‧葛林斯班說：「我曾預計上半年的預算會達成妥協，但我錯了。」葛林斯班先生曾預測，到 6 月 30 日最優惠利率為 11 ¾%，3 個月期國庫券利率為 8.8%，30 年期公債殖利率為 12.9%。相較之下，3 個月期國庫券在 6 月 30 日的收盤利率為 12.6%，而美國長期公債收於 13 7/8%。葛林斯班先生說，有鑑於預算的現狀，我對長期前景並不樂觀。「這將需要國會重新致力於預算限制。」

雖然這位未來的聯準會主席同意利率不能下降的共識，但伏克爾準備提出不同的觀點：

7 月 21 日：聯準會主席告訴參議院銀行委員會，為破紀錄的聯邦預算赤字融資使得財政部必須發行公債借款，並不構成「在此期間降低利率無法克服的障礙」。雖然政府對資本市場施加的壓力將阻止迅速降息，但伏克爾先生表示，他「希望我們能夠在利率下滑的情況下度過這段時期。」

當較低的長期利率和持續的財政僵局看似不可能的組合真的出現時，評論員堅持認為即將逆轉。隨著債券市場的上漲，人們愈來愈不相信，而且《華爾街日報》報導「聯準會的大部分寬鬆政策可能已經過去了」（8 月 2 日），「許多經濟學家警告說，今年抵押貸款利率不太可能大幅下降」（8 月 3 日），「但大多數經濟學家認為降幅不會太大」（8 月 19 日），「然而大多數分析師認為，

任何形式的復甦，即使是前景疲軟的復甦，都會為明年的利率設定一個底線」
（9 月 13 日）。如果對財政僵局的擔憂被證明是錯的，那是因為一場金融危機
正在發展，將導致對政府債券安全的需求超過供給的成長。

聯準會早在 1982 年 5 月就允許非借入準備金加速成長的證據，並不容易解
釋為未來貨幣政策的指標。大多數評論員習慣於根據貨幣供給資料，來看待聯
準會的所有行動。1982 年夏季的關鍵變化是聯準會實際上放棄了這項政策。雖
然沒有人宣布這一政策變化，但對於那些在解釋伏克爾主席的話方面受過訓練
的人來說，很明顯在 7 月底時發生了一些變化。7 月 21 日，《華爾街日報》的報
導指出，伏克爾在向參議院銀行委員會提交的貨幣政策年中審查中表示：

「此外，而且我要強調一點，在經濟動盪時期，預防性的流動性動機導致資
金需求高於預期的情況下，將會有一段時間容忍略高於目標範圍的成長。」

用最克制的語言表達就是，如果出現「經濟動盪」時期，就會放棄貨幣供給
成長的目標。面對質疑時，伏克爾承認德瑞斯戴爾政府公債公司和賓廣場銀行
最近的破產，並不構成這種「經濟動盪」。伏克爾知道但民眾不知道的是，墨西
哥即將破產，政府公債交易商倫巴由沃爾（Lombard Wall）陷入困境。

「經濟動盪」已經很明顯證明了新的政策的必要性，聯準會其實已經放棄
了貨幣供給成長的目標。造成政策變化的原因是主權信用進一步債務違約，對
美國銀行體系的潛在影響。銀行資產負債表的狀況比他們願意承認的還要糟
糕，在 7 月時變得很明顯，而墨西哥的情況只會加劇這種情況。《華爾街日報》
7 月 30 日的社論如下：

與每年損失數十億美元的儲蓄機構不同的是，大多數銀行繼續賺取足以彌補
嚴重貸款損失的收入……。奇怪的是，銀行第一季的財報中幾乎沒有出現問題貸

款激增。事實上，由紐約一家銀行諮詢公司基孚布魯葉特與伍茲（Keefe, Bruyette & Woods）所編製的二十四間銀行指數顯示，有問題的貸款占資產的百分比仍然只有五年前的一半……。

伊利諾伊大陸集團的逾期放款增加 54% 至 13 億美元，大通銀行的逾期放款成長 47% 至 10.5 億美元……。也許最不穩定的紙牌屋是在外國……。花旗銀行大約三分之二的貸款和漢華實業銀行（Manufacturer's Hanover）50% 的逾期放款都在海外……。但是一位證券分析師說：「即使波蘭沒有辦法償還，也沒有一毛錢被打入壞帳」……。過去，大銀行說國家不會破產，以這個做為向這些國家提供貸款的理由。

到了 9 月 15 日，國際銀行體系混亂的程度更加清晰，促使《華爾街日報》發表評論：

波蘭、墨西哥、阿根廷、東德、巴西、奈及利亞、智利、薩伊共和國、南斯拉夫、玻利維亞、奈及利亞、委內瑞拉、秘魯、坦尚尼亞、蘇丹、印尼、羅馬尼亞，以及十幾個其他國家。這份名單是國際間銀行界的噩夢。前兩個國家，波蘭和墨西哥，已經用完現金而且接近債務違約……而銀行在考量投資組合時根本不會考慮其他國家。

許多銀行家和政府官員擔心，如果阿根廷和巴西的債務違約，「骨牌效應」會促使其他國家也違約，進而將許多大銀行推向倒閉的邊緣，並且引發全球金融恐慌，最終可能導致像 1930 年代發生的全球性經濟蕭條。總而言之，開發中國家的債務負擔已從 1973 年的 1,000 億美元飆升至去年底的約 5,400 億美元。

預計今年將達到 6,400 億美元。其中大約 3,270 億美元是積欠西方的商業銀行……。西德最大的外國銀行之一，德國商業銀行（Commerzbank）的董事長華

特·塞普（Walter Seipp）回憶說，在波蘭和墨西哥出現問題之前，銀行家普遍接受的原則是「無法想像一個主權國家會允許自己的債務違約。」他補充說，任何在 1970 年代不參與國際貸款的大銀行「都不會維持大銀行的地位」。

由於商業銀行的資產負債表狀況愈來愈危險，聯邦公開市場委員會於 7 月 1 日做出忽略貨幣供給額成長目標，並提供更多流動性的重大決定。伏克爾在 7 月 21 日發表的評論是第一個微妙的跡象，顯示央行已經採取了一項新的政策。

雖然聯準會刻意容忍貨幣供給額成長超過目標，但其實背後目的是為了防止聯邦基金利率任何不當上升。此次聯邦公開市場操作委員會的會議上關於利率「上限」的討論，是同意「容忍」更高的貨幣供給額的背景。這是一個微妙的轉變，因為聯準會的目標是貨幣供給成長和利率。正是這個政策的改變，允許非借入準備金繼續加速成長，**貨幣政策更加寬鬆，儘管事實上貨幣供給額已經超過了目標。對於那些能夠解讀主席令人困惑的評論的人來說，這是暗示利率將會下降最好的訊號。**

如果人們知道貨幣供給額目標已被放棄，聯準會發出的所有流動性信號現在都在向股票買家發出「買進」信號。從 7 月 19 日起的 6 個月內，貼現率降低了 350 個基點。1982 年 10 月，聯準會終於正式宣布將重點從貨幣供給成長目標轉變，當時聯準會發表聲明稱聯邦基金利率也將成為目標。重要的是，政府公債市場在任何時候都沒有被寬鬆貨幣的展望所嚇倒。

從 8 月到 12 月，長期公債殖利率從 14%左右跌至 10.5%。股市上漲是在短期和長期利率下降的環境下發生的。這一切都是在 8 月初，隨著墨西哥經濟崩潰的宣布而出現的「經濟動盪」之後發生的。流動性分析師很難根據舊目標來解釋聯準會的政策，並且無法預見 1982 年下半年出現的貨幣寬鬆程度。從伏克爾謹慎的評論中了解到央行已放棄貨幣政策目標，因此接下來將放寬貨幣政

策，就能因此受惠。

整體而言，分析聯準會的資產負債表以尋找流動性變化的跡象，似乎是試圖尋找股市熊市底部的一種危險方式。1921 年和 1932 年時這麼做是錯的，1949 年的資料解釋起來極其困難。這是 1982 年股市熊市結束的更準確的指標。但是這一次是因為 1982 年 7 月金融問題愈來愈明顯的證據，觸發央行放寬流動性。

1982 年時，聯準會可以自由應付這種問題，而不受黃金匯兌本位制或《布萊頓森林協定》的限制。1982 年 7 月時，投資人不需要做複雜的流動性分析，就能了解聯準會主席的聲明顯示至少在「經濟動盪」期間會使流動性更寬鬆。

美股觸底時，墨西哥這個發展較為落後的國家債務危機嚴重的程度也被報導出來，而且主權債務違約的消息愈嚴重，股票價格和美國公債的價格漲幅就愈大。如果只從一次熊市中學到教訓，那就是在聯準會出手拯救陷入困境的金融體系的情況下，股票價格將做出正面的反應。1982 年時，只要投資人確信聯準會將會主動回應而且債市沒有受到驚嚇，消息再壞似乎也沒有關係。

聯準會曾在前一次大熊市觸底時，提供金融體系支持。1931 年夏季時，聯準會正在全力放鬆流動性和支持金融體系，但由於英鎊貶值對美元造成壓力，結果這個政策被放棄。1982 年時，這樣的外部約束早已不再是一個因素，聯準會的任何回應比較有可能在當年受到熱烈歡迎，而不是像 1931 年出現資本外流的情形。今天的美國政府公債將作為對貨幣政策的非正式約束，這當然是很多辯論的主題。

我們在本書中評估了廣義貨幣變化在尋找熊市底部的作用。在 1921 年、1932 年和 1949 年證明，這並不是一個準確的信號，1982 年也是如此。雖然貨幣成長反彈在 1982 年落後熊市底部，但卻顯著引領股市的改善。從 1981 年 4 月

左右開始，名目上和實質的廣義貨幣成長的反彈變得愈來愈明顯。然而，這種反彈恰逢惡性熊市，道瓊指數在接下來的 16 個月內下跌了近 24%。

1982 年時，名目和實質的廣義貨幣成長在 1981 年加速之後穩定了下來。1982 年或 1983 年的資料中沒有任何數據顯示廣義貨幣成長加速。信貸成長則是一個非常類似的訊號。從名目價值和實質價值來看，信貸成長的反彈是從 1980 年最後一季開始的——比股市觸底還要早得多。從信貸成長的資料來尋找股票買入訊號的人，在 1980 年到 1982 年的熊市中會受到嚴重的打擊。

我們主要將焦點放在聯準會資產負債表的變化，以顯示流動性寬鬆時期。當聯準會打算擴大曾經被稱為「彈性貨幣」時，這個指標就像是一個酸性測試。我們還可以看看聯準會控制的關鍵利率貼現率，以預測未來立場的一些跡象。在我們探討的四個時期中，除了一個時期外，貼現率趨勢證明都是有用的方式。聯準會於 1921 年 5 月首次下調貼現率，隨後於 1921 年 8 月股市熊市結束，投資人在這段期間損失了 20%。1949 年時，3 月信貸控制的變化是聯準會認為可能已經將通膨壓得夠低的第一個信號。股市在 7 月時觸底，從 3 月到 7 月這段期間，投資人虧損約 10%的資金。

1981 年 10 月，聯準會首次下調貼現率。儘管股票市場直到 1982 年 8 月才觸底，但後來的資本虧損低於 10%。**將聯準會首次降息視為未來的指標來看，較寬鬆的流動性已經成功了，相較於後來迅速的資本報酬，這時的資金虧損最小。**

主要問題在於，遵循這個政策的投資人可能會在聯準會於 1929 年 11 月 1 日首次調降貼現率時進入市場，結果面臨嚴重的虧損。

我們也許可以不管 1929 年的例子，然後說在聯準會引發的衰退並且降低利

率時是便宜買股的好時機。1921 年、1949 年和 1982 年的經濟衰退顯然是聯準會政策的結果。一出現聯準會認為經濟已經承受足夠的反通膨壓力的跡象時，就是買股的好時機。在這三次衰退時，聯準會都以升息來對抗通膨，並且在認為戰爭即將結束時降息。但 1929 年時的情況並非如此。

通膨在 1920 年代一直處於停滯狀態，從 1929 年底開始席捲美國的蕭條幾乎可以肯定不是聯準會引發的衰退，而是德國戰敗賠款、盟國的債務償還以及金本位制無法重建所造成，導致全球金融體系失衡而無可避免的後果。

如果 1929 年到 1932 年的熊市是例外，而不是法則，那麼在第一次貼現率下調後投資股票就是一項明智的政策。或許經驗法則應該是，投資人在考慮投資之前應該等待股市進一步下跌 10%。歷史顯示，這時的下跌空間最小，而上漲的空間將非常顯著。

關於貼現率首次降低後的股票投資政策，我們有必要進一步說明。正如我們已經看到的，聯準會的貨幣目標制度最初實施在 1980 年中期產生了政策的戲劇性逆轉。投資人在 1980 年 5 月貼現率下降後湧進股市，結果貼現率調高然後才又下跌，結果股市一直到 1982 年 8 月才觸底。

這一次，資金再次虧損不到 10%，然後股市才在 1982 年 8 月觸底，但是以實際的價值來計算結果虧損幾乎是兩倍。官方利率像這樣上上下下波動，是貨幣供給成長目標的直接結果。這種特定貨幣政策所必需的貼現率逆轉，可能是只有在進行這類目標的時候才會發生。**考慮到 1929 年 11 月和 1980 年 5 月，投資人應該謹慎行事，但要準備好在代表著聯準會對抗通膨結束的貼現率下降時買進便宜的股票。**

12-4 ┃ 牛市與熊市

他熱愛大自然，不過他幾乎無法說出其中的任何東西。這些是松樹、雲杉還是冷杉？他愛錢，不過他不知道錢如何流向他，或是他如何失去錢。

——約翰·厄普代克，《兔子富了》

沒有人看漲的時候就是熊市的底部，這是個迷思。1982 年時絕對有人看漲。《華爾街日報》刊登許多專家們的評論，他們不僅看到了熊市的結束，而且看到了重大牛市的開頭。

6 月 14 日：威靈頓管理公司（Wellington Management/TDP&L）的丹尼爾·艾亨（Daniel S. Ahern）表示，消費氛圍改善的跡象包括上個月的汽車銷售好轉，以及 4 月和 5 月的一般零售銷售成長，這是幾個月來最好的。他指出，下個月 10%的所得稅率下調以及社會保障支付的通膨調整將提供「相當大的」刺激。

6 月 15 日：唐諾森路芬金與珍瑞特（Donaldson, Lufkin & Jenrette）的艾瑞克·米勒（Eric T. Miller）表示：「我們仍然認為大多數股票已經觸底，而且……市場對經濟的壞消息反應很不錯。」

6 月 18 日：最支持「黃金」的人改口了。在推廣黃金投資二十年後，詹姆士·迪恩斯（James Dines）發送電報給他的顧問服務訂戶，要他們出售手中的黃金……因此，一些市場追隨者說「黃金」的時代結束了。

6 月 23 日：雷德洛亞當斯培克（Laidlaw Adams & Peck Inc.）的副總裁艾倫·

普爾（Alan C. Poole）認為：「熊市的結束不是大量拋售（急遽下跌加上成交量激增），就是平淡無奇，這時候價格幾乎沒有變化，我們似乎正處於這樣的寂靜的時期」。

6 月 28 日：波士頓的楔石基金（Keystone Custodian Fund Inc.）的資深副總詹姆士・麥科（James R. McCall）說：「我們比以往任何時候都更看好股市，因為我們認為現在正在市場的底部。」

7 月 2 日：規模 16 億美元的德萊福特基金（Dreyfus Fund）一直在減持其 1981 年時表現出色的公用事業股票。而且愈來愈多的現金準備正重新投入股市。基金的總裁霍華德・史坦（Howard Stein）說：「我認為這些股票比大多數股票更容易上漲 50%。」

7 月 14 日：美林、皮爾斯、芬納史密斯、高盛、貝爾斯登和 E.F.赫頓等知名券商，都會列出很長的值得買進股清單。但這些券商還有其他共同點。他們的最高級策略分析師都認為，投資人買債券會比較好。

7 月 27 日：奇德皮巴由（Kidder Peabody）的副總雷夫・阿坎波拉（Ralph Acampora）說：「這是正常的修正，因為市場拉回並消化了近期降息的消息」，他並且說，在價格下跌時「成交量會傾向枯竭」。他補充說：「只要最近市場開始回暖，消費類股就會暴漲。」

7 月 28 日：「自去年以來我們所看到的利率下降的歷史影響，再加上企業獲利不會進一步下降的假設，顯示股市已經觸底了。科羅拉多州科羅拉多泉哥倫拜市的哥倫拜資本服務的約翰・布魯許（John S. Brush）補充說：「很明顯，通貨膨脹將在未來幾年內降溫。」

7 月 30 日：高盛公司的投資政策委員會主席李昂‧庫柏曼（Leon G. Cooperman）說：「利率必須進一步下滑才能證明這是標準的牛市。」他又補充說：「較低的利率推升市場的要素，人們才會相信經濟復甦會繼續下去，本益比（倍數）會繼續擴張。

8 月 2 日：洛杉磯的資金守衛信託公司（Capital Guardian Trust Co.）的董事長羅柏‧柯比（Robert Kirby）表示：「我通常對市場共識持保留態度，但我必須同意目前的共識：在利率下降之前，股市不會走高。」柯比先生說，他懷疑過去 50 到 60 年內的股價帳面價值比是否曾低於今年工業指數每次跌破 800 點時的股價帳面價值比。

8 月 6 日：「熊市精神仍在──對銀行業和企業金融崩潰的恐懼、高利率、重新點燃的通貨膨脹、政治混亂、第二季盈餘不佳，以及中東的敵對行動，都使得情況看起來處於熊市。」史密斯巴尼哈里斯厄普漢公司（Smith Barney, Harris Upham & Co.）的艾倫‧肖（Alan R. Shaw）說。

8 月 12 日：道瓊觸底。

8 月 13 日：費城富達銀行首席經濟學家萊西‧杭特（Lacy H. Hunt）說：「信心問題現在比較與財政政策有關，而不是與貨幣政策有關。除非政治能處理包括社會保障在內的權利方案，否則我們在 1984 年、1985 年及以後的赤字將愈來愈大。」

8 月 13 日：股市最近「沒有表現出因好消息而持續上漲的能力，這可能表示需要出現拋售高潮才能結束熊市。」圖沙市的資本顧問公司（Capital Advisors Inc.）總裁李察‧明歇爾（Richard E. Minshall）表示。

8 月 18 日：格里克豪斯公司（Glickenhaus & Co.）的執行長賽斯‧格里克豪斯（Seth Glickenhaus）「利率將暴跌，高於通膨率的實際貨幣成本不會持續，這將刺激美國史上最偉大的繁榮之一。道瓊會漲得更高，預測會漲到哪裡並不明智，但我可以預見它最終會上漲超過 1,200 點。」

8 月 18 日：和所羅門兄弟公司（Solomon Brothers）一樣主要負責機構客戶的高盛集團昨天早盤發出的訊號，有一部分要歸功於股價的上漲。高盛告訴客戶將投資組合的持股從 35% 增加到 55%，並減少債券和現金的持有量。

8 月 18 日：昨天的交易量大與一位分析師的意外聲明有關。所羅門兄弟信貸的分析師亨利‧考夫曼，改變他長期以來對金融市場的悲觀態度，他告訴公司客戶，他預計未來 12 個月內利率將大幅下降。考夫曼先生表示，長期公債利率可能會從目前的 12.5% 左右降至 9%，他預計短期利率最多會下降 3 個百分點。

8 月 18 日：華府的費利斯公司（Ferris & Co.）的券商強納森‧葛特曼（Jonathan F. Gutman）預測指出：「情況不會就此停止。市場就快要反彈了，但上漲 38 點不是反彈。有人說這是 1980 年代繁榮的開始。」

8 月 18 日：愛德華公司（A.G. Edwards & Sons）的艾佛瑞‧高曼（Alfred E Goldman）說：「真正觸底的典型要素之一是當機構投降時（也就是大量拋售時），極為厭惡和缺乏信心……。但他們一直自滿、自信。很少牛市是沒有痛苦的。

8 月 19 日：大量機構買方推動紐約證交所創下單日交易量新高，而小投資人主要在場外觀望。其他券商表示，小投資人似乎對熊市和衰退已經結束

持懷疑態度。

8 月 23 日：美林的技術分析師認為上周的價格飆升是假的開始。市場分析師李察·麥凱布（Richard McCabe）表示，機構投資人並沒有像在其他長期牛市走勢之前那樣，在反彈前拚命拋售。

8 月 24 日：上周二，紐約證交所交易了將近 9,300 萬股，交易量為 9 萬 5 千筆，而 1981 年同期為 13 萬筆，而且散戶投資人為主力。

8 月 25 日：昨天績優股大跌，但大盤繼續放量上漲近 1.22 億股，創下史上第二高……。「拉回幅度不大，根本趕不上漲勢，而大盤仍收高，這是牛市的典型表現」巴赫海爾西史都華席爾德公司（Bache Halsey Stuart Shields Inc.）的第二副總裁希德葛·拉葛斯基（Hildegard Lagorski）。

9 月 2 日：哈里斯厄普漢公司的雅克·席瑞特（Jacques S. Theriot）說：「儘管最近幾周的活動異常活躍，但機構的現金準備仍然很高，而且股票的價值仍很好。股價進一步回落很可能是短暫的。」

9 月 3 日：迪恩惠特公司（Dean Witter Inc.）的副總兼高級市場分析師唐諾·金西（Donald Kimsey）指出：「在有更多明確跡象顯示現金（準備金）已經用完之前，跌勢不太可能持續。以前當投資人心理由空轉看時，市場都不會讓投資人輕鬆進入市場。

9 月 10 日：費城的凱許曼法洛公司（Cashman Farrell & Associates）的小詹姆士·法洛（James H. Farrell Jr.）說，根據「傳統的看法」，每次市場重大的漲勢之後都會出現大幅拉回。但是他認為，等待如此大的拉回很快到來的人會「感到失望，因為拉回的幅度很溫和。」他說，原因是「仍有大量現金等

待進入市場，到本季末公布投資績效時，滿手現金的退休基金經理人會覺得很丟臉。此外，全世界有很多擔心的資金在美國股市尋求避風港。」

9 月 17 日：迪恩惠特雷諾公司（Dean Witter Reynolds Inc.）的投資政策委員會成員李伊・艾鐸曼（Lee H. Idleman）指出：「如果過去幾周的股市走勢如我們所相信的那樣是新的牛市周期的開始，那麼即使是八月的煙火也只是大多頭的前兆而已。」他補充說，初期的報酬通常是 30%，而且「更有可能高達 50%。」

9 月 21 日：席爾森／美國運通公司（Shearson/American Express, Inc.）的執行副總裁彼得・達普佐（Peter J. DaPuzzo）說：「市場正在消化近期的部分漲幅。隨著市場回跌，成交量趨於減少這件事是好事。散戶正在思考一些次要的問題。

9 月 23 日：芝加哥的路米斯賽雷斯公司（Loomis Sayles Inc.）的副總麥可・默瑞（Michael T. Murray）說，變化顯示市場的波動性很高，最近幾周建立的整體走勢顯示市場還有更多上漲空間。他還說：「這個過程中的關鍵重點是通縮，這最終會為股票投資人帶來報酬。」

9 月 23 日：赫頓公司（E.F. Hutton & Co.）的紐頓・津德（Newton D Zinder）指出，截至 9 月 15 日為止的一個月內，紐約證交所的空單餘額增加了 25%，他指出：「通常是大牛市初期才會出現單月空單餘額大幅增加。」他列舉 1975 年 2 月、1970 年 6 月和 1962 年 6 月都出現空單餘額比例增加。

9 月 29 日：高盛投資政策委員會主席李昂・庫柏曼（Leon G. Cooperman）說：「我們認為現在是牛市的初期階段」，大部分的多頭走勢「仍在前

面」。他說戰後牛市平均會「持續 30 個月，從低點到高點的平均漲幅為 66%。」

1982 年市場的底部有很多看漲的人，有些人非常正確地預測到即將到來的轉機，而這正是 1980 年代大多頭的開始。

1982 年熊市底部的特徵又是股價在高交易量下沒有出現最終暴跌。1982 年和 1921 年、1932 年和 1949 年一樣，都沒有出現因成交量增加而導致的價格暴跌。一些投資人因為相信一定會出現量增價跌這種情況而不敢下手。確實，愛德華公司的一位評論員艾佛瑞·高曼表示，在市場最終下跌時沒有出現如此高的成交量，顯示熊市尚未結束。[79]

反彈開始 10 天後，美林證券的李察·麥凱布懷疑在沒有機構投資人投降的情況下，市場上漲不會持續下去。這並不是說這種事有時不會發生，而是說我們探討的四個大熊市底部都沒有發生，也就是股價最低時。從 1968 年到 1982 年，市場出現了無數個轉折點，也許在這種交易環境下最終的大量拋售賣壓是一個特徵。

如果必須在股票價格便宜時描述熊市結束的特徵，那麼就像 1982 年一樣，市場在區間盤整或向下，然後在低成交量下緩跌。**在區間盤整時，市場對好消息和壞消息的反應比人們預期的要溫和得多。在有限的成交量，或是像 1982 年時成交量大時，股價可能會回升，但是在新出現更高的成交量時會開始上漲。是在成交量而且股價都較高時，才能確認熊市結束。**

1982 年沒有出現 1921 年、1932 年和 1949 年的一些共同特徵。一個關鍵的區別是，在 1982 年觸底之前的許多年中，市場成交量一直在回升。在股票市場的其他轉折點，以周轉率衡量的一般利率在前幾年都沒有出現過這種升勢。從

圖112　不投降：道瓊與紐約證交所成交量（雙周移動平均）

資料來源：道瓊公司、紐約證交所。

周轉率的絕對量來看，似乎看不出市場是否觸底。1982 年的年周轉率為 42%，而 1949 年為 13%，1932 年為 32%，1921 年為 59%。1982 年的另一個主要區別是股票價格開始反彈時是發生在非常高的成交量時，而在其他時期反彈則是在成交量低時。

許多技術指標有助於發現 1968 到 1982 年熊市的結束。所有大熊市底部的共同點是，市場傾向在低成交量時下跌，以及在高成交量時上漲。這被認為是賣壓正在減弱的正確指標。

1982 年夏天的一個明確共識是，除非利率下降，否則股價無法攀升。

大多數人認為，財政持續惡化將阻止利率下降。事實再次證明，不應該把

焦點放在財政問題可能對經濟帶來的負面影響。

利率在 1982 年迅速下降，並在整個 1980 年代持續下降，但是財政赤字不斷增加。導致利率下降的原因並不是直接來自國內經濟，而是來自海外。

儘管財政赤字不斷惡化，但全球金融體系的金融危機跡象證明是導致短期利率下降的原因。這種利率下降的程度令人驚訝，但真正令人驚訝的是長期利率的崩潰。股票價格在這種環境下大幅上漲並不奇怪，但誰能預測到長期利率的崩潰會導致股價評價上漲這麼多？亨利‧考夫曼在 1982 年時回答了這個問題。考夫曼在華爾街主要反彈開始的那一天改變對長期利率預測。後來許多人將股市大幅上漲被許多人認為是因為他的評論。

被稱為「末日博士」（Dr. Doom）的考夫曼因為對信貸供需的計算，而成為知名的利率預測者。他在自傳中描述為什麼在 8 月 17 日從歐洲度假回來後，不再抱持負面觀點並且預測未來看漲的原因：

在所羅門處理了一些緊急事務後，我召集同事們查看關於當時利率情況的資料。這樣做之後，我得出結論，利率將大幅下降。是什麼改變了？

首先，經濟停滯，這可能會緩和通貨膨脹。其次，金融封鎖和激烈的國際競爭正在抑制經濟。企業面臨著擴大資產負債表的巨大壓力。同時，金融機構不再能得到有利於積極放貸和投資的條件。限制國內和國際貸款的另一個因素是國際債務的龐大負擔。[80]

雖然利率預測是根據看跌的經濟狀況，但考夫曼的觀點轉變刺激了道瓊工業指數有史以來最大的單日漲幅。事實證明他的預測是正確的，而令市場共識大吃一驚的是，儘管財政狀況持續不佳，但長期利率仍有可能大幅下降。1982年 6 月，參議院預算決議要求 1983 財年的赤字為 1,039 億美元（1983 年實際公

布的赤字為 2,080 億美元）。儘管財政明顯惡化，但利率卻仍在繼續上升。

1982 年的財政赤字達到 GDP 的 3.9%，為二戰結束以來的最高水準。情況持續惡化，赤字在 1985 年達到高點，占 GDP 的 5.9%，超過了羅斯福在 1930 年代創下的和平時期高點。在這樣的經濟環境下，利率下降是 1982 年夏季最令投資人感到意外的事。一些最聰明的評論員沒有預測到這樣的結果：

> 紐約一間預測公司的總裁兼雷根總統的顧問艾倫‧葛格林斯班認為「在幾周內」國家將看到復甦的跡象⋯⋯。他表示，除非金融市場相信國會致力於在未來幾年內降低聯邦政治赤字支出，否則利率仍將維持偏高。[81]

1932 年夏季時，類似的對財政惡化的擔憂一直困擾著市場。隨之而來的整體財政惡化並沒有阻止美國史上最強勁的經濟成長和股市牛市。這兩個時期都有明確的證據，顯示持續的財政惡化不一定會阻止債券和股票的漲勢以及經濟復甦。

正如漢密爾頓、瑞亞和謝佛所解釋的那樣，在 1921 年、1932 年和 1949 年尋求股市底部的人，道氏理論提供了很好的時機訊號。可惜的是，道氏理論並不完全是機械的，不同人使用道氏理論經常會得出與市場方向不同的答案。到了 1982 年時有許多人運用道氏理論，但他們的說法卻不一定相同。

至少在對道氏理論的某些解釋中，1982 年 10 月出現了股票的「買進」訊號。到了這個時候，道瓊上漲了近 30%，而這只是整個 1982 年到 2000 年牛市報酬率的一小部分而已。儘管 1982 年的證據不那麼明確，但道氏理論似乎再次幫助投資人確定這個大熊市的底部。

在之前的股市底部，任何反彈能否持續的關鍵特徵是空頭最初拒絕回補。

1982 年，空頭不僅沒有在 8 月分的放量大漲中回補，反而增持部位。5 月 14 日賣空股票達到 1.036 億股的高點，到 8 月中旬降至 9,640 萬股。然而，當市場在 8 月反彈時，空頭部位大幅增加，空頭部位在 9 月 15 日達到了 1.205 億的新紀錄。在剛開始反彈時空軍拒絕投降，證明了股市的反彈有一個特徵，那就是價格走勢可能持續更久。

1982 年夏季的《華爾街日報》版面顯示股票投資人注意的是利率前景。與其他任何熊市底部相比，1982 年對企業獲利前景的評論更少。這可能是由聯準會新的操作目標推動的，目標在 1982 年似乎肯定會保持高利率並阻止任何獲利復甦。在這種環境下，在利率下降之前，企業獲利似乎很可能無法恢復。把注意力放在利率而不是獲利是有道理的。股票市場在 1982 年 8 月時觸底，當時債市開始真正反彈時，短期和長期利率都下降。

那些等待公司獲利改善證據的投資人會在 1983 年第二季前保留資金。**在本書探討的四個大熊市，每一次企業獲利的最低點都是在股票觸底幾個月後出現。獲利落後的期間約為 4 到 7 個月，平均落後將近 6 個月。**

12-5 債券與熊市

　　賓州公園的這間石造房屋曾經是園丁的房子，耗資 78,000 美元。珍妮絲想支付 25,000 美元為頭期款，但哈利告訴她，在通貨膨脹時期負債是件好事，房貸利息可以免稅，而且現在 6 個月最低 10,000 美元的定存證明的利息將接近 12%。

——約翰·厄普代克，《兔子富了》

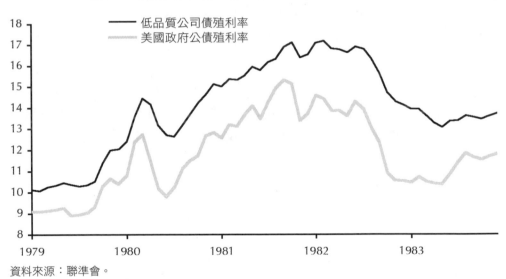

圖 113　美國（長期）公債殖利率和穆迪 Baa 級的殖利率

資料來源：聯準會。

　　債市熊市進入第五個十年，然後於 1981 年 10 月結束。長期美國公債的殖利率從 1946 年 4 月的 2.03%上升到 1981 年 10 月第一周的 15.1%。通膨下降，但政府公債市場仍不為所動。年率在 1980 年 3 月達到高點 14.6%，到了 9 月則下降到 11.0%。債券市場也對大宗商品價格下跌沒有反應。CRB 期貨指數在

1980 年 11 月達到高點峰，到了 1981 年 9 月下跌了 20%。有充分的證據顯示通膨正在獲得控制，但令債券市場不安的關鍵因素是短期利率水準非常高，以及白宮還有民主黨控制的國會偏好供應端對財政的影響。

自 1979 年 10 月以來，聯準會一直以貨幣供給成長為目標，這使得短期利率可以調整到實現貨幣目標所需的任何水準。沒有人知道會導致什麼樣的短期利率水準。由於這項政策，聯邦基金利率在 1981 年夏季初時達到 20%。到 9 月，利率接近 15%，但在貨幣目標制度下利率的波動使得很難預測這是利率持續下降的開始。投資人於 1981 年最後一季開始改變看法。從 1981 年 10 月初到 1982 年 7 月底，美國長期政府公債的殖利率下降了約 200 個基點至 13.1%。

長期利率下降的一個關鍵因素是通膨持續快速下降。 年通膨率在這段期間下降了近 4%，到了 1982 年 7 月，通膨比 1980 年 3 月的高點下降了超過一半。通膨的持續下降和聯準會這次堅持到底的明顯決心，終於開始鼓勵債券投資人進場。雖然政府公債的名目殖利率下滑，但實質利率其實穩步上升。用 1981 年 9 月和 1982 年 7 月的消費者物價通膨水準計算的政府債券實際收益率從 1981 年 9 月的 4.4%上升到 1982 年 7 月的 7.4%。債券大牛市的第一階段已經開始了，但飆升的實質利率表示債券投資人仍然對長期前景持懷疑態度。《華爾街日報》1982 年夏季的報導有助於了解當時對維持利率如此高的擔憂，以及對 1982 年 8 月 17 日市場情緒發生變化的事件。

《華爾街日報》報導的維持高實質殖利率的問題中，包括「出現大量企業申請破產」、「美國財政部的龐大借貸需求」和「德瑞斯戴爾政府公債公司最近違約」。太平洋投資管理公司（Pacific Investment Management Co.，PIMCO）的退休基金經理人威廉·葛洛斯（William H. Gross）在 6 月 15 日對《華爾街日報》總結當時市場的態度：「系統一直在承受長期的壓力，這可能會導致意外。在這種時候安全為上。」確實，正是因為這種恐懼加劇，使得投資人在 8 月 17 日湧

入債市。

　　亨利·考夫曼對債券的上漲預測產生了正面的影響，但可能是因為它是根據經濟前景進一步惡化而預測的。在這樣的環境下，金融體系的穩定性已經受到質疑，「在這種時候安全為上」的觀點推高了政府債券價格。事實上，突然間對政府公債產生興趣的不只是美國投資人。「由於對墨西哥的財政困境和阿根廷存在潛在問題的謠言愈來愈緊張，世界各地的投資人正在將更多資金投入黃金和美國公債市場」（《華爾街日報》，9 月 3 日）。政府公債市場心理的正面改變是從美國金融穩定第一個真正的風險跡象之後發生的。

　　一直到出現明顯的財務困境跡象，債券市場才開始接受短期利率不太可能再次飆升，公債市場真正的反彈才開始。在這樣的環境下，財政赤字不斷擴大的前景和後來真的發生，並沒有阻止短期和長期利率大幅下降。**雖然政府公債市場在 1981 年 9 月在技術性觸底，但直到 1982 年 7 月，當聯準會不再設定固定的貨幣供給成長目標時，政府公債價格才開始大幅上揚**。這樣的巧合很諷刺。聯邦公開市場委員會一直擔心，如果他們被認為違背貨幣成長目標會對債券市場產生負面影響。債券投資人並沒有重視聯準會的轉變，而是被愈來愈可能發生金融崩潰的證據驅使購買政府公債。這種恐懼因素淹沒了對聯準會反通膨承諾的擔憂和對財政揮霍的擔憂。

　　與 1921 年和 1932 年一樣，1982 年時的公司債市場的改善落後政府公債市場，但比股票價格還要早開始改善。1949 年時，政府公債比公司債先上漲，但這是聯準會限制政府公債殖利率的政策造成的異常情況。1949 年時，這兩個市場都比股市還要早回升。1982 年的情況是，美國長期公債市場是在 1981 年 10 月的第一周觸底，而穆迪 Baa 公司債指數的殖利率直到 1982 年 2 月中旬才見頂。

從 1982 年 2 月中旬的最高殖利率 17.3%開始，穆迪 Baa 公司債指數幾乎沒有改善，到了 7 月中殖，利率已降至 16.8%。Baa 級公司債殖利率溢價從 1982 年 2 月開始持續上升，並在 1982 年 7 月形成的公司債和政府公債大牛市之後仍繼續上漲。Baa 級公司債殖利率溢價相對於政府公債的殖利率溢價，一直到 1982 年 11 月才達到最高點。儘管公司債券市場上漲，但考慮到投資人湧入政府公債的部分原因是金融危機的前景，Baa 殖利率溢價的上升並不令人意外。因此，1982 年的情況和其他大熊市底部的順序一致：政府公債價格上漲，然後 Baa 級公司債上漲，最後才是股市。在 Baa 殖利率溢價明顯觸頂後，等待購買股票的投資人在觸底後才將資金投入股票。

特定大宗商品價格愈來愈穩定的證據，已證明是股價改善的領先指標。公司債也是如此。即使在 1982 年，這種基本關係似乎也存在，儘管整個貨幣架構已經發生變化，聯準會正在對抗通膨而不是通縮。在商品價格下跌的背景下，2 月至 7 月公司債價格略有改善。然而，Baa 級公司債券溢價於 1982 年 11 月達到頂峰，此後隨著大宗商品價格上漲而顯著下降。這種改善可能是巧合，但這一連串的事件卻又和 1921 年和 1932 年時一樣。

小結

可以說，在 1921 年、1932 年和 1949 年顯示熊市底部的指標，在 1982 年時再次發揮作用。這對於尋求模式的投資人來說特別令人興奮——1982 年新的貨幣制度顯示這次的熊市底部將會完全不同。本書的目的是要確保投資人留意正確的指標。但是，投資人仍必須確定這些指標的正面變化是否會持續下去。因此，研究美股在 2005 年的情況和走向的問題，很適合用來作為我們對熊市底部研究的結論。

〔結語〕
識別熊市底部

被熊狂追只好逃離這裡。

——莎士比亞（William Shakespeare），
《冬天的故事》（*The Winter's Tale*）

也許令人驚訝的是，在 1921 年、1932 年和 1949 年有助於確定熊市結束的相同指標，在 1982 年時也發揮作用。當我們考慮到機構的框架在這段時期的重大改變，這四次熊市谷底的相似性，真的很耐人尋味。投資人應把焦點放在這些指標上。我們可以將這些稱為「愛因斯坦的問題」。唯一缺少的就只是比大多數還要好的答案。以下是對這些問題的回答，目的是為了描繪未來 10 年的美股。

策略性

由於本書探討的是股票創造最佳後續報酬的四個時期，所以說股票在市場底部最便宜是不證自明的。當時投資人可用的一個價值指標是 Q 比率。在四個熊市底部時，Q 比率全都跌破 0.3 倍。經周期性調整的本益比提供了次佳的暫

時性的價值指標，但底部的範圍相當廣——從 1932 年的 4.7 倍到 1949 年的 11.7 倍。即使是用經通膨調整後的盈餘來計算經周期性調整的本益比，範圍仍然很廣，從 5.2 倍至 9.1 倍。

股票慢慢變得便宜。平均而言，股票 Q 比率從高點跌至低點需要花 9 年的時間。如果排除 1929 年到 1932 年的熊市，股價評價調整的平均周期為 14 年。美股的股價評價在 2000 年 3 月達到史上最高，並且在所有極端評價之後都開始慢慢朝低估的方向走。

除了 1929 年到 1932 年之外，我們的熊市都是在經濟成長的環境下發生的。平均而言，在我們的三個長期熊市中，實質 GDP 成長 52%，名目 GDP 平均成長 285%。

在我們探討的熊市期間，企業公布的盈餘成長（至少按實際價值計算）算是溫和，但是範圍也很大。經通膨調整後的盈餘成長率介於 -67%至 +28% 之間，而四次熊市期間的名目盈餘範圍則是 -67%到 +119%。

整體價格水準發生重大干擾，會加速股票跌到便宜的價格。在 1921 年、1949 年和 1982 年這三個時期，重大干擾則是高通膨之後馬上又發生通縮，儘管 1982 年的通縮僅限於商品價格。1932 年最初並沒有通膨，但仍然以嚴重通縮的形式對整體物價水準造成實質的干擾。在這種價格波動的時期，未來企業盈餘和關鍵的替代性低風險資產，也就是政府公債的價格，都存在很大的不確定性。這反過來導致股價評價下滑。

我們看到這四個熊市底部都發生在經濟衰退期間。我們也看到，經過一段時間的通貨緊縮後價格恢復穩定，是股市熊市觸底的特徵。尤其是大宗商品價格穩定下來，代表著未來價格將更加穩定，也代表著股價反彈。在所有大宗商

品中，銅價趨勢的變化一直是股價走強一個非常準確的信號。在評估價格穩定是否會持續下去時，投資人應留意低庫存量、對低價產品的需求增加，以及製造商是否以低於成本的價格銷售。

我們看到至少部分股市熊市伴隨著政府公債拋售。1929 到 1932 年的情況稍微不同，當時債券從 1929 年 9 月上漲到 1931 年 6 月，直到那時才開始被拋售，一直持續到 1932 年 1 月。但即使在與偏高的通縮相關的兩個熊市，也就是 1921 年和 1932 年時，政府公債也出現一些拋售潮。

戰術性

投資人在試圖評估股票從高估到低估的轉變是否即將結束時，要留意關鍵的戰略因素。當策略因素顯示這個過程可能即將結束時，在試圖找到市場底部時需要考慮許多戰術因素。正如我們已經看過的，政府公債價格會比股票先回漲。1932 年，股票價格比政府公債市場落後 7 個月後觸底。1921 年、1949 年和 1982 年則分別落後 14 個月、9 個月和 11 個月。道瓊工業指數在債市觸底後，價格跌幅分別為 1921 年 23%、1932 年 46%、1949 年 14%、1982 年 6%。

公司債券新牛市的誕生比股票熊市還要早結束。1921 年時，公司債價格比股票早 2 個月觸底，在 1932 年則提前 1 個月，在 1982 年提前 5 個月。1949 年提早的時間要早得多──15 或 17 個月（視讀者對觸底的定義而定），但這可能是由於戰後時期債市被扭曲所造成的。

在三個漫長的熊市中，聯準會降息比股價早觸底。1921 年和 1949 年股價落後 3 個月才觸底，1982 年為 11 個月。在這三次熊市中，道瓊工業指數在落後觸底的期間，跌幅均低於 20%。1929 年到 1932 年的情況則完全不同。聯準會於 1929 年 11 月降息，當時熊市仍在初期階段。

以下摘要幾個進一步的戰術結論：

- 經濟和股市復甦大致同步。汽車業比股市早復甦。
- 熊市底部的特點是愈來愈多正面的經濟消息被市場忽視。儘管許多看漲的人在市場底部時大肆宣傳股票已觸底，但仍會被忽略。
- 許多評論員認為，惡化中的財政狀況將阻礙經濟復甦或股市牛市。他們錯了。
- 市場觸底後，企業公布盈餘仍會繼續下滑。
- 底部之前是低成交量市場下跌，以及高成交量市場上漲。熊市結束的特徵是成交量低，價格最終暴跌。確認熊市**趨勢**結束的是股票價格首次反彈後，成交量上升至新的更高的水準。
- 市場底部會有大量散戶做空股票。空頭部位將在股市底部達到高點，並在新牛市的前幾周增加。
- 要尋找買進的信號時，道氏理論很有用。

這些是熊市及熊市底部的幾個特徵。正如擁有毛皮的動物並不一定就是熊一樣，具有上述任何一種特徵，也不能被視為就是確定構成熊市的特徵。我們列出的項目相當於愛因斯坦的問題。如果想要確定熊市的底部，讀者必須回答大部分（就算不是全部）問題的答案。

過去與現在

就我所知，我們還無法找到能指認的指南，然後按圖索驥找出熊市或牛市。但是這書的目的是盡可能提供實用、特定的特徵，若是不提供明確的特徵，就算是疏失。利用上述列舉的戰略特徵，讀者可以知道 2000 年開始的美股熊市還處於初期階段。

1999 年底時，美股的 Q 比率創下歷史新高。經周期性調整的本益比也創下

了類似的歷史新高。Q 比率是其幾何平均值的 2.9 倍，經周期性調整的本益比起 1881 年至 2005 年 6 月的平均值高出 170%。歷史上從沒發生過從這麼高的程度跌至極低的股價評價。正如我們從股價評價這麼高的程度看到的情況，除了 1929 到 1932 年之外，股價評價緩慢下滑。人們應該預計調整需要 9 到 14 年的時間。目前的市場在 5 年前就達到高點了。

從 2005 年 6 月的程度來看，經周期性調整的本益比必須下降 40%才能達到長期平均水準。假設它跌至大熊市底部的低位，預計跌幅將在 60%至 84%之間。價格下跌的程度究竟有多大，將視這段時間的獲利表現而定。

2005 年 6 月底時，Q 比率比公平價值高出 44%。如果要接近二十世紀所有四大熊市底部紀錄的程度，則必須從那裡下跌 67%。由於價格下跌而發生這種變化的程度，同樣的要視資產重置價值在這段期間的成長幅度而定。

整體物價格水準還沒有受到干擾而造成不確定性，並將股票壓至便宜的水準。但在普遍的物價動盪而促使最終價格調整之前，股價評價已經持續下降了很多年，這是正常的情況。如果像米爾頓·傅利曼所說的那樣，通貨膨脹「在任何地方和任何時候都是一種貨幣現象」，那麼以目前的機構框架來說，下一個普遍的物價干擾很可能是通膨。

政府公債價格的跌幅到目前為止並不大，公司債價格的跌勢也是如此。歷史顯示，有必要對這些價格進行更大的調整。

聯準會沒有降低利率——其實正好相反。
經濟沒有衰退。

所以，如果這次的熊市要看起來像之前的熊市一樣，還有很多條件需要滿

足。股票將必須跌至公評價值之下，而可能造成的原因將是一輪通貨緊縮，或者更有可能是通貨膨脹。債市必然會出現熊市和經濟衰退。在熊市結束前，道瓊工業指數可能會下跌至少 60%——或許會超過 80%（考量當前的獲利程度和資產的重置價值）。

熊市可能會在 2009 年後的某個時候結束，但是可能會更接近 2014 年。到時讀者可以重讀本書，看看本書是否能幫助您識別熊市底部。與此同時，如果讀者非得進行投資的話，記得保持警覺性。

致謝

　　本書的誕生是因為對現代資本市場理論以及大部分金融史書籍充滿挫折所寫的。前者忽視對歷史的研究，而後者忽視歷史實務的部分。本書的目標是提供一個金融市場的實務史。

　　在撰寫的過程中，我受到了其他從業人員的啟發，他們已經為這個領域做出卓越的貢獻：巴里‧威格摩（Barrie Wigmore）的《崩盤效應》（*The Crash and Its Aftermath*）《1980 年代的證券市場》（*Securities Markets in the 1980s*）、阿拉斯戴爾‧奈恩（Alasdair Nairn）的《引領市場的引擎：從鐵路到網路以及未來的科技投資》（*Engines That Move Markets: Technology Investing from Railroads to the Internet and Beyond*）、約翰‧李特爾伍德（John Littlewood）的《股票市場：資本主義運作以來的 50 年》（*The Stock Market: Fifty Years of Capitalism At Work*）、麥嘉華（Marc Faber）的《偉大的貨幣幻象和明日黃金》（*The Great Money Illusion and Tomorrow's Gold*），當然還有喬治‧古德曼（George Goodman），也就是「亞當‧斯密」的《金錢遊戲》、《超級貨幣》（*Supermoney*）和《紙上財富》（*Paper Money*）。如果這本書有上述任何一本一半的貢獻，那麼我這兩年的努力就沒有白費。如果這本書能說服其他從業人員，他們也可以為金融市場的實務史增加

一些作品，那麼這本書就已經達成了目標。

如果不是里昂證券有限公司（CLSA Asia-Pacific Markets）的執行董事長顧家利（Gary Coull），就不會有這本書。是顧家利要里昂證券從事出版業，也是他要我寫這本書。

如果沒有大量的資料就不可能寫成這本書。在整理這些資料的過程中，莫瑞‧史考特（Murray Scott）指引我找到正確的方向，他比我認識的任何人都更了解挖掘資料的方法。當一條資料線索似乎已經中斷時，李察‧席拉無疑是我找到新來源和新方向的指南。當其他一切都失敗了，似乎必須飛往美國時，紐約公共圖書館（New York Public Library）的工作人員提供我援助，感謝他們為來自千英里外，他們從未見過的人提供幫助。

這本書特別依賴過去《華爾街日報》的資料。閱讀 16 個月的《華爾街日報》內容是一項艱巨的任務，如果不是 ProQuest（www.proquest.co.uk）的服務，我可能根本不覺得能辦得到。ProQuest 提供遠端存取自 1889 年以來《華爾街日報》刊登的每一篇文章和廣告，雖然對於歷史學家來說，ProQuest 已經被認為是一種非常好的資源，但我認為投資界仍未完全認識到它的好處。對於尋求投資未來指導的人來說，一個完整可搜尋的資料庫，包含了《華爾街日報》一百多年前的文章，這是一個非常棒的資源。

多年來我和一群才華洋溢的思想家和教師一起工作，他們為「金融市場實務史」（Practical History of Financial Markets）課程貢獻良多。我透過這個機會學習並且將我對金融市場的了解貢獻給史都華艾佛利基金會（Stewart Ivory Foundation）的受託人，這是一個慈善機構，提供這門課程以及許多其他專案資金並協助發展。我非常幸運，許多金融界的能人都同意幫助這個專案。這是個很棒的機會向一群作家和教師學習，他們的實務經驗總計超過兩百年。關於這

本書，我要感謝四位課程的作家／教師：麥可・奧利弗（Michael Oliver）、高登・派柏（Gordon Pepper）、安德魯・史密瑟以及斯蒂芬・萊特。

麥可和高登盡全力引導我拆解判讀貨幣資料的地雷。安德魯和斯蒂芬很好心允許我引述他們的書《估值華爾街》。在這些書頁中如有任何有關 Q 比率或金錢的錯誤，都是我這個學生的失誤而非教師的錯誤。想要向這些教師學習的人，歡迎加入我們的「金融市場實務史」課程、買一本《估值華爾街》，或是高登・派柏的《資產價格的流動性理論》（*The Liquidity Theory of Asset Prices*）。

希望這本書對一般讀者來說都能輕鬆理解。本書的內容並非總是容易理解，即使是資深的投資專業人士，例如我的朋友 PJ 金（PJ King）也覺得很難。PJ 以直接但科克郡人特有的善良方式，清楚說明該如何改善內容。當然，來自愛爾蘭另一端的我並不會輕易同意他的話。這時就需要紐澳人的幫忙了。編輯提姆・克萊伯（Tim Cribb）和賽門・哈里斯（Simon Harris）把我的漫談精簡成現在比較好理解的內容。沒有提姆和賽門的心血，我可能還在撰寫和尋找更多必須討論的主題。我的能力或精神都不足以勝任編輯一職，面對像我這麼固執的作者，我敬佩他們的能力與毅力。

我讀過的每一本書中，作者都會感謝自己的家人。只有當你寫了一本書，你才會知道為什麼這是必要的。我要感謝我的妻子希拉（Sheila）還有我們的兒子羅伊（Rory）和迪倫（Dylan），他們認受我長期不在家，以及無聊又漫長的旅程。我要特別感謝我的父母數十年來的指導和支持。謝謝我的父親，他在貝爾法斯特的肉舖早就教會我該了解的商業知識。感謝我的母親，教我人生中有許多比做生意更重要的事。

注釋

Part I

1　紐約證券交易所臉書。

2　《金融雜誌》（*Journal of Finance*）Vol. III, No. 1（3 月號）。

3　彼得・柏恩斯坦，《投資革命——華爾街理論起源》（*Capital Ideas: The Improbable Origins of Modern Wall Street*）。

4　兩組投資者最終虧損慘重，因為他們誤解了衍生產品中的金融風險。

5　瑞典皇家工程科學院（Royal Swedish Academy of Sciences）2002 年 10 月 9 日的新聞稿。

6　英國下議員該委員會對高昂的金條金塊價格所提出的報告（1810 年）。

7　1913 年《聯邦儲備法》（*Federal Reserve Act*）的前言。

8　米爾頓・傅利曼與安娜・雅各森・許瓦茲，《1867-1960 年美國貨幣史》。

9　巴里・艾肯格林，《黃金束縛：黃金標準與大蕭條》（*Golden Fetters: The Gold Standard and the Great Depression 1919-1939*）。

10　《華爾街日報》，1921 年 10 月 3 日。

11　艾佛瑞・科爾斯協會（Alfred Cowles & Associates），〈1938 年一般股票指數〉（1938 Common Stock Indexes）。

12 《華爾街日報》，1921 年 9 月 23 日。

13 《華爾街日報》，1921 年 8 月 18 日。

14 《華爾街日報》，1921 年 10 月 11 日。

15 紐約聯邦準備銀行的報告，1921 年 8 月。

16 《華爾街日報》，1921 年 12 月 12 日。

17 《華爾街日報》，1921 年 8 月 19 日。

18 《華爾街日報》，1921 年 8 月 27 日。

19 威廉‧彼得‧漢密爾頓，《股市晴雨表》。

Part II

20 威廉‧里奇，《慾望之地：商人、權力與新美國文化的崛起》（*Land of Desire: Merchants, Power and the Rise of a New American Culture*）。

21 威廉‧普朗默（William Plumer），《1927 年分期購物的社會和經濟後果》（*Social and Economic Consequences of Buying on the Instalment Plan 1927*）。

22 羅伯特‧索貝爾（Robert Sobel），《大牛市——1920 年代的華爾街》（*The Great Bull Market - Wall Street in the 1920s*）。

23 《華爾街日報》，1932 年 8 月 1 日。

24 巴里‧艾肯格林，《黃金束縛：黃金標準與大蕭條》。

25 英國工黨於 1929 年 10 月 3 日在布萊頓（Brighton）大會發表的演說。

26 休‧布拉克，〈新型態的投資信託滿足金融生活需求〉（New Investment Trust Form Held Need of Financial Life），《紐約晚間郵報》（*New York Evening Post*），1932 年 1 月 4 日。

27 哈羅德‧克里夫蘭（Harold B. Cleveland）和湯瑪斯‧赫爾塔斯（Thomas F. Huertas），《花旗銀行 1812-1970》（*Citibank 1812-1970*）。

28 巴里‧艾肯格林，《黃金束縛：黃金標準與大蕭條》。

29 紐約聯邦儲備銀行總裁喬治‧哈里森的私人筆記，引用自米爾頓‧傅利曼和安娜‧雅各森‧許瓦茲的著作。

30 《華爾街日報》，1932 年 6 月 9 日。

31 《華爾街日報》，1932 年 6 月 15 日。

32 《華爾街日報》，1932 年 6 月 15 日。

33 亞瑟·伯恩斯（Arthur Burns）和威斯利·米歇爾（Wesley Mitchell），《測量商業周期》（*Measuring Business Cycles*）。

34 羅伯特·索貝爾，《華爾街大恐慌：美國金融災難史》（*Panic on Wall Street: A History of America's Financial Disasters*）。

35 《華爾街日報》，1932 年 6 月 10 日。

36 《華爾街日報》，1932 年 7 月 8 日。

37 莫利·克萊恩（Maury Klein），《彩虹的盡頭：1929 年的大崩盤》（*Rainbow's End: The Crash of 1929*）。

38 《華爾街日報》，1932 年 9 月 5 日。

39 《華爾街日報》，1932 年 5 月 7 日。

40 《華爾街日報》，1932 年 5 月 30 日。

41 《華爾街日報》，1932 年 7 月 12 日。

42 《華爾街日報》，1932 年 5 月 30 日。

43 《華爾街日報》，1932 年 6 月 7 日。

44 《華爾街日報》，1932 年 6 月 10 日。

45 《華爾街日報》，1932 年 5 月 23 日。

46 《華爾街日報》，1932 年 6 月 24 日。

47 《華爾街日報》，1932 年 8 月 29 日。

48 《華爾街日報》，1932 年 7 月 12 日。

49 《華爾街日報》，1932 年 9 月 2 日。

50 《華爾街日報》，1932 年 8 月 19 日。

51 泰德·摩根（Ted Morgan），《小羅斯福傳》（*FDR*）。

Part III

52 約翰·布魯克斯，《葛康達往事：華爾街的真實戲劇 1920-1938》（*Once In Golconda – A True Drama of Wall Street 1920–1938*）。

53 1936 年 1 月 25 日在華盛頓特區五月花酒店對美國自由聯盟（American Liberty League）發表的演說。

54 馬里納·艾克斯，《引領前景：公與私回憶錄》（*Beckoning Frontiers – Public and Personal Recollection*）。

55 《華爾街日報》，1946 年 1 月 2 日。

56 詹姆士·葛蘭特，《心靈財富》。

57 1946 年 3 月 5 日在密蘇里州富爾頓西敏學院（Westminster College）發表的演說。

58 1947 年 3 月 12 日總統杜魯門的國會演說。

59 《華爾街日報》，1949 年 7 月 6 日。

60 柴爾茲，《美國政府證券》（*Concerning US Government Securities*）。

61 班傑明·葛拉漢，《智慧型股票投資人》（*The Intelligent Investor*）。

62 威廉·格里諾（William C Greenough），《退休收入新方法》（*A New Approach to Retirement Income*）。

63 《華爾街日報》，1949 年 6 月 7 日。

64 喬治·謝夫，〈道氏理論交易〉（*The Dow Theory Trade*），1949 年 6 月 18 日。

Part IV

65 羅伯·席勒，《市場波動性》。

66 亞當·斯密，《金錢遊戲》。

67 約翰·布魯克斯，《沸騰的歲月》。

68 威廉·格雷德，《聖殿的祕密》。

69 羅伯特·特里芬，《黃金與美元危機》。

70 引述自威廉·格雷德，《聖殿的祕密》。

71 引述自麥嘉華，《偉大的貨幣幻象》。

72 巴菲特，〈通貨膨脹如何欺騙投資者〉（How Inflation Swindles the Equity Investor），《財星》，1977 年 5 月。

73 引述自馬丁·梅耶（Martin Meyer），《大銀行家─現代金融體系的變遷與挑戰》（*The Bankers - The Next Generation*）。

74 保羅·伏克爾和行天豐雄（Toyoo Gyohten），《時運變遷：世界貨幣、美國地位與人民幣的未來》（*Changing Fortunes: The World's Money and the Threat to American Leadership*）。

75 唐納·黎根，《記錄：從華爾街到華盛頓》（*For The Record: From Wall Street to Washington*）。

76 菲利普·茲威格（Phillip L Zweig），《花旗銀行和美國金融霸權的興衰》（*Citibank and the Rise and Fall of American Financial Supremacy*）。

77 保羅·伏克爾和行天豐雄，《時運變遷：世界貨幣、美國地位與人民幣的未來》。

78 悉尼·霍默和李察·席拉，《利率史》。

79 《華爾街日報》，1982 年 8 月 18 日。

80 亨利·考夫曼，《論貨幣與市場：華爾街回憶錄》（*On Money and Markets: A Wall Street Memoir*）。

81 《華爾街日報》，1982 年 7 月 1 日。

參考文獻

在我為本書所做的研究時，我深深浸淫在一座龐大的個人圖書館，並根據有用的原始資料諮詢同僚和朋友，這些資料將有助於更深入理解熊市的本質。這份參考文獻並非完整的資料，文獻涵蓋了與我的研究直接相關的資料。出版商、版本和出版日期都是我手邊的版本，網址則是指可找到相關資料的網頁。

▪ 書籍

1. Bruce Barton, *The Man Nobody Knows* (Bobbs-Merrill, 1962)

2. Nathan Balke and Robert Gordon, *The Estimation of Pre-war GNP: Methodology and New Evidence* (NBER Working Papers 2674)

3. Paul F. Boller, Jr., *Presidential Campaigns* (Oxford University Press, 1984)

4. Linda Holman Bentley and Jennifer J. Kiesl, *Investment Statistics Locator* (Oryx Press, 1995)

5. Peter L. Bernstein, *Capital Ideas: The Improbable Origins of Modern Wall Street* (The Free Press, 1992)（中譯本：彼得・柏恩斯坦，《投資革命——華爾街理論起源》，2001 年 1 月 30 日，財訊出版社）

6. 巴菲特，〈通貨膨脹如何欺騙投資者〉，《財星》，1977 年 5 月。

7. Harold Borger, *Outlay and Income in the United States 1921-1938* (National Bureau of

Economic Research, 1942)

8. John Brooks, *Once in Golconda: A True Drama of Wall Street 1920-1938* (Harper & Row, 1969)

9. John Brooks, *The Go-Go Years: The Drama and Crashing Finale of Wall Street's Bullish 60s* (John Wiley & Sons, 1999)（簡中譯本：約翰‧布魯克斯，《沸騰的歲月》，2006 年 10 月 1 日，中信出版社）

10. Hugh Bullock, *The Story of Investment Companies* (Columbia University Press, 1959)

11. H. Burton and D.C. Corner, *Investment and Unit Trusts in Britain and America* (Elek Books, 1968)

12. Ron Chernow, *The House of Morgan: An American Banking Dynasty and the Rise of Modern Finance* (Touchstone, 1991)

13. CF Childs, *Concerning US Government Securities: A Condensed Review of the Nation's Currency, Public Debt, and the Market for Representative United States Government Loans, 1635-1945, Also a Chronology of Government Bond Dealers* (R.R. Donnelley & Sons, 1947)

14. Harold van B. Cleveland and Thomas F. Huertas, *Citibank 1812-1970* (Harvard University Press, 1985)

15. David Colbert, *Eyewitness to Wall Street: 400 Years of Dreamers, Schemers, Busts and Booms* (Broadway Books, 2001)

16. Elroy Dimson, Paul Marsh, Mike Staunton, *Triumph of the Optimists: 101 Years of Global Investment Returns* (Princeton University Press, 2002)

17. Michael J. Clowes, *The Money Flood: How Pension Funds Revolutionized Investing* (John Wiley & Sons, 2000)

18. Charles D. Ellis with James R. Vertin (editors), *Classics - An Investor's Anthology* (Business One Irwin, 1989)

19. Charles D. Ellis with James R. Vertin (editors), *Classics II - Another Investor's Anthology* (Business One Irwin, 1991)

20. Barry Eichengreen, *Golden Fetters: The Gold Standard and the Great Depression 1919-1939* (Oxford University Press 1992)

21. Marc Faber, *The Great Money Illusion* (Longman, 1988)

22. Marc Faber, *Tomorrow's Gold* (CLSA Books, 2002)

23. John Kenneth Galbraith, *The Great Crash 1929* (A Mariner Book, Houghton Mifflin, 1997)（中譯本：約翰‧高伯瑞，《1929 年大崩盤》，2019 年 6 月 8 日，經濟新潮社）

24. James T. Farrell, *Judgement Day* (Penguin Books, 2001)

25. F Scott Fitzgerald, *The Great Gatsby* (Penguin Classics, 2000)（中譯版本眾多：史考特‧費茲傑羅，《大亨小傳》）

26. Milton Friedman and Anna Jacobson Schwartz, *A Monetary History of the United States, 1867-1960* (Princeton University Press, 1993)

27. Martin S. Fridson, *It Was a Very Good Year: Extraordinary Moments in Stock Market History* (John Wiley & Sons, 1998)（中譯本：馬汀‧佛瑞森，《股市多頭市場風雲錄》，1999 年 6 月 1 日，商周出版）

28. Charles R. Geisst, *Wall Street: A History: From its Beginnings to the Fall of Enron* (Oxford University Press, 2004)

29. Benjamin Graham, *The Intelligent Investor* (Harper & Row 4th Revised Ed., 1973)（中譯本：班傑明‧葛拉漢，《智慧型股票投資人》，2018 年 1 月 4 日，寰宇）

30. James Grant, *Bernard M. Baruch: The Adventures of a Wall Street Legend* (John Wiley & Sons, 1997)（中譯本：詹姆士‧葛蘭特，《華爾街怪傑巴魯克傳》，2010 年 8 月 30 日，寰宇）

31. James Grant, *Money of the Mind: Borrowing and lending in America from the Civil War to Michael Milken* (Noonday Press, 1994)

32. William C Greenough, *A New Approach to Retirement Income* (CFA, New York, 1951)

33. William Greider, *Secrets of the Temple, How the Federal Reserve Runs the Country* (Touchstone, 1987)

34. Alex Groner and the Editors of American Heritage and Business Week, *The American Heritage History of American Business and Industry* (American Heritage Publishing, 1972)

35. William Peter Hamilton, *The Stock Market Barometer: A Study of Its Forecast Value Based on Charles H. Dow's Theory of the Price Movement. (With an Analysis of the Market and Its History Since 1897)* (Fraser, 1993)（中譯本：威廉‧彼得‧漢密爾頓，《股市晴雨表：判斷股市多空轉折的百年金律》，2020 年 10 月 14 日，大牌出版）

36. W. Braddock Hickman, *Statistical Measures of Corporate Bond Financing Since 1900*

(Princeton University Press, 1960)

37. W.Braddock Hickman, *The Volume of Corporate Bond Financing since 1900* (Princeton University Press, 1953)

38. Sidney Homer and Richard Sylla, *A History of Interest Rates* (Rutgers University Press, 1996)（簡中譯本：悉尼‧霍默和理查德‧西勒，《利率史》，2010 年 10 月 1 日，中信出版社）

39. Matthew Josephson, *The Robber Barons* (Harvest, Harcourt Inc., 1995)

40. Henry Kaufman, *On Money and Markets: A Wall Street Memoir* (McGraw-Hill 2000)

41. Brian Kettell, *Fed-Watching* (Financial Times/Prentice Hall, 1999)

42. Maury Klein, *Rainbow's End: The Crash of 1929* (Oxford University Press, 2001)

43. William Leach, *Land of Desire: Merchants, Power, and the Rise of a New American Culture* (Vintage Books, 1993)

44. Martin Mayer, *The Bankers: The Next Generation* (Truman Talley Books/Dutton, 1997)（中譯本：馬丁‧梅耶，《大銀行家—現代金融體系的變遷與挑戰》，1999 年 4 月 1 日，商周出版）

45. Martin Mayer, *The Fed: The Inside Story of How the World's Most Powerful Financial Institution Drives the Markets* (Free Press, 2001)

46. G.H. Moore, *Business Cycle Indicators* (National Bureau of Economic Research, 1961) Ted Morgan, *FDR* (Grafton Books 1987)

47. Alasdair Nairn, *Engines That Move Markets:Technology Investing from Railroads to the Internet and Beyond* (John Wiley & Sons, 2002)

48. Wilbur Plummer, *Social and Economic Consequences of Buying on the Instalment Plan 1927* (American Academy of Political Science, 1927)

49. Donald T. Regan, *For The Record: From Wall Street to Washington* (Hutchison, 1988)

50. Jeremy J. Siegel, *Stocks For The Long Run: The Definitive Guide to Financial Market Returns and Long-Term Investment Strategies* (McGraw-Hill, 3rd Ed., 2002)（中譯本：傑諾米‧席格爾，《長線獲利之道：散戶投資正典》，2023 年 1 月 5 日，寰宇）

51. Mark Singer, *Funny Money* (Alfred A. Knopf, 1985)

52. Robert Shaplen, Kreuger, *Genius and Swindler* (Alfred A Knopf, 1960)

53. Robert J. Shiller, *Irrational Exuberance* (Princeton University Press, 2000)（中譯本：羅伯‧席勒，《非理性繁榮：股市。瘋狂。警世預言家》，2017 年 7 月 13 日，寰宇）

54. Robert J. Shiller, *Market Volatility* (MIT Press, 2001)

55. Robert J. Shiller and Stanley B. Resor, www.econ.yale.edu/~shiller/data.htm

56. Andrew Smithers and Stephen Wright, *Valuing Wall Street: Protecting Wealth in Turbulent Markets* (McGraw-Hill, 2000)

57. Robert Sobel, *Panic on Wall Street: A History of America's Financial Disaster's* (Macmillan, 1968)

58. Robert Sobel, *The Great Bull Market - Wall Street in the 1920s* (W. W. Norton, 1968)

59. Adam Smith, *The Money Game* (Random House, 1967)（中譯本：亞當‧斯密，《金錢遊戲：巴菲特最早公開推薦，透析投資市場本質的永恆經典》，2018 年 9 月 15 日，商周出版）

60. Richard Smitten, *Jesse Livermore: World's Greatest Stock Trader* (John Wiley & Sons, 2001)

61. John Steele-Gordon, *The Emergence of Wall Street as a World Power: 1653-2000* (Orion Business Books, 1999)（中譯本：約翰‧葛登，《華爾街世紀》，2001 年 5 月 28 日，時報出版）

62. Gordon Thomas and Max Morgan-Witts, *The Day The Bubble Burst: A Social History of the Wall Street Crash* (Doubleday, 1979)

63. John Updike, *Rabbit is Rich* (Penguin Books, 1991)（中譯本：約翰‧厄普代克，《兔子富了》，2010 年 6 月 11 日，晨星）

64. Dana L. Thomas, *The Plungers and the Peacocks* (G.P. Putnam, 1967)

65. Gore Vidal, *In a Yellow Wood* (William Heinemann, 1979)

66. Paul Volker and Toyoo Gyhten, *Changing Fortunes: The World's Money and the Threat to American Leadership* (Time Books, 1992)（簡中譯本：保羅‧伏克爾和行天豐雄，《時運變遷：世界貨幣、美國地位與人民幣的未來》，2018 年 12 月 2 日，中信出版社）

67. James P. Warburg, *The Long Road Home: The Autobiography of A Maverick* (Doubleday, 1964)

68. Lloyd Wendt, *The Wall Street Journal: The Story of the Dow Jones & the nation's business newspaper* (Rand McNally, 1982)

69. Barrie A Wigmore, *Crash and Its Aftermath: A History of Securities Markets in the United*

States, 1929-1933 (Greenwood Press, 1985)

70. Barrie Wigmore, *Securities Markets in the 1980s Volume 1: The New Regime 1979-1984* (Oxford University Press, 1997)

71. Daniel Yergin, *The Prize: The Epic Quest For Oil, Money, And Power* (Touchstone, 1992)（中譯本：丹尼爾‧耶金，《石油世紀: 億萬歲月積累 黑金 150 年》，2011 年 4 月 1 日，時報文化）

72. Phillip L Zweig, *Citibank and the Rise and Fall of American Financial Supremacy* (Crown Publishers, 1995)

‧官方報告

1. Board of Governors of the Federal Reserve System, *Banking and Monetary Statistics 1914-1941* (1943)

2. Board of Governors of the Federal Reserve System, *Flow of Funds Accounts of the United States*

3. U.S. Bureau of the Census, *Historical Statistics of the United States, Colonial Times to 1957* (Washington, DC, 1960)

‧報章雜誌

1. 《經濟學人》

2. 《財星》

3. 《金融雜誌》

4. 《紐約晚間郵報》

國家圖書館出版品預行編目（CIP）資料

熊市啟示錄 : 投資人必看的金融史經典,解構百年市場循環周期,建立超越漲
跌的穩健獲利策略/羅素.納皮爾(Russell Napier)著 ; 呂佩憶譯. -- 初版. -- 臺北
市 : 今周刊出版社股份有限公司, 2023.11
432面 ; 17 × 23公分. -- (投資贏家 ; 75)
譯自 : Anatomy of the Bear : lessons from Wall Street's four great bottoms.
ISBN 978-626-7266-39-7 (平裝)

1.CST: 證券業 2.CST: 證券市場 3.CST: 證券投資 4.CST: 金融危機 5.CST: 美國

563.652   112015268

投資贏家系列 75

熊市啟示錄

投資人必看的金融史經典，解構百年市場循環周期，建立超越漲跌的穩健獲利策略
Anatomy of the Bear: Lessons from Wall Street's four great bottoms

作　　者	羅素‧納皮爾 Russell Napier
譯　　者	呂佩憶
總 編 輯	許訓彰
資深主編	李志威
校　　對	陳家敏、許訓彰
封面設計	賴維明@雨城藍設計
內文排版	菩薩蠻數位文化有限公司

行銷經理	胡弘一
企畫主任	朱安棋
行銷企畫	林律涵、林苡蓁
印　　務	詹夏深

出 版 者	今周刊出版社股份有限公司
發 行 人	梁永煌
社　　長	謝春滿

地　　址	台北市中山區南京東路一段 96 號 8 樓
電　　話	886-2-2581-6196
傳　　真	886-2-2531-6438
讀者專線	886-2-2581-6196 轉 1
劃撥帳號	19865054
戶　　名	今周刊出版社股份有限公司
網　　址	http://www.businesstoday.com.tw

總 經 銷	大和書報股份有限公司
製版印刷	緯峰印刷股份有限公司
初版一刷	2023 年 11 月
定　　價	520 元